L'ÉNERGIE
DU
TAROT

Découvrez et utilisez les pouvoirs inconnus du Tarot

Par
Jean-Louis de Biasi

Éditions Theurgia
www.theurgia.us

Éditeurs : Jean-Louis de Biasi - Patricia Bourin

Éditions Theurgia © 2020
304 A. Jones Blvd #3664, Las Vegas, NV, 89107, USA
secretary@theurgia.us
Fabriqué aux États-Unis
ISBN : 978-1-926451-32-9

Découvrez les autres publications de "Theurgia"
www.theurgia.us
De nombreux cours par correspondance et formations en direct sont
proposés par « l'Université Theurgia ».
www.theurgiauniversity.com

SOMMAIRE

INTRODUCTION

Le Tarot exerce depuis des siècles une véritable fascination !

Son histoire mêle étroitement le mythe et la réalité pour constituer l'exemple unique d'une œuvre populaire recelant une incomparable richesse.

Cet ensemble de vingt-deux cartes ou arcanes majeurs et cinquante-six mineurs constitue une véritable synthèse symbolique de la tradition initiatique d'Occident. Certes, nous possédons de nombreux ouvrages sur les enseignements spirituels et ésotériques, mais le Tarot nous offre le témoignage étonnant de ce que les alchimistes appelleraient un *mutus liber*, un livre muet.

Il n'est pas nécessaire de connaître le sens de chacun des arcanes pour saisir l'exceptionnel intérêt de cette œuvre. Les cartes se révèlent à nous telles les pages d'un vénérable ouvrage dont nous semblons avoir perdu la compréhension. Chaque décor, chaque personnage nous incite à la réflexion et à la méditation. Une sorte de charme se dégage dès que nous nous saisissons des lames du Tarot et commençons à les utiliser.

Il suffit d'entrer dans une librairie pour comprendre que le Tarot est avant tout un support de divination. Ce fut doute son premier usage populaire et c'est aujourd'hui le plus utilisé. Nous pourrions même dire qu'il est souvent et malheureusement réduit à ce rôle de diseur de bonne aventure. Cet outil divinatoire nous apporte un regard et des conseils sur l'avenir tout à fait pertinents. Une pratique régulière peut nous conduire à développer en nous l'intuition qui nous permettra de l'utiliser avec une certaine efficacité.

Comme nous venons de le dire, c'est ce à quoi se consacrent la plupart des utilisateurs et la plupart des auteurs.

Certes ce n'est pas en soi une mauvaise chose, mais vous allez découvrir qu'en rester là serait réduire sa valeur.

Car vous pourrez apprendre la signification des arcanes, les dispositions des principaux tirages et le sens des symboles sans pour cela entrer réellement dans le monde du Tarot.

Il est important que nous nous posions la question suivante : « A quoi sert vraiment le Tarot ? »

S'il ne s'agissait que d'un moyen divinatoire, nous pourrions presque vous conseiller de vous servir du Yi-King, sans doute plus précis dans son tirage et ses significations. Bien que souvent explicite, le Tarot semble laisser une place importante pour l'approximation...

Comment expliquer cette fascination pour ces représentations ?

Comment comprendre la sensation étrange que nous ressentons lorsque nous prenons les arcanes en main ?

Pourquoi cette perception d'une dimension cachée dans le Tarot et toujours inaccessible ?

Tout simplement parce que le Tarot est autre chose. Parce que sa fonction ne se limite pas à cet usage populaire.

Le Tarot est un être vivant !

Il a été conçu pour canaliser des forces invisibles tout à fait spécifiques, générant des énergies présentes en nous et dans tout l'univers. Chacun des arcanes correspond à un état de conscience et à une énergie particulière. Son graphisme en fait un véritable talisman capable par sa seule vision ou présence de générer les états auxquels il correspond. Agissant sur les plans subtils il devient capable de déclencher des effets sur nos corps invisibles, mais également par répercussion sur notre physique et dans notre vie.

Nous passons d'une dimension habituellement assez passive à une utilisation active du Tarot. Cet ouvrage vous permettra de l'utiliser comme un outil réellement opératif légué par les anciens.

L'objectif de cet ouvrage consistera dans un premier temps à vous faire découvrir le Tarot à travers une expérience intérieure d'une façon qui ne soit pas intellectuelle. Cela vous permettra de véritablement l'intégrer. Vous découvrirez ainsi un moyen très efficace pour établir un équilibre et une harmonie capable de participer à un épanouissement réel de l'être.

La tradition ne nous a pas laissé démunis, face à une approximation de pratique qui pourrait être préjudiciable. Des correspondances et codifications précises encadrent l'apprentissage nous permettant d'avancer sans risque, avec assurance et confiance.

Mais le Tarot de se limite pas à cette utilisation déjà fort importante. Une fois l'harmonie établie, vous serez à même d'utiliser la puissance des arcanes pour arriver à résoudre tel ou tel élément de votre vie. Vous serez alors sans doute étonné de l'efficacité de ces actions tant sur le plan psychique que physique. Le « rite anniversaire » vous donnera un aperçu des possibilités insoupçonnées du Tarot.

Dans la mesure où nous agissons dans l'invisible, vous apprendrez qu'il est possible d'agir à distance avec autant d'efficacité.

Lorsque nous affirmons que le Tarot est vivant, nous ne nous limitons pas à affirmer et utiliser des énergies qu'il véhicule. Il est également l'apparence visible d'un Esprit ou Ange du Tarot capable de vous éclairer lors de l'usage que vous ferez de ce livre muet. La prise en compte de cette existence et le contact conscient avec cette entité vous donneront toute l'opportunité de l'utiliser ensuite en pleine conscience et avec le maximum d'efficacité.

Découvrir le Tarot, c'est le saisir intérieurement, mais également devenir capable d'utiliser ses énergies pour harmoniser tous les plans de notre être avant d'agir avec son aide.

Alors à quoi sert le Tarot ? A devenir ce que nous sommes !

PARTIE I - L'APPRENTISSAGE

1- L'ESPRIT DU TAROT

1. COMMENT CHOISIR UN TAROT ?

Si nous laissons de côté le choix impulsif fondé sur l'émotion, qui n'est en rien critiquable, l'achat est habituellement guidé soit par la lecture d'un ouvrage ou par la référence la plus ancienne en ce domaine, c'est-à-dire le Tarot dit de Marseille. C'est celui que nous utiliserons dans cet ouvrage comme référence de travail, associé à une version plus symbolique, le Tarot dit de Rider/Waite, retouché par Paul Foster Case.

A quelques adaptations près, le Tarot dit de Marseille nous donne une image assez juste du système originel. Il est alors tout à fait logique de penser qu'il faille commencer par ce Tarot. C'est aussi ce que nous recommandons, mais sans jamais s'y enfermer ! Ce jeu a deux avantages principaux. Il sert de référence et de fondement à tous ceux qui se sont développés plus tard et il a été le plus utilisé. Dans le premier cas, on peut imaginer que la connaissance du Tarot de Marseille fonctionnera comme celle d'une langue ancienne, nous permettant de mieux comprendre le langage que nous utilisons. C'est ce que nous appelons l'étymologie. Bien évidemment, nous pouvons parler notre langue et la comprendre sans en connaître les racines. Mais si nous voulons aller un peu plus loin dans sa maîtrise et sa connaissance, l'apprentissage des bases originelles est fondamental. Nous pouvons dire ici que le Tarot de Marseille est la langue originelle du Tarot et que les différents jeux qui se sont développés ensuite l'ont été de la même manière que des langues spécifiques. Les unes furent pratiquées et parlées par un grand nombre d'individus, tandis que d'autres n'étaient le fait que de minorités parfois très marginales ou au contraire disparaissaient simplement. Bien évidemment la communauté originelle s'est ici maintenue, continuant à parler le Marseillais... Il en est donc des Tarots comme des langues, les unes étant plus techniques, plus poétiques ou plus magiques. C'est à partir de cela que nous nous fondons pour comprendre la complexité des jeux.

La question de la supériorité de certains sur d'autres aurait-elle encore un sens ? Se demande-t-on si une langue est supérieure à une autre ? Elles sont seulement le résultat d'une histoire, d'une culture et d'une éducation. Nous pouvons cependant remarquer que certaines langues permettent de mieux exprimer diverses nuances ou répondent d'une façon plus adaptée à certaines fonctions. On comprend facilement qu'un langage poétique et symbolique ne soit pas parfaitement adapté à des nécessités très techniques, comme celui de l'aéronautique par exemple... Nul doute que cela serait possible, mais nous voyons bien que le langage sait développer un vocabulaire précis pour répondre à un besoin particulier. Et c'est bien dans ce sens qu'il faut considérer cette diversité. Le Tarot reflète également la sensibilité d'un groupe, d'une personne, une orientation et une fonction particulières. Nous allons nous rendre compte que le Tarot ne se limite pas à ce que nous trouvons dans la plupart des ouvrages qui lui sont consacrés, c'est-à-dire la divination. Il peut nous conduire beaucoup plus loin.

Quelqu'un qui découvre le Tarot pour la première fois est comme un jeune enfant qui ne sait ni lire, ni écrire, à peine épeler... Il doit commencer par la première étape, puis passer à la seconde et ainsi de suite. Le premier pas est donc celui de l'apprentissage. Pour s'habituer à la manipulation des lettres et des cartes, rien de mieux pour cela que d'utiliser le Tarot de Marseille. Il est suffisamment universel et neutre pour ne pas trop nous enfermer lors de cette première initiation. Mais nous ne devons pas nous y limiter. Il existe des Tarots qui ont été conçus pour mettre l'accent sur la dimension symbolique du jeu d'origine. Il faut bien convenir qu'une telle entreprise ne fut pas à la portée de tout le monde. Il fallut des individus versés dans les sciences traditionnelles, plus particulièrement occidentales, ayant la maîtrise la plus complète possible de l'alphabet symbolique ainsi qu'une connaissance et un contact étroit avec l'Esprit du Tarot. Nous ne sommes pas en train de dire, comme nous le verrons plus loin, que le Tarot de Marseille est exempt de symbolisme, mais tout simplement qu'il n'est ni explicite, ni développé. Cela nous incite donc à faire appel à d'autres jeux pour approfondir le sens des cartes et son symbolisme. Si vous êtes déjà familier avec le Tarot de Marseille, vous vous rendrez compte que vous ne le quittez pas réellement, mais que vous l'éclairez et l'approfondissez.

Si nous reprenons notre analogie précédente, nous pourrions dire que le sens du Tarot de Marseille demeure voilé, tandis que les versions plus symboliques auxquelles nous faisons allusion nous éclairent et permettent à la brume de se disperser, révélant le paysage dans toute sa clarté.

Les jeux auxquels nous faisons allusion ici se trouvent au nombre de trois. Il s'agit de celui de la Golden Dawn, de Rider/Waite et de P.F. Case ou du Bota, les deux derniers étant extrêmement proches. Nous vous conseillons donc de vos procurer le Tarot de Marseille et un des deux derniers pour l'étude.

Les autres Tarots resteront pour vous des coups de cœur qui seront utilisés comme compléments. Mais nous vous recommandons pour le travail énergétique de vous limiter aux jeux que nous venons de citer. Nous ne disons pas que les autres sont sans efficience, mais les précédents ont été conçus dans une perspective spécifique permettant la dynamisation directe des forces évoquées.

Il en sera de même pour ce qui concerne l'utilisation divinatoire.

Une fois le sens des cartes assimilé, nous aurons tout intérêt lors d'un tirage oraculaire à ne pas surcharger notre vision de symboles particuliers. Les images synthétiques du Tarot de Marseille seront pour la plupart d'entre vous les plus adéquates. Toutefois, certaines indications très enrichissantes ont été développées plus tard. C'est le cas des lettres hébraïques rajoutées sur les cartes par les ésotéristes du siècle dernier. Si ces correspondances ne sont pas mentionnées sur le Tarot que vous utilisez, il peut être utile de les rajouter afin qu'elles servent d'aide-mémoire lors du tirage. Vous trouverez toutes les explications nécessaires dans l'étude individuelle des arcanes.

En ce qui concerne le travail sur les énergies, notre opinion quant au jeu à choisir est la même, bien qu'une importante nuance soit à rajouter. Vous allez découvrir en annexe la nécessité de réaliser vous-mêmes un jeu de Tarot en le photocopiant ou le dessinant et le colorant. Le lien mis en place avec le jeu est alors, comme vous pouvez vous en douter, d'autant plus fort que les indications précises sur la réalisation sont observées. Chacune des cartes deviendra une sorte de pentacle et de condensateur d'énergie que vous pourrez alors utiliser avec beaucoup de succès dans votre travail.

Certains symboles comme les signes, planètes ou sentiers pourront par exemple être rajoutés dans la mesure où cela ne nuit pas à la visibilité et la simplicité générale de la carte. Dans tous les cas vous aurez soin de les placer dans la partie inférieure de l'arcane pour ne pas interférer avec le dessin central.

Lorsqu'une maîtrise suffisante sera atteinte, vous vous rendrez compte que vous n'êtes plus attaché à un jeu en particulier, mais que vous pouvez utiliser presque n'importe lequel pour arriver aux mêmes résultats.

Précisons enfin que ce thème du Tarot est utilisé pour des œuvres strictement artistiques comme c'est le cas dans le Tarot de Dali. L'argument est alors essentiellement esthétique.

2. L'ANGE DU TAROT

Le Tarot est un être vivant ! Il a une intelligence propre, une sorte de personnalité qui s'exprime chaque fois que le jeu est étudié ou utilisé. Lorsque nous prenons les cartes en main, nous ne tenons pas un document ou un livre inanimé. Les arcanes du Tarot sont un réel moyen d'évocation ou d'invocation d'une intelligence immatérielle. Ils sont l'apparence visible d'une forme invisible de conscience qui communiquerait par cet intermédiaire. Évoquons quelques analogies pour comprendre ce dont il s'agit. Prenons par exemple la photographie d'une personne éloignée. Bien évidemment cette représentation n'est pas la personne elle-même et ne crée pas une relation tangible avec elle. Elle évoque notre souvenir et permet à notre pensée de se diriger vers elle. De la même façon, nous pourrions imaginer que plusieurs photos prises à différents moments nous donnent une idée plus précise de quelqu'un que nous ne connaissons pas. Mais vous conviendrez qu'il ne s'agit toujours pas d'un lien réel. De la même façon, le téléphone nous donne la possibilité d'entrer en relation avec quelqu'un d'éloigné. Le Tarot tient de ces deux exemples. Il est d'une part l'apparence symbolique de cet Esprit invisible et d'autre part il permet d'entrer en relation avec lui.

Les traditions ésotériques ne limitent pas la conscience et l'être à une seule dimension physique. Il existe une véritable relation et un échange réciproque entre le matériel et l'immatériel, entre notre conscience et le monde spirituel. Nos corps subtils en sont déjà une expression et permettent d'entrer directement en relation avec les différents plans. Notre pensée peut créer des formes dans la dimension astrale, qu'elles soient positives ou négatives.

Pour bien comprendre le mode de fonctionnement de ces énergies, nous allons commencer par nous intéresser au processus qui a conduit à l'apparition de cet Ange du Tarot.

Comme nous le montrerons dans ce qui va suivre, les initiés de l'antiquité ont voulu synthétiser dans les cartes leur compréhension de l'univers car le Tarot est un véritable résumé symbolique des puissances du cosmos. Or pour les anciens, l'être est à l'image du cosmos et fait partie de celui-ci. Cela signifie que ces représentations concernent ce qui nous entoure, comme ce qui est au plus profond de notre être. C'est à partir de là qu'a été développé la théorie dite des signatures. Pour la résumer, nous pourrions dire que les éléments de la nature en relation entre eux sont marqués d'un signe de reconnaissance. Ainsi, une plante jaune sera en relation avec le soleil et avec une affection physique comme la jaunisse, etc. La loi des correspondances s'inspire de cette lointaine parenté pour affirmer l'existence de liens invisibles entre des symboles ou des couleurs par exemple et des états de l'être. Les images allégoriques du Tarot représentent ainsi des réalités invisibles en nous, permettant de nous mettre en relation directe avec elles. L'ensemble de cette codification puise dans les racines les plus authentiques de la tradition occidentale.

Nul doute, comme le rapporte l'histoire légendaire du Tarot, que son élaboration a permis à des initiés de transmettre leurs connaissances et à la divination combattue par l'Église chrétienne de continuer à s'exercer discrètement. La conception des cartes elles-mêmes avait déjà contribué à concentrer en elles une part des énergies auxquelles elles renvoient. Chaque carte n'est pas seulement une représentation symbolique. Par sa forme, ses couleurs, ses symboles, etc. elle est un véritable pentacle qui génère une force propre. Il est bien sûr possible de ressentir spontanément cette puissance, mais également de se mettre consciemment en relation avec les archétypes extérieurs par l'utilisation des techniques adéquates. Chaque individu, qui se penche sur ces cartes, créé donc une triple relation entre lui, le pentacle que constitue l'arcane du Tarot et les puissances extérieurs, c'est à dire l'Ange ou l'Esprit du Tarot. La structure visible des cartes, décuple, intensifie le pouvoir du mental qui les utilise. Lorsque nous parlons de la conception et de l'utilisation du Tarot, nous voyons que nous ne nous limitons pas à une simple utilisation matérielle. Les corps mental et astral, vont peu à peu donner naissance à une sorte d'Esprit propre au Tarot. Toutes les personnes qui ont utilisé ce jeu ont contribué à lui donner une identité et une existence. Un principe ésotérique fort ancien explique que tout ce qui est nommé existe réellement sur le plan invisible. C'est ce que nous appelons le pouvoir du Verbe. Cette existence est d'autant plus évidente et significative que le nombre de pratiquants est important. De même, ceux qui utilisent le Tarot avec l'intention d'agir sur le plan symbolique et se mettent délibérément en relation avec l'invisible, accroissent considérablement cette réalité subtile. Les forces qui sont invoquées par les utilisateurs, étant de même nature, vont se concentrer, s'amalgamer et se densifier. Si vous observiez le plan invisible à ce stade de la constitution de l'Ange du Tarot, vous découvririez une sorte de charge énergétique pouvant ressembler à une nébuleuse légèrement pulsante, parée des différentes couleurs de l'arc en ciel. Lorsque des initiés utilisent les arcanes du Tarot en se plaçant dans un état réceptif, un contact se crée sur le plan invisible entre eux et cette énergie. Un mince fil d'énergie lumineuse les rattache à ce centre rayonnant. Depuis les premières utilisations du Tarot, ces liens se sont renforcés, chacun profitant du développement de cette forme d'intelligence. La relation s'établit dans les deux sens, les utilisateurs augmentent le pouvoir de l'Ange et ce dernier renforçant la présence et l'efficacité du Tarot tant dans la forme divinatoire qu'énergétique. Pour comprendre comment ce processus se développe sur le plan invisible, nous pouvons utiliser l'image de l'embryon humain. La concentration d'énergie que nous venons de décrire, correspond à la création du corps physique de l'enfant, avant l'apparition de la conscience. Nous ne savons toujours pas avec certitude comment elle apparaît et à quel moment la conscience s'éveille. Il en est un peu de même ici. Nous sommes face à deux hypothèses. Dans la première, la conscience de cet Ange du Tarot serait apparue progressivement comme chez l'enfant. Dans la seconde, l'activation de cette Intelligence du Tarot aurait été le fait d'initiés ayant utilisé des rites particuliers. Cette pratique est assez proche de la création d'esprits familiers que l'on retrouve dans toute la tradition magique occidentale. Comme toute action de cette envergure, cette explication est évidemment restée voilée. Il s'agit de la deuxième phase de l'œuvre, entreprise après la création des arcanes eux-mêmes. C'est elle qui aurait permis de densifier et de concentrer les énergies individuelles donnant littéralement vie à cette entité du Tarot.

Une fois sa conscience apparue, elle n'a eu de cesse de se développer, croissant en force et en puissance. Ainsi, lorsque nous œuvrons au sein de ce que nous pourrions appeler le « monde du Tarot », nous sommes immédiatement mis en relation avec cette entité. Si ce lien n'est pas construit d'une manière consciente, il s'établit à travers un état d'esprit réceptif. Ressentant cet appel, l'ange du Tarot dirige vers nous son intelligence afin que nous en fassions bon usage. Il existe plusieurs façons d'intensifier ce contact et le premier est d'utiliser l'intention et la volonté. Si vous ne connaissez pas les techniques avancées (dont certaines sont abordées dans les chapitres suivants), il vous suffit, tenant les cartes en main, de vous concentrer mentalement sur l'Ange du Tarot. L'esprit ainsi orienté, vous devez faire un appel pour que l'Ange du Tarot vous éclaire et vous guide dans votre démarche de consultation. Sur le plan psychique cette intention va se traduire par un processus particulier. Habituellement nos corps invisibles forment un ensemble d'ovoïdes plus ou moins denses autour de nous. Lorsque nous saisissons un jeu de Tarot dans l'intention de l'utiliser à une des fins pour lesquelles il a été conçu, une irradiation intense, puissante et lumineuse se manifeste dans notre aura. Nous sommes à l'image du premier arcane, celle du bateleur, (le magicien, le jongleur) qui manipule les cartes comme des énergies vivantes. L'appel de l'Ange du Tarot se manifeste dans l'aura par l'apparition d'une sorte d'ouverture vers l'extérieur. Cela ressemble à ce que l'on peut observer lorsque des nuages s'entrouvrent et laissent passer la lumière du soleil. Ici les rayons partent du cœur de notre être, traversent cette trouée venant d'apparaître dans l'aura et se dirigent vers le cœur de l'Intelligence du Tarot. Notre volonté va donner naissance à une sorte de fort lien vibratoire. Une fois la connexion établie, un flux va redescendre vers l'utilisateur, le mettant véritablement en relation avec l'Esprit du Tarot le temps de la consultation.

Dans la mesure où cette invocation n'est pas accomplie de façon délibérée, l'ouverture dans l'aura que nous venons de décrire ne se fait pas et les rayons d'énergie ne se manifestent pas. Mais notre seul souhait d'être réceptif, qui pourrait apparaître comme une simple passivité, ne reste pas sans résultat. Tout individu qui manipule les arcanes créé une sorte d'écho psychique qui est perçu par l'ange. Nous pourrions prendre une image pour donner une idée de ce qui se passe lorsque nous prenons les cartes en main. Imaginons une surface d'eau calme, au centre de laquelle se trouverait un rocher. Si vous jetez une pierre, les ondes qui se répandent sur la surface de l'eau finissent par atteindre le rocher qui dépasse de la surface. Atteint par ces ondulations, celui-ci va alors réagir en renvoyant une autre série d'ondes concentriques qui finiront par rejoindre l'origine du phénomène. Or l'Ange du Tarot existe indépendamment de nous. Il en est donc de même avec lui. L'onde engendrée dans notre aura par la saisie des arcanes va l'atteindre et susciter un écho immédiat. A la différence de l'image que nous venons de donner, la réponse sera directe. Toutefois, notre aura ne s'étant pas ouverte par l'émission d'une forme pensée spécifique, la réponse énergétique venant de l'ange du Tarot pourra se trouver stoppée ou réduite au contact de notre aura. Si nos corps psychiques sont très réactifs à toute intrusion extérieure, seule une petite partie de l'énergie et de l'inspiration nous parviendra. On comprend toute la nécessité d'introduire une démarche conscience dans la relation avec l'Intelligence du Tarot pour parvenir à un travail aisé et efficace.

Trois cartes peuvent être rapprochées du processus que nous décrivons. Il s'agit de la carte 20 le jugement, la 14 la tempérance et la 17 l'étoile. Ce sont d'ailleurs ces arcanes qui peuvent être utilisés dans le processus d'appel conscient de l'Ange du Tarot

Vous pouvez vous rendre compte de l'importance de cette Intelligence. Comme nous le savons, le travail sur le Tarot peut être de plusieurs natures. Il peut s'agir d'une étude des arcanes, d'un travail sur soi ou sur autrui (ce que nous développerons dans les chapitres suivants) ou encore de l'utilisation divinatoire courante. Dans chacun de ces cas, les phénomènes que nous venons de décrire ont un rôle extrêmement important. Il est évident que nous pourrions réfléchir et agir par nous-mêmes, indépendamment de toute action ou aide extérieure, mais l'apport d'une prise en compte de l'invisible est tout à fait significatif.

1- Dans le premier cas, lorsque nous réfléchissons sur les cartes et sur leurs symboles, nous les interprétons et dégageons leur sens par rapport à notre propre culture et nos connaissances. Nous n'y apportons que ce que nous possédons. Or le travail symbolique ne se limite évidemment pas à cela. Comme dans toute recherche de ce type, il ne faut pas ignorer la loi que nous évoquions plus haut, celle des correspondances et du pouvoir des cartes elles-mêmes. L'ensemble des symboles qui la constituent nous apportera par l'étude et la contemplation une sorte de saisie immédiate du sens. Les significations que nous donnerons ne seront pas quelconques, mais se trouveront directement influencées par les idées auxquelles elles se rapportent. Notre analyse en sera donc orientée. Toutefois, bien que cette étude symbolique dépasse considérablement une analyse classique, il est des niveaux au-delà desquels nous ne pourrons pas nous élever. Il est en quelque sorte nécessaire de parvenir à sortir de nous-mêmes afin de recevoir une inspiration particulière. C'est là que l'Intelligence du Tarot interviendra pour susciter en nous des états de compréhension qui dépassent la simple sphère humaine dans laquelle nous œuvrons.

2- Dans le cas de l'utilisation des énergies sur soi ou sur autrui, cette Intelligence sera à même d'harmoniser les forces que nous allons utiliser.

Nous décidons d'œuvrer sous sa bienveillante protection, ce qui garantira un afflux d'énergie plus important. Il ne faut pas perdre de vue qu'il est le relais entre tous ceux qui ont utilisé ou utilisent encore ces arcanes.

3- Dans le troisième cas, celui de l'utilisation divinatoire, il est fondamental que nous soyons ouverts à l'inspiration.

Nous pouvons adopter deux attitudes différentes.

A) Dans un premier temps, la recherche peut être strictement liée aux interrogations sur l'avenir et sur tous les aspects de la vie du consultant. C'est la consultation la plus classique concernant l'amour, l'argent, la profession, etc. L'interprétation n'est pas limitée aux acquis théoriques du praticien. Il sert de médium entre l'Intelligence universelle du Tarot et le consultant. Il est un canal qui permet à l'influx extérieur de se manifester à l'intérieur du tirage et de l'interprétation qui en est faite.

B) Dans le deuxième cas, le Tarot sera sollicité lors de la consultation pour émettre un avis sur une situation ou sur les différentes possibilités qui s'offrent. C'est un aspect extrêmement intéressant que celui dans lequel l'ange du Tarot est explicitement sollicité pour répondre à nos interrogations. Qu'il s'agisse de nous lorsque nous interrogeons le Tarot pour nous-mêmes, ou d'un consultant extérieur reçu en entretien, l'hésitation quant à la question à poser est souvent manifeste. Nous pouvons rencontrer dans la vie plusieurs situations dans lesquelles il est difficile de se décider dans un sens ou un autre. Il est alors possible de demander un conseil à l'Intelligence du Tarot qui nous éclairera quant aux conséquences possibles dans un choix. Nous pouvons également apprendre quels seraient les points sur lesquels nous devons faire des efforts, etc. Il s'agit de faire explicitement appel à un esprit qui a plus de hauteur, de recul et de perspective que nous dans un moment de notre vie. Nous puisons alors à la source représentée dans les deux cartes que nous évoquions plus haut.

3. LES DEVELOPPEMENTS ESOTERIQUES

Parler des développements ésotériques, revient à se demander comment il faut étudier le Tarot et comment il faut l'utiliser. Dans la plupart des ouvrages destinés à son étude, l'accent est mis sur une approche purement théorique visant l'interprétation de tirages. Dans ce cadre, le Tarot est considéré comme un art divinatoire. Il devient un support permettant d'obtenir des informations et des conseils venant de l'invisible. La dimension ésotérique n'apparaît ici qu'à travers l'étude symbolique des cartes elles-mêmes. Il ne s'agit pas de minimiser cette approche. Nous avons simplement l'intention de mettre l'accent sur un usage jusque-là presque confidentiel. Les pays anglophones ont développé quelques aspects de cette pratique sans véritablement lui donner toute sa profondeur. Les détails sont restés, pour la plupart, ignorés du grand public.

Considérer l'existence d'une dimension ésotérique, revient à affirmer qu'il existe quelque chose de caché derrière ces images symboliques. Nous allons peu à peu apprendre à considérer le Tarot comme un outil permettant d'agir dans notre vie, un moyen de développement intérieur pouvant nous permettre d'atteindre progressivement des états de conscience supérieurs. La démarche personnelle consiste à franchir chacune de ces étapes dans un ordre précis, afin d'ouvrir son esprit à cette dimension nouvelle. L'apprentissage n'est plus alors seulement intellectuel. Il devient une véritable expérience intérieure qui associe compréhension et transformation. Vous devez considérer qu'il s'agit d'entreprendre une véritable quête, débutant par un travail sur soi. Le Tarot offre de multiples possibilités que nous allons utiliser dans toute leur richesse.

Nous pouvons résumer les principaux points de l'initiation du Tarot que nous venons d'évoquer :

1. L'étude théorique et symbolique de chacun des arcanes.

2. L'approche méditative visant à activer l'imagination symbolique.

3. L'utilisation du rite (gestes, paroles, symboles actifs) permettant d'agir sur les différents niveaux de notre psychisme.

Lorsque nous aurons franchi ces trois dimensions en appliquant les principes initiatiques, le Tarot pourra être utilisé ponctuellement, avec le maximum d'efficacité, qu'il s'agisse d'une action directe ou à distance. Ces forces présentes à l'intérieur de chacune des cartes agiront sur les plans invisibles mais leurs effets pourront engendrer de réels résultats psychologiques ou physiques. Retenez toutefois que vous pourrez procéder à des actions de cette nature sans attendre une complète maîtrise du Tarot. Vous utiliserez pour cela les tableaux de correspondance entre les différentes parties du corps, les maladies ou les problèmes psychologiques, etc. L'efficacité de ces actions ne sera pas remise en question par le fait que vous n'avez pas encore intégré l'ensemble des arcanes ou que vous êtes au début de votre étude. Dans ce cas, l'énergie mise en mouvement sera celle des arcanes eux-mêmes. Elle est néanmoins très importante. Lorsque vous accomplirez des actions du même ordre une fois le processus d'harmonisation réalisé, votre conscience renforcera la puissance de l'arcane. Vous avancerez peu à peu vers une activation de celle-ci dans toutes ses dimensions, mobilisant de cette façon les couches les plus profondes de votre psychisme.

Pour nous résumer, vous pouvez donc utiliser les parties pratiques de cet ouvrage dans ces deux objectifs :

1- Les intentions spécifiques physique ou psychologique

2- Le travail sur soi à travers l'harmonisation personnelle vous rendant plus apte à agir sur les dimensions invisibles.

2- LES PRATIQUES PSYCHIQUES DANS L'APPRENTISSAGE DU TAROT

1. L'APPROCHE SYMBOLIQUE

L'étude théorique et symbolique du Tarot est un élément incontournable. Il est absolument évident que l'on ne peut se passer d'un minimum de connaissances théoriques, si l'on veut être à même de se repérer d'une manière sûre dans ces 22 arcanes. Cet apprentissage repose sur l'assimilation des éléments et du caractère de chacune des cartes. Il s'agit de saisir le sens des représentations, de comprendre les dénominations des arcanes, de la lettre hébraïque correspondante et des symboles planétaires, zodiacaux ou élémentaux qui y correspondent. Vous trouverez dans le chapitre suivant l'essentiel de ce qu'il faut connaître. Vous pourrez également utiliser les parties pratiques de cet ouvrage qui vous apporteront les nuances nécessaires. Outre l'étude individuelle de chacun des arcanes, il conviendra ensuite de considérer les relations qui peuvent exister entre eux. Nous devons comprendre la façon dont ils s'enchaînent, mais également les rapports que certains entretiennent pour diverses raisons que nous analyserons. Nous voyons que l'étude théorique est multiforme et doit pouvoir s'adapter aux différentes situations que vous rencontrerez. Il serait bon que vous utilisiez un cahier ou des fiches afin de prendre des notes tout au long de votre apprentissage. Il pourra contenir des résumés ou synthèses de ce que vous aurez lu, des déductions ou remarques personnelles, ainsi que des comptes rendus d'exercices pratiques.

La dimension proprement symbolique dépasse et prolonge l'étude théorique. Elles ne sont pas séparées, car la réflexion doit servir de base au symbolisme. Elle constitue le passage de la raison à l'imaginaire, germe de vos développements futurs. Ceci doit être différencié de l'imagination.

Cette dernière se fonde sur la composition d'éléments présents dans notre esprit afin d'enrichir notre vie. Dans ce cas, elle s'apparente à l'invention qui nous permet de nous adapter aux situations rencontrées. Elle nous aide à anticiper nos actions afin d'en mesurer les éventuelles conséquences. Sur un autre plan, elle est source d'illusions, de fantasmes et de fantaisie. Elle est une dimension de l'esprit qui se doit d'être disciplinée par la méditation et la visualisation, technique que nous allons décrire plus loin. Pour nous résumer, nous pourrions dire que l'imagination est une partie naturellement incontrôlée de notre psychisme. Nul doute que l'étude théorique soit un outil extrêmement précieux nous évitant d'être entraîné par cette humeur vagabonde.

L'imaginaire quant à lui est une ouverture de notre esprit vers les dimensions supérieures. Cette faculté s'enracine dans les symboles ésotériques des arcanes et dans les mythes qui s'y rattachent. Comme l'expliquait Jung, notre inconscient n'est pas clos sur lui-même. Il est ouvert à une dimension interindividuelle, supérieure, dans laquelle les symboles universels sont partagés avec l'ensemble de l'humanité. Le fait de retrouver des mythes sensiblement identiques dans chacune des cultures en est une des conséquences. Les symboles présents sur chaque arcane sont donc destinés à établir un pont entre notre psychisme et cette dimension qui nous dépasse et dans laquelle nous puisons inconsciemment.

La méditation

La méditation à laquelle nous faisons allusion ici, est issue de la technique occidentale. Il ne s'agit pas à proprement parler de faire le vide dans notre esprit. Il s'agit d'éloigner les pensées parasites et de contrôler notre psychisme pour ne garder en lui que ce qui y est sollicité. Mais ne réduisons pas la visualisation à une simple concentration. Cette dernière est bien le point de départ de la technique. Le processus méditatif vise de son côté à intégrer le symbole, lui donnant vie, afin de saisir sa signification et sa valeur sans passer par l'intellect. En ce qui concerne notre objet d'étude, le Tarot, la méditation sera utilisée de plusieurs manières.

1- Dans un premier temps, il s'agira de se représenter mentalement la scène qui figure sur chacun des arcanes. Nous pourrons y rajouter des éléments particuliers qui ne se trouvent que sur certaines versions des cartes. Nous viserons à obtenir une forme d'animation mentale. Notre mémoire sera donc sollicitée, afin de fixer les repères essentiels du décor. Nous savons que la mémoire est devenue une faculté de moins en moins sollicitée. De plus, elle diffère énormément selon chacun. Si cela présente pour vous quelques difficultés, il ne faudra pas en faire un obstacle rédhibitoire. Il n'est pas nécessaire de retenir par cœur les détails de chacune des cartes, comme si nous voulions passer un examen. Notre pratique régulière leur permettra de se fixer naturellement au fur et à mesure de notre travail.

2- Dans un deuxième temps, la carte sera animée intérieurement. L'objet sera de vous placer à l'intérieur de la scène, cessant d'être un observateur pour devenir un acteur. L'arcane deviendra la porte qui s'ouvre vers un autre monde. Vous apprendrez à franchir ce seuil et à vous déplacer dans cette nouvelle dimension à la découverte de l'autre côté du miroir. C'est de cette façon que votre apprentissage dépassera le plan physique, vous amenant d'une simple représentation mentale à un réel voyage psychique pleinement vécu. Vous commencerez à réellement maîtriser le Tarot, à en faire une réalité intérieure à partir du moment où vous aurez visité chacune de ces 22 portes. Il est utile de préciser que nous devons distinguer la projection et le dédoublement. Dans ce dernier, le corps astral, partie invisible de notre être, quitte le corps physique pour voyager dans l'autre plan. Il abandonne littéralement le corps qui se retrouve alors plongé dans le sommeil ou l'inconscience. La projection quant à elle n'est que le dédoublement conscient de couches plus hautes de nos corps invisibles, ce qui n'implique pas la perte de conscience. Vous pourrez trouver une analyse plus précise de ces phénomènes dans mon livre sur l'aura.

3- Dans un troisième temps enfin, la méditation impliquera une modification de votre réalité. Après vous être représenté l'arcane, vous être déplacé à l'intérieur, vous en ferez une partie de vous. C'est à cette étape que l'énergie du Tarot pourra commencer à être consciemment utilisée. Vous pourrez faire appel à la puissance de chacun des arcanes et l'utiliser dans votre vie, sur votre entourage, de telle sorte que votre volonté dirige cette action sur le monde extérieur. Il s'agit bien ici d'une conséquence de votre travail intérieur sur la réalité sensible dans laquelle vous vivez.

Le contenu précis de chacune de ces trois étapes sera indiqué dans les parties pratiques et vous pourrez ainsi avancer méthodiquement jusqu'à la réalisation de ce que le Tarot permet accomplir. Cette pratique avancée, implique des techniques et des rites issus essentiellement de la tradition orale. Elles vous permettront d'intégrer plus activement et plus efficacement ces mondes puissants et fantastiques. Par l'utilisation des symboles et des mythes, votre personnalité sera révélée et accomplie.

Le rituel

Le rituel ne doit pas être considéré comme une étape supplémentaire à celles présentées plus haut. Il est une pratique qui associe tous les aspects dont nous venons de parler, en utilisant la visualisation comme vecteur d'énergie. Nous pouvons alors agir avec plus de force, d'impact et d'efficacité. Mais il est important de dire quelques mots supplémentaires sur la nature exacte et le rôle d'un rite.

Chaque arcane du Tarot comprend, comme nous l'avons dit, un ensemble de symboles. Ces derniers, ainsi que leurs correspondances, sont utilisés au sein de pratiques et d'exercices structurés impliquant chacun des dimensions de l'être. C'est ce que nous appelons un rite. Nous voyons qu'il ne s'agit pas, comme nous aurions peut-être pu le croire, d'une approche religieuse.

Mais, celui-ci ne se limite pas à sa dimension visible. Il est la représentation extérieure d'une opération intérieure. Dans la méditation, tout ce qui était accompli, l'était directement et presque exclusivement sur le plan mental. Nous nous imaginions agir, nous déplacer, parler, etc. C'est à partir de cette réalité mentale, que la réalité sensible était modifiée. Le rite pourrait être considéré dans un premier temps comme une aide. Chacun des symboles et des éléments qui sont utilisés dans cette sorte de mise en scène, vise à donner une représentation sensible de l'arcane, une existence à la représentation mentale que nous avons créée au préalable. Cette mise en acte a d'autant plus d'efficacité qu'elle fait suite à un travail intérieur. Par cette interaction entre l'intérieur et l'extérieur, il s'agit d'aller plus loin dans la connaissance et la transformation de soi. Les actions extérieures à soi que permettent les énergies du Tarot seront effectuées après ce travail individuel.

Cependant, nous ne devons pas rejeter le fait que les symboles utilisés au sein du rite ont une efficacité propre. Leur puissance ne dépend pas entièrement de nous. Certes, l'essentiel de leur action se situe au sein de notre psychisme, mais ils possèdent également une véritable efficacité, liée à leur fabrication, leur forme, leur action etc.

Prenons deux exemples pour expliquer cela.

Si nous utilisons un parfum spécifique lors d'un rituel, cette odeur agira sur notre sensibilité et sur notre psychisme. Mais en même temps tout le monde pourrait le sentir et être touché par son pouvoir. Le parfum n'est pas neutre. Il possède de réelles vertus.

Un autre exemple est celui des gestes qui correspondent à chacun des arcanes. Vous les découvrirez dans le chapitre suivant. Si nous accomplissons tel mouvement, notre corps tout entier ressentira le caractère qui s'en dégage. Ce mouvement fera appel à des sensations particulières capables d'évoquer des éléments précis à l'intérieur de notre structure corporelle. Nous voyons que nous impliquons pleinement le physique pour parvenir à des résultats dans les sphères psychiques et invisibles.

2. LA VISUALISATION CREATRICE

La visualisation est un phénomène tout à fait naturel. Elle procède de l'imagination. Nous l'utilisons tout au long de la journée, sans que nous nous en rendions vraiment compte. Bien souvent notre esprit vagabonde, passant d'une d'idée à l'autre sans parvenir à nous fixer sur une pensée particulière ou atteindre le vide. Il suffit de s'observer quelques instants, pour se rendre compte que notre pensée est indisciplinée et que nous arrivons difficilement à nous concentrer sur un seul objectif. Lorsque nous y parvenons, c'est hélas souvent sur des idées négatives. Ces dernières se constituent d'ailleurs toutes seules dans notre conscience. Est-il besoin de dire que dans ce cas ces idées n'ont pas été choisies ou maîtrisées ? Nous devons reconnaître qu'il peut en être de même pour celles qui sont positives, bien que ce ne soit pas souvent le cas de façon spontanée.

Afin de comprendre ce qui va suivre, nous devons reconnaître l'existence d'un processus naturel : notre psychisme influence notre corps et notre vie.

Nombreux sont les témoignages de ce lien dans notre vie. La manifestation la plus fréquente concerne le corps physique. Ce dernier peut être l'objet de symptômes particuliers révélant une somatisation qui trouve son origine dans le psychisme. Une baisse de moral, peut se traduire par une fatigue nerveuse, un stress, des migraines ou de l'insomnie. Des soucis plus importants peuvent déclencher des problèmes de peau, des dérèglements digestifs, etc. Tout cela est extrêmement courant. Nous ne faisons pas toujours la relation que nous signalons ici et qui révèle l'influence considérable de notre esprit. Le lien avec la visualisation pourrait ne pas apparaître immédiatement. Or, lorsque nous définissons sa nature, nous nous rendons compte de l'immense intérêt que l'on peut retirer de son contrôle. Elle consiste à fixer un objectif à notre conscience et à mobiliser notre esprit, notre désir, notre volonté dans cette même direction. Comme nous venons de le montrer, il s'agit d'un processus naturel et immédiat. Dans ce cas, il est toutefois incontrôlé et d'une certaine manière, nous sommes les victimes d'une visualisation spontanée.

Nous pouvons utiliser le même processus dans la démarche d'harmonisation qui est un des objets principaux de cet ouvrage. Ce dernier n'est pas, à proprement parlé, consacré à la technique de la visualisation créatrice et nous ne nous servons de celle-ci qu'au sein de notre travail sur le Tarot car elle constitue toutefois une part importante de notre pratique ; sa maîtrise est essentielle. Nous allons vous donner les indications fondamentales qui vous permettront de l'utiliser efficacement. L'apprentissage complet de la visualisation n'est donc pas requis et il fait d'ailleurs l'objet de stages spécifiques lors du travail sur le Tarot.

Les possibilités et les bienfaits de la visualisation créatrice sont nombreux. La visualisation nous permet de maîtriser notre existence, de mieux nous concentrer, de canaliser notre énergie dans une direction particulière. Il s'agit d'apprendre à contrôler notre esprit.

Nous nous fixons un objectif que nous activons par l'énergie du désir. Puis nous le soumettons à la volonté et agissons en conséquence. De cette façon, l'ensemble de notre être, conscient et inconscient, est mobilisé dans une même direction. Dans l'œuvre sur le Tarot, la visualisation va permettre d'intégrer de façon vivante les symboles présents à l'intérieur des différents arcanes.

Le premier pas est celui de la concentration. Il s'agit d'être capable de se concentrer quelques instants sur une image particulière afin de la fixer en nous, non seulement dans sa globalité, mais dans chacun de ses détails. Jusque-là, nous pourrions dire que ce processus est identique à celui de l'imagination. Toutefois, la visualisation n'a pas seulement pour objectif de fixer précisément une image dans notre mental, mais également d'activer les symboles présents dans la représentation qui est devant nous. Il ne faut pas oublier que les éléments symboliques sont également présents à l'intérieur de notre inconscient. La visualisation, en activant des éléments qui se trouvent dans les arcanes, va établir une correspondance et un lien effectif entre notre inconscient et la carte. De cette façon, le travail sur l'arcane ne nous sera pas extérieur. Il va mettre en mouvement notre monde intérieur d'une façon cohérente, précise et efficace. La suite cohérente de l'ensemble des 22 cartes et de la structure propre à chacune d'elles vont mettre de l'ordre en nous. Ces images mentales seront constituées par les arcanes eux-mêmes, dans différentes versions et complétées par des descriptions traditionnelles.

Dans un premier temps, nous devons essayer de regarder l'arcane et les symboles qui le composent avec curiosité. Il faut que nous soyons attentifs, tant à l'aspect esthétique, qu'à l'ensemble des détails qui composent cette carte. Ayons la curiosité d'en observer chacun des aspects, de remarquer les couleurs, les petits détails, etc. Tout cela afin de susciter cette curiosité. Elle est un des éléments fondamentaux de notre apprentissage. C'est par ce moteur que notre mémoire pourra retenir avec précision l'ensemble de la carte. Mais il convient de ne pas intellectualiser inutilement. Notre raisonnement doit rester de côté. Nous devons seulement nous imprégner de ce que nous voyons. Bien évidemment, nos yeux seront à cet instant ouverts. Retenons que la base de la visualisation ici sont l'observation et la curiosité.

L'étape suivante sera la représentation mentale de ce que nous avons vu et observé. Il conviendra de fermer les yeux et de recréer mentalement ce que nous venons d'observer. Ne croyons pas que ce processus est délicat. Il constitue un aspect naturel de notre vie quotidienne. N'est-il pas spontané de penser à un ami éloigné, à un lieu que nous connaissons ? Il en va de même ici. Il est évident que dans un premier temps, notre vision restera globale et que nous aurons quelques difficultés à voir avec précision les différents détails que nous avons observés. Cela n'est pas grave et ceci manifeste un processus normal. La visualisation doit bien débuter d'une façon ou d'une autre.

L'étape suivante consistera à utiliser la relaxation et un récit symbolique, ou une description qui complètera, touche par touche, notre image mentale.

Attention, il ne faut pas se crisper mentalement.

La visualisation doit rester dynamique. Elle ne doit pas vous figer. Il convient qu'elle s'intègre dans votre respiration, qu'elle devienne un mouvement naturel. C'est pour cette raison, que nous vous conseillons d'associer les descriptions plus complètes à une relaxation, que vous la pratiquiez assis ou étendu. Vous pourrez enregistrer la description de la carte, pour l'écouter pendant votre relaxation. Vous pourrez également demander l'aide de quelqu'un qui vous lira cette description pendant que vous serez relaxé.

Il n'est pas nécessaire de conserver l'intensité de cette visualisation très longtemps. C'est une attitude qui s'intégrera en vous progressivement. Il est beaucoup plus intéressant d'être concentré, attentif et curieux pendant quelques instants, plutôt que de chercher à prolonger cette situation en ayant des hauts et des bas.

3. DE L'EVOCATION A L'INVOCATION

Il est important que vous puissiez faire la différence entre ces deux termes. L'évocation doit, elle aussi, être considérée comme un processus mental issu de notre imagination et ne faisant pas appel directement à des intelligences extérieures à nous. Il s'agit d'utiliser de manière consciente le processus dont nous venons de parler dans la visualisation et l'imagination créatrices. Lorsque nous évoquons dans une conversation une scène que nous avons déjà vécue, nous cherchons à la rendre présente à notre interlocuteur. Elle fait partie de nous et c'est pour cela que nous commençons dans un premier temps par évoquer ce souvenir dans notre esprit, avant de le fixer dans l'instant, d'en faire une réalité effective. Nous nous référons alors à une réalité passée. Aucun doute sur la nature de cette idée. Lorsque nous transmettons ce souvenir à un tiers, nous faisons en sorte de lui décrire cette scène afin qu'elle devienne pour lui une réalité intérieure toute aussi forte que la nôtre. Les techniques de l'hypnose sont fondées sur ce phénomène. Le but est dans ce cas de provoquer un sommeil réel par l'évocation de sensations qui s'y rattachent. Ce que nous évoquons devient alors une réalité pour celui qui reçoit l'information. Bien évidemment il ne s'agit pas de revivre soi-même ce qui est évoqué lorsqu'on le transmet à un tiers. Imaginons ce que cela entraînerait dans le phénomène de l'hypnose. L'hypnotiseur s'endormirait avant son sujet... Le processus de l'évocation consiste donc à rendre réel un élément intérieur, à la fois pour soi et pour celui à qui nous nous adressons. Nul doute que la faculté de conviction, la force de caractère, l'intensité de la voix, l'attitude corporelle, la concentration et beaucoup d'autres facteurs entrent en jeu. Dans le travail individuel sur le Tarot que nous allons effectuer, l'évocation sera utilisée intérieurement. L'objectif sera de rendre réel l'arcane, dans tous les détails qui le composent, que ceux-ci soient explicitement présents, ou qu'ils aient été découverts au cours de notre étude. On voit combien cette évocation est liée aux processus d'imagination et de mémoire. Il s'agit de donner de la profondeur à un arcane, de nous ouvrir à une autre dimension qui peut être symbolique ou émotionnelle et qui constitue une partie de son caractère. Évoquer une carte c'est la rendre présente à notre psychisme, c'est en faire une porte par laquelle nous pouvons entrer dans le monde qui y correspond. Le miroir d'Alice est ici remplacé par le portail de l'arcane.

Dans le travail de groupe, l'évocation est également utilisée d'une façon qui pourrait être rapprochée de celle de l'hypnose. Toutefois, l'objectif n'est pas de placer les participants dans un état où leur conscience serait soumise au directeur de la séance de travail. Il s'agit simplement pour l'opérant d'utiliser son art de l'évocation afin de rendre vivant ce monde du Tarot dans le psychisme des participants à ce travail. Il est clair que les qualités personnelles sont fondamentales. Les capacités d'évocation sont un gage de la densité et de la précision de la manifestation de l'arcane dans le psychisme des participants. A noter que certaines techniques font véritablement appel à une sorte de cheminement en groupe à l'intérieur de ces mondes. Des éléments ajoutés lors de ce travail, telles que des sons, des parfums, etc. apportent à des moments précis des composantes supplémentaires capables de renforcer cette évocation. Il s'agit là de quelques aspects qui sont couramment utilisés durant les stages que j'organise sur le Tarot.

Lorsque cette réalité aura été perçue et intégrée, le participant pourra évoquer alors cette dimension beaucoup plus facilement à l'intérieur de son psychisme et donc utiliser plus largement les potentialités du jeu. N'oublions pas le but de ce travail. Il s'agit de rendre vivant une représentation symbolique à l'intérieur de notre être. De cette façon, quel que soit le but pour lequel nous utilisons le jeu, chacune des cartes prise entre nos mains ne sera plus seulement un bout de carton coloré, mais le rappel du monde que nous avons visité et dont nous connaissons les détails. Imaginez la différence qui existe entre quelqu'un qui évoque un pays qu'il n'a vu qu'à travers des reportages télévisés et un autre évoquant le pays qu'il a visité, en rapportant des détails, composant ainsi un souvenir vif et émouvant. Nul doute que pour lui, aussi bien que pour ceux qui écouteraient son récit, ces pays auraient une réalité qu'aucun reportage ne pourrait transmettre. Il s'agit pour nous de la même chose. Le simple reportage pourrait correspondre à l'apprentissage purement théorique. C'est celui que vous recevez la plupart du temps, lorsque vous ouvrez un livre classique sur le Tarot. Vous trouvez quelques éléments théoriques sur la carte et éventuellement des explications sur la profondeur philosophique ou existentielle de celle-ci.

Nous travaillons ici dans un autre objectif mais néanmoins complémentaire : vous aider à entrer dans le monde du Tarot grâce à un processus traditionnel d'initiation. Bien sûr, d'aucuns pourraient faire remarquer que nous ne pouvons recevoir cette initiation sans contact direct et sans techniques précises, ce qui est en partie vrai, qui vous permettent d'avancer pas à pas vers l'intégration de ce système. C'est ce qui est visé dans cet ouvrage. Lorsque nous parlons d'initiation, nous intégrons une autre dimension qui est celle de l'action réelle, de la transformation de soi et d'un accomplissement intérieur. Nous ne sommes plus ici dans le symbole !... Nous considérons que ce que vous pourrez faire grâce à cet ouvrage est une réelle avancée et une transformation de votre être intérieur. Ne croyons pas qu'il s'agit de se rendre différent de ce que nous sommes. Nietzsche disait : « Deviens ce que tu es ! ». Nous devons faire éclore en nous nos qualités, nos dons, nos forces, faire briller ce qui était jusque-là étouffé. Mais dans cette perspective véritablement initiatique, l'évocation dont nous venons de parler ne suffit pas. Il convient d'utiliser une autre dimension, plus active et dynamique : l'invocation.

Cette dernière fait explicitement appel à une dimension extérieure à notre conscience et à notre réalité. L'invocation consiste à utiliser la loi des correspondances et des sympathies pour concentrer à un moment donné, en nous et autour de nous, le caractère et le pouvoir de l'arcane. Nous avons parlé plus haut de l'Esprit du Tarot et de la connexion que notre travail créé avec cette entité. Par l'invocation, il s'agit d'accomplir un véritable rite, même simple et dépourvu d'artifice. Pour comprendre le fonctionnement de l'invocation, il suffit d'en considérer quelques-uns des aspects. Bien évidemment il est plus simple d'analyser ceux qui ont un impact direct sur notre psychisme. Prenons l'exemple que nous développons plus loin, lors de l'analyse des arcanes, celui des gestes. Si nous en restons à une simple évocation liée à l'imaginaire, notre pratique sera limitée à notre potentiel mental. Nul doute que celui-ci puisse être puissant. Mais il est lié à un travail régulier et à des capacités de concentration que tout le monde ne possède pas forcément. Pour que l'arcane devienne une réalité intérieure, différentes techniques seront développées. Elles auront entre autres la faculté d'intensifier cette dimension. C'est le cas des gestes dont nous avons déjà parlé. La tradition orale a fixé ces éléments pour compléter le travail de base. Un geste n'est jamais neutre. Nous savons combien une position ou un geste est significatif. Il en est de même ici. Il est parfaitement codifié, précis et destiné à agir sur des parties particulières de votre corps. Le geste répété, accompli dans une ambiance particulière, imprégné de la carte correspondante, va induire un état particulier. Avec celui-ci, des parties profondes de notre psychisme seront mises en mouvement, nous procurant de manière indirecte des éléments de connaissance de l'arcane que nous étudions. Nous voyons par ce simple exemple la différence importante qui existe entre l'invocation et l'évocation. Nous pouvons comprendre que l'impact est d'autant plus important que les éléments s'ajoutent les uns aux autres, les gestes, les couleurs, les sons, etc. Mais l'invocation ne se limite pas à ces couches profondes de notre être. Comme nous l'avons montré, chacune des cartes correspond également à une puissance du cosmos, du monde invisible extérieur à nous. Que ces énergies soient antérieures au jeu et aient dicté son apparition ou qu'elles soient apparues ensuite, le résultat est le même. Il existe une réalité extérieure et l'invocation va permettre d'établir un lien efficace entre notre inconscient et cette dimension invisible à laquelle nous faisons appel. Les plans dont nous parlons et que nous expliquerons de manière plus claire dans l'approche cabalistique, sont susceptibles d'être contactés par l'utilisation de mots qui y correspondent. À ce titre, nous pourrions dire que l'invocation est une approche théurgique. Comme nous le voyons, elle agit sur une dimension invisible en utilisant les clés. Vous apprendrez dans les chapitres suivants à utiliser les rites pour parvenir à cette fin. Par leur pratique, vous serez à même de débuter un véritable processus initiatique. De la même manière que dans l'évocation, un travail de groupe peut être accompli. Il est soit la reprise d'une pratique individuelle adaptée à un nombre plus important de participants, soit un développement plus précis sous la conduite de quelqu'un ayant déjà maîtrisé ces éléments. Dans ce cas, la présence de plusieurs participants renforce le pouvoir de l'invocation. Nous vous conseillons toutefois d'en rester à une pratique individuelle, tant que vous n'avez pas pleinement intégré et acquis chacun des arcanes. N'oublions pas que la simple capacité évocatoire est déjà d'une importance considérable. Il convient de ne pas diriger des participants alors passifs dans une direction qui ne serait pas vraiment celle de l'arcane. Le résultat serait alors différent de celui qui est visé. Il est donc bon de suivre la totalité du processus avant d'envisager la possibilité d'un travail en groupe.

4. LE CONTACT DE L'EGREGORE ET LE TRAVAIL SUR LES ENERGIES

Les énergies sont un concept extrêmement complexe et nous pouvons en dire quelques mots. L'objet de ce livre n'est pas d'approfondir ces éléments, mais seulement de comprendre comment et pourquoi nous les mettons un œuvre. Dans les conceptions traditionnelles de l'Orient et du Moyen-Orient, nous sommes un être composé de plusieurs dimensions, physiques et non physiques. Les corps dits subtils sont des contreparties énergétiques de notre dimension physique. Nous pouvons appeler cette dimension l'aura, mais par facilité nous utiliserons régulièrement les termes de corps énergétiques. Il existe diverses techniques permettant d'observer cette réalité ou même simplement de la ressentir. Vous pouvez vous reporter au livre « L'aura ». L'Occident, à l'époque contemporaine, a développé des principes empiristes et matérialistes, laissant de côté les dimensions invisibles dans la mesure où leur réalité n'a pas encore été démontrée. Nous devons bien reconnaître que la science n'a effectivement pas permis de confirmer cette réalité. Remarquons toutefois que l'absence de preuve n'est pas la preuve de l'absence. Il est intéressant de se fonder sur la tradition et les différents courants qui la composent pour utiliser cette conception et vérifier expérimentalement un certain nombre de réalités à l'intérieur de notre être.

Des pratiques de méditation, de contrôle de l'énergie peuvent nous permettre d'arriver à une prise de conscience. Le support théorique que nous utilisons ici est le Tarot.

3- L'ARBRE DE VIE ET LE TAROT

1. L'ARBRE DE VIE ET LA KABBALE

Ne croyons pas que la kabbale soit en elle-même quelque chose de compliqué. Comme tout apprentissage, il est nécessaire qu'il s'effectue progressivement, passant comme le disait Descartes « du plus simple au plus compliqué ».

L'arbre de vie ou arbre séphirotique est un des fondements de cette science. Il peut représenter plusieurs choses, mais nous nous limiterons ici à sa correspondance avec l'homme universel, l'homme conçu dans sa perfection. Ce schéma spécifie de façon symbolique les étapes de création de l'être, sa structuration occulte à travers les sphères d'énergie qui le composent et les sentiers qui les relient les unes aux autres. Nous verrons plus loin qu'il existe des relations très étroites entre le Tarot et les différents éléments de l'arbre de vie présenté ci-dessous. Ne soyez pas effrayés par ce schéma qui pourrait vous paraître complexe. Vous verrez que vous pourrez l'utiliser aisément dans le travail que nous allons vous expliquer plus loin.

L'arbre séphirotique

Les dix séphiroth constituent l'arbre de vie. Chaque séphirah est un mode dynamique d'être, dont le caractère est exprimé par sa relation, en premier lieu, aux autres Séphiroth et, ensuite, aux autres êtres. Les relations des Séphiroth entre elles sont résumées par une certaine structure qui est permanente dans la nature des choses et immuable, que nous considérions les Séphiroth dans leur monde d'origine, Atziluth ou dans les autres mondes. Ce sont les échanges d'énergies entre les sphères qui lui donnent cette apparence tout à fait particulière.

Chaque séphirah porte un nom spécifique et se manifeste à nous par ses qualités particulières ou par les symboles de ses qualités, à travers les quatre mondes. Le tableau que vous trouverez plus loin donne les noms des Séphiroth et les principales correspondances.

Cette structure que l'on pourrait qualifier d'archétypale est la représentation de sphères qui existent dans les quatre mondes décrits par la Kabbale, tant sur le plan macrocosmique que microcosmique.

Examinons chacune de ces sphères (Séphiroth) du commencement spirituel de notre univers à son niveau spirituel le plus élevé. Dès leur origine première, les Séphiroth se développent, c'est à dire émanent les unes des autres dans un ordre défini qui s'auto-équilibre. Il existe un mouvement inverse, une remontée de l'arbre qui part de la sphère la plus basse (Malkouth) et qui mène jusqu'à la sphère la plus haute (Kéther).

- La première sphère à se manifester et la plus haute de toute est appelée **Kéther**. C'est la manifestation archétypale d'origine de la divinité. Elle est une pure concentration d'énergie lumineuse contenant potentiellement tout ce qui est à venir. Elle est l'unité parfaite. Image archétypale : Vieux roi barbu vu de profil.

- La deuxième sphère **Hokmah** représente la paternité, le lieu dans lequel l'énergie s'accroît et s'accélère. Image archétypale : Patriarche barbu.

- La troisième sphère **Binah** correspond à la puissance féminine, à la maternité. Elle donne une forme à tout ce qui va exister et passe à travers elle. Elle canalise les énergies qui la traversent. Image archétypale : Reine céleste.

- La quatrième sphère **Résed**, possède un caractère expansif qui prépare un passage de l'abstrait au concret. Elle exprime une forme atténuée de la paternité présente en Hokmah. Elle tient la place de législateur et exprime la gentillesse sous une seconde forme nommée **Gédoulah**. Image archétypale : Prêtre-roi sur son trône.

- La cinquième sphère **Gébourah** est une expression de la justice divine et de la force. Image archétypale : Roi-guerrier en arme.

- La sixième sphère, **Tiphéreth** exprime l'harmonie, la beauté et l'équilibre. Elle est le lieu de passage et d'échange entre les forces d'en haut et d'en bas. Elle rassemble en elle et d'une manière plus perceptible, les qualités et l'énergie de Kéther. Image archétypale : Enfant divin ; roi solaire ; dieu sacrifié.

- La septième sphère, **Netzah**, permet à l'amour et à la vitalité de se manifester dans le monde de la forme, dans l'existence naturelle. Image archétypale : amazone nue.

- La huitième sphère, **Hod**, divise et analyse. Elle correspond à la dimension intellectuelle. Image archétypale : hermaphrodite.

- La neuvième sphère, **Yésod**, exprime la force divine à travers les formes changeantes et multiples de ce monde. C'est à partir d'elle que les effets sur le plan physique peuvent se manifester. Image archétypale : jeune homme ithyphallique.

- La dixième sphère, **Malkouth** exprime l'accomplissement et l'interaction entre les choses. Elle est composée des quatre éléments. Image archétypale : jeune fille voilée.

Résumons les caractéristiques et mots clés de ces différentes sphères :

1ᵉʳ sphère

Sphère : Couronne

Nom kabbalistique : Kéther

> **Force** : Unité
>
> **Symbole cosmique** : Nébuleuse spirale
>
> **Sens archétypal** :
>
> **Couleur moderne** :
>
> **Image archétypale ou « théurgiques »** : Vieux roi barbu vu de profil

2ᵉ sphère

Sphère : **Sagesse**

Nom kabbalistique : Hokmah

> **Force** : Expansion
>
> **Symbole cosmique** : Sphère des étoiles fixes - Zodiaque
>
> **Sens archétypal** :
>
> **Couleur moderne** :
>
> **Image archétypale ou « théurgiques »** : Patriarche barbu

3ᵉ sphère

Sphère : **Intelligence**

Nom kabbalistique : Binah

> **Force** : Constriction
>
> **Symbole cosmique** : Saturne
>
> **Sens archétypal** : Stabilité immuable
>
> **Couleur moderne** : Indigo
>
> **Image archétypale ou « théurgiques »** : Reine céleste

4ᵉ sphère

Sphère : **Miséricorde**

Nom kabbalistique : Résed

> **Force** : Ordre
>
> **Symbole cosmique** : Jupiter

Sens archétypal : Bienfaisance majestueuse

Couleur moderne : Bleu

Image archétypale ou « théurgiques » : Prêtre-roi sur un trône

5e sphère

Sphère : **Rigueur**

Nom kabbalistique : Gébourah

    Force : Energie

    Symbole cosmique : Mars

    Sens archétypal : Force intrépide

    Couleur moderne : Rouge

    Image archétypale ou « théurgiques » : Roi-guerrier sur son char

6e sphère

Sphère : **Beauté**

Nom kabbalistique : Tiphéreth

    Force : Equilibre

    Symbole cosmique : Soleil

    Sens archétypal : Splendeur fécondante

    Couleur moderne : Jaune

    Image archétypale ou « théurgiques » : Roi solaire. Enfant divin. Dieu sacrifié.

7e sphère

Sphère : **Victoire**

Nom kabbalistique : Netzah

    Force : Combinaison

    Symbole cosmique : Vénus

    Sens archétypal : Amour céleste

    Couleur moderne : Vert

    Image archétypale ou « théurgiques » : Amazone nue

8e sphère

Sphère : **Splendeur**

Nom kabbalistique : Hod

    Force : Séparation

    Symbole cosmique : Mercure

    Sens archétypal : Esprit de sagesse

    Couleur moderne : Orange

    Image archétypale ou « théurgiques » : Hermaphrodite

9e sphère

Sphère : **Fondation**

Nom kabbalistique : Yésod

    Force : Conception

    Symbole cosmique : Lune

    Sens archétypal : Changement et devenir

    Couleur moderne : Violet

    Image archétypale ou « théurgiques » : Jeune homme ithyphallique

10e sphère

Sphère : **Royaume**

Nom kabbalistique : Malkouth

    Force : Résolution

    Symbole cosmique : Terre

    Sens archétypal :

    Couleur moderne : Spectre des 7 couleurs

    Image archétypale ou « théurgiques » : Jeune fille voilée

Les sphères peuvent également être perçues selon **trois colonnes** verticales qui donnent un sens spécifique se rajoutant au caractère déjà défini pour chacune d'entre elles. De cette façon, vous pourrez associer dans votre analyse cette détermination fort utile. Nous les résumons ci-dessous.

1ᵉʳ Colonne : Rigueur | **Polarité** : Féminine | **Position** : Gauche

2ᵉ Colonne : Miséricorde | **Polarité** : Masculine | **Position** : Droite

3ᵉ Colonne : Équilibre | **Polarité** : Bisexuelle ou neutre | **Position** : Central

Les quatre mondes

Dans la kabbale hébraïque, l'univers est divisé en quatre mondes : **Assiah** (le plan matériel) appelé, **Yetzirah** (le plan astral), **Briah** (le plan mental) et **Atziluth** (le plan divin).

Nous pouvons d'ailleurs établir une relation entre eux et la structure de notre personnalité.

Résumons brièvement le caractère de chacun d'eux.

Assiah - Le plan matériel

Il correspond à l'univers physique et se trouve donc être le plus dense. C'est la manifestation matérielle des forces dont le modèle se trouve dans les mondes supérieurs. Nous pouvons être surpris par la complexité et le désordre de ce monde qui ne semble que peu structuré sur les plans idéaux, mais c'est là une simple apparence. En réalité, la structure ordonnée existe bien pour qui sait la percevoir derrière les voiles illusoires de la nature. Il faut essayer de devenir sensible aux concepts et idées qui soutiennent le monde que nous voyons. Alors nous nous mettrons en relation avec ces plans divins.

Dans le microcosme humain, Assiah se rapporte à l'organisme physique, aux structures subatomiques, atomiques et moléculaires.

Yetzirah - Le plan astral

Il correspond au plan astral, distinct donc de celui dont nous venons de parler. C'est en quelque sorte l'énergie qui soutient le monde physique, monde des apparences dans lequel nous vivons. Tout ce qui se passe dans le monde physique a d'abord lieu en Yetzirah. Mais bien évidemment ce dernier est sujet au changement et demeure ondoyant et incertain. Il foisonne d'images émanant d'Assiah, qui ont été constituées entre autres par les émotions. Dans le microcosme humain Yetzirah se rapporte à l'inconscient inférieur, au corps énergétique appelé le *Néphesh*.

Briah - Le plan mental

Il correspond au monde de la création, qui contient les images archétypales et non les archétypes eux-mêmes. C'est le monde intellectuel contenant l'image des réalités qui sont perçues par celui qui parvient à s'élever jusqu'à ce plan. Il convient de distinguer les images qui s'y manifestent de celles qui se trouvent dans le monde de Yetzirah. Ces dernières étaient les images changeantes et multiples provenant pour la plupart des émotions liées à Assiah. Ici, en Briah, elles sont le reflet descendant des réalités archétypales d'Atziluth. Dans le microcosme humain Briah se rapporte à la conscience rationnelle, aux énergies de l'être, au corps appelé le *Ruach* (Rouar).

Atziluth - Le plan divin

C'est le monde divin dans lequel résident les archétypes authentiques. C'est un monde de l'abstraction pure que l'on ne peut percevoir qu'à travers les expressions archétypales que sont entre autres les dix forces dont font partie les sept planètes. Nous les retrouverons dans la représentation de l'arbre séphirotique. Pour mémoire rappelons le sens archétypal de chacune d'entre elles : *Saturne* : stabilité immuabilité, *Jupiter* : bienfaisance majestueuse, *Mars* : force intrépide, *Soleil* : splendeur fécondante, *Vénus* : amour céleste, *Mercure* : esprit de sagesse, *Lune* : Changement et devenir.

Dans le microcosme humain Atziluth se rapporte à l'esprit, l'inconscient supérieur, les principes archétypaux. Il est appelé la *Neshamah* (Neshamah).

Au-dessus de ces quatre mondes se trouvent encore ce que les kabbalistes nomment les **voiles de l'existence négative** : **Eïn Soph Aor** : la lumière infinie, **Eïn Soph** : l'infini, **Eïn** : le rien.

Le génie de la langue hébraïque

Nous allons essayer dans ce paragraphe de donner une idée générale et cependant aussi précise que possible de ce que l'on pourrait nommer le génie de la langue hébraïque. L'hébreu est constitué d'un alphabet formé de 22 consonnes, les voyelles étant formées par des points ou des traits appelés nikoudot. L'hébreu se lit de droite à gauche. Chacune des lettres et c'est là une des caractéristiques importantes, représente également un nombre. Pour bien expliquer cela, nous avons indiqués la lettre suivie de sa prononciation et de sa valeur numérique.

ט	ח	ז	ו	ה	ד	ג	ב	א
Tèt	Rèt	Zaïn	Vav	Hé	Dalet	Guimel	Bèt	Aléf
9	8	7	6	5	4	3	2	1
צ	פ	ע	ס	נ	מ	ל	כ	י
Tsadi	Pé	Aïn	Samèr	Noun	Mèm	Lamèd	Kaf	Iod
90	80	70	60	50	40	30	20	10
ץ	ף	ן	ם	ך	ת	ש	ר	ק
Tsadi	Pé	Noun	Mèm	Kaf	Tav	Chin	Rèch	Kof
900	800	700	600	500	400	300	200	100
		FINALES						

Intéressons-nous plus spécialement aux possibilités qu'offre un tel alphabet.

1° Il apparaît tout d'abord qu'un même mot peut avoir plusieurs sens dans la mesure où les voyelles n'existent pas. Prenons un exemple pour illustrer ce point.

Le mot « ADAM » (Genèse 1:27) signifie « l'homme » au sens générique (Alef-Dalet-Mem).

Le mot « ADOM » possède les mêmes consonnes et signifie « rouge ». Le mot « ADAMA » (Genèse 2:7) signifie quant à lui « la glèbe, la matrice ».

On remarque donc que si les signes voyelles ont été modifiés, les lettres quant à elles, ne bougent pas. En sachant que dans l'écriture courante ces points ne sont pas représentés, l'on conçoit qu'un tel système doit permettre une richesse d'interprétations. Ainsi Adam pourra être lui aussi rouge et les différents sens pourront être superposés afin d'indiquer un concept non visible a priori. C'est une première richesse qu'offre les racines de cette langue.

2°- Mais un mot peut également renfermer d'autres mots ou racines. Ainsi dans notre exemple précédent, le mot ADAM (Alef-Dalet-Mem), renferme le sang (Dalet-Mem) d'où une union de sens possible entre Adam, le rouge et le sang. Adam étant l'homme universel, tous les hommes ont le sang rouge. En versant donc le sang d'un être, c'est aussi le sang de chacun d'entre nous que nous versons. Ce simple exemple sur un mot nous montre la profondeur d'une telle étude.

3°- Comme nous l'avons dit plus haut chaque lettre représente un nombre, aleph = 1, beth = 2, etc. Cette attribution a permis à une science de se développer. Ce mot impressionnant pour certains, incompréhensible pour d'autres, n'est en fait que la transmission orale de l'explication des textes voilés de la Bible. En effet, ce texte et principalement dans ses cinq premiers livres est une allégorie, le codage d'une science et d'une connaissance de très haut niveau, permettant à l'homme d'emprunter le chemin vers la divinité. La kabbale est donc l'explication orale transmise d'initiés à initiés jusqu'à nos jours.

La kabbale se divise en trois parties : La guématria, le notaricon et la témoura.

a) **La Guématria** : Elle consiste à remplacer les lettres par leur valeur et à rapprocher les mots qui ont des valeurs totales identiques. Ainsi l'exemple classique des mots suivant :

« Un » = érad = 4+8+1=13

« Amour » = ahavah = 5+2+5+1=13

L'amour est donc unité.

De même M. Horowitz cite en *Genèse 14:14* « Dès qu'Abraham eut appris que son frère avait été fait prisonnier, il arma 318 de ses plus braves serviteurs. » Or le plus brave serviteur d'Abraham était Eliezer dont la valeur numérique est justement 318.

b) **Le Notaricon** : Chaque lettre formant un mot est l'initiale d'un autre mot et forme donc une phrase. Exemple célèbre le mot « AGLA » qui est construit à partir de la phrase « Ata Gibor Leolam Adonaï », « Tu es puissant à jamais, Seigneur ».

c) **La Témourah** : C'est la technique qui consiste à permuter les lettres hébraïques. Ainsi dans sa forme la plus simple, on peut remplacer chaque lettre par celle qui précède ou qui la suit dans l'alphabet.

D'autres méthodes se fondent sur des permutations plus complexes et permettent de trouver le sens d'un mot suivant des plans différents de conscience.

4°- Un quatrième point de cette langue est la forme de la lettre par elle-même. Il faut comprendre que cet alphabet était considéré par les hébreux comme révélation divine. Il comporte donc en lui la structure du monde. Par exemple le Iod est une langue de feu. La lettre samer représente le cercle sensible, la lettre chin le cercle intelligible qu'on peignait ailé ou entouré de flammes, etc.

La lettre elle-même pouvait être pénétrée pour en appréhender la structure interne, comme le montre l'exemple suivant extrait du Zohar et concernant la lettre aleph.

		La pensée inconcevable.
		Le symbole du mystère de la pensée suprême. Les six degrés.
		Le symbole du firmament supérieur.
		Les Ayoths cachés.

Ainsi cette langue que l'on peut dire à juste titre *révélée*, nous plonge dans des entrelacs digne de l'art irlandais. Notre esprit semble se perdre dans ces structures que l'on imagine sans fin. Notre raison nous pousse à ignorer ces jeux subtils où chacun semble faire dire au texte ce qu'il désire. Or il n'en est rien. Cette étude est régie par des lois très strictes, comme nous venons de le montrer.

Il nous faut plutôt considérer cette profondeur à l'image de Jacob, qui, s'éveillant du songe dans lequel il venait de voir l'échelle dressée sur la terre jusqu'au ciel et les anges montant et descendant, s'écria :

« Certainement l'Éternel est présent dans cet endroit et moi je ne le savais pas ! Que cet endroit est redoutable ! Ce n'est rien moins que la maison de Dieu ; c'est la porte des cieux ! » *Genèse 28:16-17* Il en est de même de la langue hébraïque.

2. TAROT ET KABBALE

Nous pourrions nous demander ce que le Tarot vient faire avec la kabbale. Il est clair en effet, que les premiers jeux de Tarot n'ont jamais eu de relation directe avec cette science. La kabbale est bien sûr un système beaucoup plus ancien que celui du Tarot. Comme nous venons de le voir, elle délivre des interprétations ésotériques liées au texte hébraïque de la Bible. Cette tradition s'est développée tout au long des siècles et a donné naissance à une importante littérature dans le domaine hébraïque. Nous vous indiquerons quelques éléments en bibliographie si vous souhaitez approfondir cet aspect. Toutefois, cette tradition de la kabbale ne s'est pas limitée au monde hébraïque. Plusieurs périodes de l'histoire religieuse et ésotérique ont connu des relations étroites avec cette tradition. La période de la renaissance a été à ce titre très importante. Les milieux italiens et plus spécifiquement florentins ont été de véritables creusets dans lesquels des esprits curieux et ouverts ont cherché avec une totale ouverture d'esprit, tous les moyens qui leur permettaient de réfléchir sur la nature des choses et des êtres. La philosophie était à cette époque une réflexion ouverte, intégrant les traditions anciennes avec la religion chrétienne dans sa dimension la plus tolérante. C'est le moment où la philosophie grecque fut redécouverte. Il fallut le milieu particulier des académies platoniciennes de la renaissance pour parvenir à cette fusion et à cette intégration des traditions. Ce renouveau, dans un milieu jusque-là hostile à toute originalité philosophique, a quelque chose de tout à fait significatif. C'est la manifestation d'une ouverture d'esprit, d'une libre conquête qui se manifesta à cette époque. La kabbale fut utilisée comme un moyen permettant d'aller au-delà des apparences, de travailler sur la dimension ésotérique des textes bibliques. Sa nature permit d'intégrer des systèmes étrangers au christianisme, comme celui des philosophies anciennes et classiques. Cela donna naissance à ce qu'on appela la kabbale chrétienne. On comprend donc qu'elle eut très rapidement de nombreuses déclinaisons dans les différents domaines de la connaissance et de la recherche.

Pour comprendre les raisons de ses possibilités, il faut comprendre que la kabbale n'est pas seulement le véhicule d'une doctrine et de l'interprétation d'un texte. Elle est un système à part entière, une façon de voir et d'interpréter le monde, une structure parfaitement claire et cohérente permettant d'expliquer ce qui nous entoure.

Pour nous résumer d'une façon concise, la Kabbale est un système, une grille d'interprétation et de compréhension.

Mais utiliser celle-ci n'est pas utiliser la Bible. Même si cette science s'inspire à son commencement du texte biblique, elle ne peut être réduite à cela. C'est pour cette raison, qu'au début du XXᵉ siècle, les ésotéristes, travaillant ou non dans des écoles initiatiques, se servirent de la kabbale comme un outil de réflexion sur le monde, de compréhension des plans invisibles et de leur mode de fonctionnement. Ils cherchèrent de cette façon à appréhender les possibilités qui en découlaient. Un des avantages les plus importants de ce système kabbalistique fut la cohérence qu'il permettait. L'arbre séphirotique et le système des quatre mondes en sont deux des aspects les plus significatifs.

Dès le début, le Tarot fut considéré comme un héritage important, porteur d'un sens et d'un pouvoir qu'il convenait de décrypter et d'utiliser. Or ceux qui s'en préoccupèrent utilisaient déjà le système de la kabbale. La tentation de les rapprocher fut importante et facilité par le nombre de cartes composant le jeu de Tarot. Ce que l'on appelle les arcanes majeurs sont un ensemble de 22 cartes et les arcanes mineurs un ensemble de 56 cartes.

Les arcanes majeurs furent spontanément et naturellement associés aux 22 lettres hébraïques et aux 22 sentiers de l'arbre de vie. La relation entre les lettres hébraïques et les sentiers de l'arbre de vie fut faite par les juifs kabbalistes et les ésotéristes modernes ne firent que le transposer au Tarot. Il a suffi de faire correspondre les lettres hébraïques aux arcanes majeurs du Tarot et l'ensemble des correspondances des lettres et des sentiers pouvait alors enrichir le symbolisme déjà riche des cartes. Nous le verrons en détail dans le chapitre suivant à travers l'étude de chacune des cartes et des tableaux précis rassemblant l'ensemble des correspondances.

N° des lames. Lames majeures - N° des Sentiers de l'arbre de vie

1. Le mat – 11
2. Le bateleur – 12
3. La papesse – 13

4. L'impératrice – 14
5. L'empereur – 15
6. Le pape – 16
7. L'amoureux – 17
8. Le chariot – 18
9. La force – 19
10. L'ermite – 20
11. La roue de la fortune – 21
12. La justice – 22
13. Le pendu – 23
14. La mort – 24
15. La tempérance – 25
16. Le diable – 26
17. La maison dieu – 27
18. L'étoile – 28
19. La lune – 29
20. Le soleil – 30
21. Le jugement – 31
22. Le monde – 32

A noter, comme vous le verrez plus loin, que les écoles initiatiques contemporaines inversent les lames 8 et 11. Dans le Tarot de Marseille, la lame 8 est celle de la justice et la lame 11 celle de la force. Dans le travail ésotérique du Tarot, ces deux lames seront toujours inversées. Nous vous suggérons donc de les renuméroter afin qu'elles occupent d'ores et déjà la place qui sera la leur dans tout notre travail. Si vous utilisez le Tarot de Marseille, prenez ainsi l'habitude de considérer que la lame 8 est la force et la lame 11 la justice. Vous découvrirez peu à peu la raison de cette inversion et la nécessité de la conserver, afin d'obtenir une utilisation cohérente, structurée et efficiente du Tarot.

Quant aux 56 cartes mineures que nous ne développerons pas théoriquement dans cet ouvrage, elles furent mises en relation avec les séphiroth. L'ordre choisit fut le suivant :

Désignation des Sphères - Nom kabbalistique - Lames mineures (Les séries des quatre)

1. Couronne – Kéther - As

2. Sagesse – Hokmah – Deux, Rois

3. Intelligence - Binah – Trois, Reines

4. Miséricorde – Résed - Quatre

5. Rigueur – Gébourah - Cinq

6. Beauté – Tiphéreth – Six, Princes

7. Victoire - Netzah - Sept

8. Splendeur – Hod - Huit

9. Fondation – Yésod - Neuf

10. Royaume – Malkouth – Dix, Princesses

Ces tableaux sont uniquement destinés à vous donner une idée générale des attributions qui furent élaborées à partir du système de la kabbale. Plus vous avancerez dans votre travail, plus vous remarquerez la cohérence et l'intérêt de ce système.

L'objectif d'une telle assimilation est de permettre l'enrichissement d'un élément symbolique tel que le Tarot par un système établi et porteur d'un riche héritage. On peut dire que cette fusion eut un double effet bénéfique. La kabbale et le Tarot s'enrichirent mutuellement bien qu'il soit possible que les kabbalistes juifs soient en désaccord avec ces affirmations. Pour eux, le Tarot n'a rien à voir avec la sainte tradition de la kabbale. Mais notre intention est celle de nos prédécesseurs de la renaissance. Nous nous plaçons dans la lignée de ceux qui constituèrent ce système et nous réalisons comme vous le ferez son exceptionnelle richesse dans son utilisation quotidienne. Mais revenons à cette notion d'enrichissement mutuel. Le Tarot est, comme nous avons commencé à l'expliquer, un ensemble de cartes représentant des tableaux symboliques des différents états de conscience. A première vue la kabbale parle davantage à l'intellect qu'à l'imaginaire tandis que le Tarot procède de manière inverse. Il est donc tout à fait enrichissant de commencer par le Tarot pour arriver à la compréhension de la kabbale. De la même façon, il est passionnant de fusionner les éléments théoriques et symboliques de la kabbale dans cette extraordinaire imagerie du Tarot.

Mais nous n'avons jusque-là parlé que d'une dimension d'étude et d'apprentissage, donc d'une certaine manière théorique et symbolique. Or nous ne souhaitons pas nous y limiter. Il est bon de considérer des questions essentielles comme le sens de l'existence, de valeur et d'objectif à donner à sa vie. La kabbale est une grille de compréhension du monde porteuse d'une valeur, d'une morale capable de nous aider à nous repérer dans le vaste monde qui est le nôtre. Il en est évidemment de même pour le Tarot. Nous ne sommes pas en train de dire que le vaste système de la kabbale se réduit au Tarot, à son utilisation et à son étude. Nous affirmons simplement que l'objectif caché du Tarot est d'une certaine manière identique, sans pour cela intégrer une dimension religieuse comme c'est le cas dans la kabbale. La dimension religieuse de cette dernière se manifeste à travers cette recherche du divin et notre volonté de nous mettre en relation étroite avec lui. Dans le Tarot nous fixons aussi comme objectif l'éveil de la conscience et le cheminement initiatique. Nous pouvons nous permettre de dire que le Tarot est également porteur d'une éthique, d'une attitude face à l'existence. La dimension ésotérique, distincte de la dimension religieuse, se manifeste par cette volonté de développement de l'être et par la certitude de posséder en soi une dimension divine qui nous appartient de révéler. L'adepte qui pratique la voie du Tarot, ne considère pas qu'il soit le seul dieu de la création. Il considère seulement qu'il porte en lui toutes les capacités pour se parfaire et s'élever pas à pas vers une dimension supérieure à la sienne, qui touche au sacré. Il ne s'agit pas de rejeter la vision monothéiste, mais de la laisser entre parenthèses, comme n'étant pas directement concernée par ce travail intérieur. Ce sur quoi nous agissons est différent du religieux, entendu au sens d'une pratique communautaire et eschatologique.

Les kabbalistes ont eux aussi cherché à dépasser la simple étude théorique pour considérer qu'il y avait une possibilité d'agir réellement sur d'autres plans. Cette action était rendue possible par l'utilisation des symboles, des nombres, des mots du système hébraïque, etc. Des pratiques particulières furent mises au point, les unes concernant plus proprement la dimension mystique, les autres une dimension rituelle ou théurgique. La conséquence évidente fut que ces deux dimensions se retrouvèrent à l'intérieur de la pratique du Tarot. C'est ce que nous verrons dans les chapitres suivants.

3. LE TAROT, PORTE DES SENTIERS DE L'ARBRE DE VIE

Comme nous l'avons montré plus haut, l'arbre de vie est un des éléments les plus importants du système kabbalistique. C'est un schéma à la fois complexe est extrêmement simple. Il représente l'homme universel, l'Adam Kadmon, l'Adam de la création, le premier être créé par Dieu. Comme les textes de la Bible le rapportent, « Dieu créa l'homme à son image ». La kabbale applique ce principe en rapprochant l'arbre séphirotique, l'arbre de vie, au schéma corporel de l'être parfait. Nous trouvons ici la représentation symbolique de l'homme réalisé. Vous pourrez vous reporter aux différents ouvrages en bibliographie qui abordent ce point. Nous allons quant à nous utiliser cet arbre de vie selon deux principes : le premier sera celui du schéma corporel et le second celui des états de conscience qu'il nous faut franchir pour réaliser notre être complet.

Premièrement : l'arbre de vie peut être superposé à notre corps physique, les sentiers et les sphères à chacune des parties du corps. Cela nous donne un certain nombre d'indications quant à l'utilisation des clés majeures et mineures du Tarot. Nous les aborderons dans le chapitre suivant. D'autre part, chacun des sentiers et chacune des sphères, correspond à une planète, à un signe astrologique ou à un élément. Or, le symbolisme traditionnel astrologique nous fournit des indications précieuses quant à la correspondance entre les planètes, les signes, les éléments et les différentes parties du corps. Nous pourrons de cette façon établir une relation directe et cohérente utilisable dans notre travail pratique. Il faut noter que ce passage par l'astrologie n'implique pas que nous reconnaissions la réalité astronomique des influences planétaires. Il nous suffit de dire ici que les sciences traditionnelles utilisent l'astrologie comme un support symbolique équivalent au Tarot. À ce titre la cohérence établie à travers les siècles est utilisable, sans que nous affirmions la réalité des influences physiques interplanétaires.

Deuxièmement : l'arbre de vie représente également des états de conscience que nous pouvons et devrons franchir pour parvenir à un état d'éveil. L'énergie qui a participé à la création de l'homme est descendue d'une manière structurée de la sphère la plus haute à la plus basse, permettant ainsi à la vie de prendre toute son extension. La densité de la matière a entouré l'esprit, jusqu'à l'obscurcir. Nous rejoignons ici la vision donnée par Platon qui explique que l'âme est enfermée dans le corps, celui-ci l'empêchant de voir les mondes supérieurs. L'éveil qui est visé par notre travail, consiste symboliquement à remonter cet arbre pour retrouver la lumière susceptible d'illuminer notre être. Nous aurons donc à travailler sur chacun des sentiers afin de les rendre conscients, de les intégrer et de les maîtriser. La connaissance de ces sentiers et la suite logique de leur parcours permettra d'atteindre cet éveil. C'est ce que nous appelons l'initiation à la kabbale et ici « l'initiation au Tarot ». En effet il ne faut pas oublier que les lames majeures correspondent aux différents sentiers. Le travail sur chaque carte correspondra alors exactement au travail qui doit être effectué sur l'arbre de vie. Méditer par exemple ou travailler rituellement sur la carte du monde, la carte 21, nous permettra d'emprunter le 32e sentier reliant la sphère la plus basse, Malkouth, à la sphère lunaire Iésod.

Rajoutons enfin que chacun des sentiers, aussi bien que chacune des sphères, existe sur quatre plans de manifestations mentionnés dans le paragraphe plus haut. Chacun de ceux-ci impliquera des noms et des couleurs spécifiques que nous utiliserons en conséquence. Il sera parfois utile d'agir plus spécifiquement sur tel ou tel plan. Il nous suffira alors de choisir les noms ou les couleurs qui correspondent à ces mondes. Dans un premier travail d'intégration et d'harmonisation, les quatre niveaux seront impliqués afin de permettre un équilibre dans cette œuvre.

PARTIE II - LES 22 ARCANES - ANALYSE THEORIQUE ET SYMBOLIQUE

Cette partie est destinée à vous fournir les éléments indispensables à la compréhension et à l'analyse des arcanes du Tarot. Certains sont classiques, mais d'autres vous permettront de commencer à comprendre l'approche éminemment pratique à laquelle nous souhaitons vous initier.

Vous aurez à revenir régulièrement à cette partie pour composer les pratiques que vous effectuerez un peu plus loin dans cet ouvrage. Vous pouvez donc lire cette partie directement, mais également la laisser de côté et y revenir au fur et à mesure de vos besoins.

Les gestes des arcanes sont des aspects fort peu connus de cette activation des symboles du Tarot.

Plusieurs des éléments de commentaire des cartes seront destinés aux chapitres pratiques.

Les Hymnes des louanges sont des adaptations poétiques et évocatoires de la dimension kabbalistique des arcanes.

Vous trouverez également la description du Tarot de Paul Foster Case (Voir bibliographie). Il s'agit d'un jeu qui reprend la base traditionnelle du Tarot de Marseille, mais qui développe de façon très précise chacun des symboles. Cette description vous permettra d'aller plus loin dans l'assimilation du Tarot et de vous donner les éléments nécessaires à la construction des voyages intérieurs que vous effectuerez un peu plus loin.

O- LE FOU

Nom italien : il matto (mat)

Nom anglais: the foolish man (the fool)

Numéro de la carte : 0

Sentier de l'arbre de vie : 11°

Lettre hébraïque : Aleph

Signification de la lettre : taureau ou boeuf

Note musicale : mi naturel

Elément : Air

Encens : galbanum

Pierres : topaze, chalcédoine

Végétaux : tremble, menthe, camomille, épicéa

Pouvoirs psychiques : divination

Anatomie : l'arcane gouverne les éléments circulatoires et mutables de l'organisme, leur quantité, les tissus et les localisations anatomiques qui les symbolisent, les appareils respiratoires et les centres réflexes. Pour les anciens initiés, l'arcane correspond également aux jambes, veines, lombes et reins, poitrine et poumons. Le trouble principal est le déséquilibre de la fonction sanguine.

Eléments psychologiques : l'arcane peut être utilisé lorsque nous cherchons à éveiller les puissances motrices. Il servira donc aux forces naturelles. Il nous aide à développer l'énergie créatrice, le principe vital qui est en nous. Il nous procure la légèreté de l'esprit et nous aide à préparer les changements, les voyages.

COULEURS

Atzilouth : jaune citron pâle

Briah : jaune

Yetzirah : bleu électrique

Assiah : bleu céleste

NOMS DE PUISSANCE

Atzilouth : Iod Héh Vav Héh - Nombres du Tarot : (10-5-6-5)

Briah : Rouariel - Nombres du Tarot : (20-6-8-10-1-12)

Yetzirah : Ariel - Nombres du Tarot : (1-20-10-1-12)

Assiah : Rouar - Nombres du Tarot : (20-6-8)

GESTES DE L'ARCANE

1- La position de départ sera toujours la même dans l'ensemble des arcanes. Vous êtes debout, le dos droit, les jambes jointes, les bras relâchés le long du corps, les épaules décontractées, le visage détendu et les yeux clos ou mi-clos.

Centrez-vous sur votre respiration, puis accomplissez le geste du premier arcane.

Avancez votre jambe droite vers l'avant et dans un même temps votre bras droit, la paume de la main tournée vers le bas et le bras gauche se relevant en symétrie vers l'arrière, la paume de main tournée vers le haut. Toujours pendant ce même mouvement votre tête se relève afin que votre regard se porte vers le haut à 45° de la position de départ. Vous pouvez vous inspirez de l'arcane du fou tel qu'il est représenté dans le

Tarot de Rider/Waite ou dans celui de Case. Gardez la position quelques secondes et enchaînez avec le geste qui suit.

2- Agenouillez-vous en posant le genou gauche à terre. En même temps amenez votre bras gauche devant votre jambe gauche de telle sorte que le bout des doigts de cette main touche le sol, le bras légèrement posé sur le dessus de la cuisse. Toujours dans le même mouvement, alors que vous vous agenouillez, baissez légèrement votre tête. Posez votre coude droit sur la cuisse droite et la main droite sur le devant de la tête, la paume se situant à la hauteur du haut du front.

Le geste est maintenu quelques instants avant de revenir à la position de départ.

CARACTERE DE L'ARCANE

Cet arcane représente la puissance de vie. De la même façon que le bœuf auquel correspond la lettre hébraïque, il s'agit de la puissance motrice qui est à la base de toute civilisation. C'est le moment où les forces naturelles sont domptées par l'homme. L'énergie créatrice, principe vital de tout être vivant, se manifeste dans la création. C'est la révélation de la force unique, de la lumière sans limite, de la volonté primordiale, de tout ce qui fut, est et sera. C'est la manifestation du souffle.

L'HYMNE DES LOUANGES

« Allié de l'air sans asile, enfant pâle comme la primevère, ombre-seigneur azurine,

Vrillant au tournoiement des sphères, ceignant leur cours, gravant leurs tourbillons,

Éclatant telle la calcédoine, fulgurant et jaillissant, ardent comme le galbanum,

Salut à toi, souffle des origines ! »

DESCRIPTION DU TAROT DE P.F. CASE

Un personnage se tient sur le bord d'un précipice en haut d'une montagne. On aperçoit au loin les chaînes de sommets violets et enneigées s'élevant progressivement vers la droite. Le ciel est jaune et un soleil blanc dans l'angle supérieur droit darde ses 14 rayons sur la scène. Le personnage central semble s'avancer vers le précipice. De sa main droite il tient un bâton noir posé sur son épaule droite. Au bout de celui-ci et en arrière de sa tête est attaché un sac rouge. Le bâton possède un embout doré. Sur le sac on voit un oeil et un aigle. Son bras gauche est largement écarté vers le côté droit de l'arcane. Il tient délicatement une rose blanche. Le personnage porte une coiffe de verdure d'où sort une grande plume rouge. Il porte une riche tunique brodée de vert. Dix roues jaunes sont imprimées sur la tunique, le soleil, la lune et une flamme à trois pointes. L'intérieur de sa tunique est rouge. Il porte un habit de dessous à manches blanches. Ses collants sont bruns et ses chausses jaunes. A côté de lui, sur sa gauche, et également face au précipice, se trouve un petit chien blanc, les deux pattes avant levées.

1- LE BATELEUR

Nom italien : il Bagatto (Pagad)

Nom anglais : the magician

Numéro de la carte : 1

Sentier de l'arbre de vie : 12°

Lettre hébraïque : Beth

Signification de la lettre : maison

Note musicale : mi naturel

Elément – planète – signe : Mercure

Encens : Bois de santal, mastic, storax

Pierres : Opale, agate

Végétaux : Verveine, palmier, marjolaine, frêne.

Pouvoirs psychiques : Guérison, pouvoir du verbe.

Anatomie : l'arcane gouverne les **poumons**, **l'intestin**, les troubles nerveux et mentaux, l'hémisphère cérébral droit, le segment moteur de la moëlle épinière, les cordes vocales, les affections liés à la surdité. Les principaux troubles sont les rhumes, la pleurésie, la pneumonie, la congestion pulmonaire. Dans un autre domaine on rencontre également les malaises intestinaux, les dépressions nerveuses, le déséquilibre mental, etc.

Eléments psychologiques : l'arcane peut être utilisé lorsque nous cherchons à nous concentrer. Il développe l'acuité, la vision intérieure et la perspicacité. Il permet de mieux comprendre le fonctionnement d'autrui. Il nous donne les capacités d'agir sur les circonstances de la vie, de mieux maîtriser ce qui nous arrive.

COULEURS

Atzilouth : ocre jaune

Briah : orange

Yetzirah : jaune indien

Assiah : rouge intense nuancé de brun

NOMS DE PUISSANCE

Atzilouth : Elohim Tsébaoth - Nombres du Tarot : (1-12-5-10-13)
Assiah : Kokav - Nombres du Tarot : (19-6-19-2)

GESTES DE L'ARCANE

1- Partant de la position de départ et sur une inspiration, avancez le bras gauche vers le sol et légèrement vers l'avant, l'index tendu. En même temps, élevez le bras droit vers l'arrière, la main ouverte de telle façon que sa paume soit à l'horizontale et dirigée vers le ciel.

Gardez la position quelques secondes et enchaînez avec le geste qui suit.

2- Conservant les jambes jointes, inclinez le torse vers l'avant en penchant légèrement la tête et ramenez vos avant-bras devant vous à l'horizontale, les paumes de main tournées vers le haut, les côtés extérieurs de chacune d'elles en contact.

Le geste est maintenu quelques instants avant de revenir à la position de départ.

CARACTERE DE L'ARCANE

Cet arcane représente la soi-conscience. Il correspond à Hermès, le messager des Dieux. Il est le centre d'expression de la volonté primordiale qui créé et soutient l'univers. Il est celui qui déclenche le processus créateur. Comme le montre la lettre hébraïque, il est un processus intériorisant, une acuité et une pénétrante vision intérieure qui sait utiliser la concentration pour aller à l'essentiel.

L'HYMNE DES LOUANGES

« Portant ta vérité dans ton cœur, feu opalin scellé, profond et inviolable,

Sur le pont aux sept couleurs traversant les mondes, participe de leurs différences.

Salut à la voix de ta puissance, parlant dans toutes les langues, diverse en ses desseins,

Une en divinité ! »

L'HYMNE ORPHIQUE

« Ecoute ma voix, Ô Hermès, fils du puissant Zeus.

Toi, le prophète inspiré que j'écoute dans le souffle du vent,

Toi le Hérault véloce porté par tes sandales ailés des Dieux aux hommes, sois attentif à ma voix alors que je m'adresse à toi.

Tu es celui qui résous les conflits, celui qui guide tous ceux qui franchissent les portes de la mort, mais tu es aussi le Dieu rusé, aimant le gain.

Tu brandis dans ta main le caducée, symbole de paix et de puissance.

Toi, Seigneur de Kôrykos, toi qui possèdes le pouvoir terrible et vénéré du langage, sois présent ici à cet instant.

Entends ma voix et accorde-moi le don de la parole, de la mémoire et au bout de tout, une fin heureuse à tes côtés. »

DESCRIPTION DU TAROT DE P.F. CASE

Un jeune homme se tient debout sous un rosier grimpant chargé de quatre roses rouges. Devant lui le bas du buisson épineux porte cinq roses rouges. Mêlés à celles-ci on aperçoit quatre lys blancs. A sa gauche se trouve une table marron. Sur celle-ci sont posés une épée au pommeau d'or et à la lame grise, une baguette ou lance dont le manche est argenté et la pointe dorée, une coupe argentée et une pièce dorée portant un pentagramme.

Le jeune homme a la beauté d'Apollon. Sa main gauche est dirigée vers le bas, l'index tendu vers le sol et le bras droit relevé vers le ciel. Il tient verticalement dans sa main droite une baguette blanche dont un bout est dirigé vers le sol et l'autre vers le ciel. Il porte une robe blanche qui recouvre également ses bras et un manteau rouge reposant sur ses épaules, tombant de part et d'autre et laissant voir la robe blanche sur le devant du corps. Autour de la taille, un serpent tient lieu de ceinture. Celui-ci a le bout de sa queue dans sa bouche. Le jeune homme a un bandeau blanc autour du front. Au-dessus de sa tête plane à l'horizontale le signe de l'infini. Tout le fond de l'arcane est de couleur jaune.

2 - LA PAPESSE

II

Nom italien : la Papessa
Nom anglais : High Priestress
Numéro de la carte : 2
Sentier de l'arbre de vie : 13°
Lettre hébraïque : guimel
Signification de la lettre : chameau
Note musicale : sol dièse
Elément – planète – signe : lune
Encens : camphre
Pierres : perle, pierre de lune
Végétaux : noisetier, bouton d'or, laurier, aulne.

Pouvoirs psychiques : clairvoyance, contrôle du rêve, divination par le rêve.

Anatomie : l'arcane gouverne principalement l'œsophage, **l'estomac** et la **fonction digestive** en général, l'utérus, les ovaires, la lymphe, le système sympathique, la vue (l'œil gauche surtout). L'arcane paraît également exercer une influence sur le cervelet, peut-être aussi sur les voies respiratoires. Les principaux troubles sont l'hydropisie, l'irrégularité des menstrues, les affections utérines et ovariennes, la dyspepsie, les troubles visuels et la prédisposition à l'anémie. Il indique surtout les désordres digestifs. Le sujet doit se méfier des excès de boissons.

Eléments psychologiques : l'arcane peut être utilisé lorsque nous cherchons à développer notre pouvoir de raisonnement et de logique. Il développe la sagesse et la mémoire. Il nous aide à tirer des leçons de ce que nous avons vécu, à assimiler les connaissances, la science. Il peut nous permettre de changer d'habitudes, partir en voyage. Il nous met en relation avec la part féminine présente en chacun.

COULEURS

Atzilouth : rouge pourpre

Briah : violet

Yetzirah : bleu gris

Assiah : argent

NOMS DE PUISSANCE

Atzilouth : El Raï - Nombres du Tarot : (1-12-8-10)

Assiah : Lévanah - Nombres du Tarot : (12-2-14-5)

GESTES DE L'ARCANE

1- Partant de la position de départ et sur une inspiration, s'asseoir sur une chaise (ou un tabouret), le dos droit, les jambes jointes, les pieds à plat, les jambes et les cuisses formant un angle droit. Les mains sont posées sur le dessus des cuisses, les paumes des mains tournées vers le haut, le côté extérieur des mains en contact avec le bas du ventre, de telle sorte que la pointe des doigts de chaque main se rejoignent. La tête est droite et dans le prolongement du corps. Le regard est posé à l'horizontale.

Gardez la position quelques secondes et enchaînez avec le geste qui suit.

2- Sans changer la position du corps, des jambes et de la tête, les deux mains sont avancées simultanément, en se retournant afin que les paumes des mains soient sur les cuisses. Les mains se trouvent donc approximativement à mi-cuisses.

Le geste est maintenu quelques instants avant de revenir à la position de départ.

CARACTERE DE L'ARCANE

Cet arcane représente le psychisme inconscient. En tant que représentation lunaire, elle est la Diane des romains et l'Artémis des grecs. Sous l'identité d'Hécate, elle combine dans ses relations les caractéristiques de la lune, de la terre, des royaumes souterrains et des ombres. Elle est donc reliée à la magie, au mystères et aux pouvoirs occultes. Il s'agit de la puissance originelle enfouie dans notre inconscient qui est créatrice des formes mentales et de tout ce qui existe. C'est une forme génératrice, dynamique et motrice.

Elle correspond à la force de caractère qui nous permet d'œuvrer dans le monde, de nous fixer un but et d'avoir l'énergie de parcourir la route nous y menant. D'une certaine façon, cet aspect lunaire est une sorte de vaisseau des cieux. Il amène à la réflexion, à la périodicité, aux associations.

Il s'agit de la mémoire de notre être, de la somme de nos expériences conservées dans leur intégralité. C'est donc une source de richesse, mais également un lien qui peut nous immobiliser et nous enchaîner au passé. Il représente par conséquent un aspect protecteur, maternel et nourricier. Il échappe aux tentatives d'analyse par une logique qui lui est propre. Il représente les connaissances qui demeurent cachées à celui qui n'a pas le cœur assez pur pour les découvrir.

L'HYMNE DES LOUANGES

« Grâce de la nuit scintillante, magnifiquement pâle, chameau qui t'a portée,

Bravement avec bride de perles, vêtu du plus beau caparaçon d'argent.

Recherchant les demeures sans chemin, connaissant tous les temps, connaissant les innombrables semences du firmament ! »

L'Hymne orphique

"Ô Déesse souveraine, écoute ma voix !

Puissante Sélène apporte ta lumière en ce lieu où nous nous tenons.

Toi qui cours à travers la nuit et manifeste ta présence dans l'air qui nous entoure, sois présente parmi nous !

Toi, jeune fille de la nuit, porteuse de torche, astre magnifique, croissante et décroissante, à la fois mâle et femelle, mère du temps, toi qui éclaires la nuit de ton éclat d'argent, dirige ton regard sur nous et sur notre œuvre.

Splendide parure de la nuit, donne-nous ta grâce et ta perfection.

Que ta course céleste te guide maintenant vers nous, ô jeune fille très sage.

Viens, bienheureuse et sois nous propice en faisant briller tes trois lumières sur cette nouvelle initiée."

Description du Tarot de P.F. Case

Une femme est assise sur un cube de pierre grise. Celui-ci est placé entre deux colonnes à fleur de lotus fermée reposant sur un socle cubique. La colonne qui est à sa gauche est blanche et possède la lettre Iod écrite en noir sur son fut. Celle qui est à sa droite est noire et la lettre Beth est écrite en blanc. Entre les deux colonnes et derrière le personnage, un rideau gris est tendu. On distingue sur celui-ci huit grenades rouge sombre et quatre palmiers.

Au fond de la scène et jusqu'à mi-hauteur, on aperçoit le désert jaune et au-dessus de lui le ciel bleu.

Le personnage est coiffé d'un diadème en argent cornu, un cercle argent en son centre. Sa tête est recouverte d'un voile blanc qui lui retombe sur les épaules. Elle porte une robe blanche plissée, une croix blanche à branches égales se trouvant sur sa poitrine. Une cape bleue tombe sur ses épaules, recouvre ses genoux et se transforme en rivière à ses pieds. Seule sa main gauche est visible et elle tient un rouleau de parchemin dans sa main droite, sur lequel on lit le mot Tora. Il est en partie caché par le voile bleu.

3- L'Imperatrice

Nom italien : l'Imperatrice

Nom anglais : the Empress

Numéro de la carte : 3

Sentier de l'arbre de vie : 14°

Lettre hébraïque : Dalet

Signification de la lettre : porte

Note musicale : fa dièse

Elément – planète – signe : Vénus

Encens : bois de santal

Pierres : émeraude, turquoise

Végétaux : rose, trèfle, coucou, myrte, pin

Pouvoirs psychiques : magie de l'amour

Anatomie : On lui attribue les **reins**, les **organes génitaux internes**, la gorge et la circulation veineuse. On peut craindre néphrite, diabète, albumine, troubles de la menstruation, métrite, salpingite, ovarite, tuberculose ou cancer du rein dans les cas exceptionnels. Plus ordinairement, fatigue ou petits malaises en relation avec les excès sexuels, troubles vénériens, maladie due au caractère sédentaire, à la mauvaise circulation du sang.

Eléments psychologiques : l'arcane peut être utilisé lorsque nous cherchons à faire aboutir des projets que nous avons conçus. Il nous aide à manifester ce que nous portons en nous. Il nous aide à construire, à trouver des idées, à faire jaillir des images mentales, à enrichir l'imagination créatrice.

COULEURS

Atzilouth : bleu-vert

Briah : vert

Yetzirah : vert émeraude brillant

Assiah : vert foncé vif

NOMS DE PUISSANCE

Atzilouth : Iod Héh Vav Hé Tsébaot - Nombres du Tarot : (10-5-6-5-18-2-1-6-9)

Assiah : Nogah - Nombres du Tarot : (14-6-3-5)

GESTES DE L'ARCANE

1- Partant de la position de départ et sur une inspiration, s'asseoir sur une chaise (ou un tabouret), le dos droit, les jambes légèrement écartées (largeur de vos deux poings fermés à la hauteur des genoux), les pieds à plat, les jambes et les cuisses formant un angle droit. Le poignet droit est posé sur le haut de la cuisse droite, la paume de la main tournée vers le haut de telle sorte que le côté extérieur de la main soit en contact avec le bas du ventre, le pouce et l'index se touchent formant un cercle tandis que les autres doigts sont tendus. La main gauche est posée à plat sur le haut de la cuisse, la paume vers le bas, l'intérieur de la main épousant donc la forme de la cuisse. Les doigts sont tous étendus. La tête est droite et dans le prolongement du corps. Le regard est à l'horizontale.

Gardez la position quelques secondes et enchaînez avec le geste qui suit.

2- Levez-vous, le dos droit et en même temps tendez vos bras vers l'avant, les paumes des mains vers le ciel, les doigts légèrement recourbés vers le haut, l'extérieur des mains (côté du petit doigt) en contact. La tête est légèrement penchée en avant sur les bras.

Le geste est maintenu quelques instants avant de revenir à la position de départ.

CARACTERE DE L'ARCANE

Cet arcane est la représentation de la Grande Mère, Aphrodite, Vénus. Elle est la Mère Nature, porteuse de toutes les formes à naître. C'est donc la représentation de l'imagination créatrice, de cette force intérieure qui nous pousse à faire de nouvelles combinaisons pour nous adapter au milieu et à la vie. Comme symbole féminin, c'est la naissance, la reproduction et la manifestation. C'est une matrice qui reçoit le germe de notre travail et le fait fructifier ; représente la sagesse.

Comme sa lettre hébraïque l'indique, il est également une porte et représente cette faculté d'accepter ou de refuser les éléments extérieurs. C'est la mystérieuse force qui soutient la matière et lui permet de s'organiser.

Le trois est la multiplication, l'accroissement, l'émancipation, la production, l'organisation et l'élaboration. C'est le moment où tout ce qui a été perçu sur les plans les plus subtils imaginés intérieurement dans la deuxième étape, apparaît ici pleinement manifesté.

L'HYMNE DES LOUANGES

« Porte de la vision accomplie, donneuse e rêves vers l'aventure,
Sacrés sont les rouges portails de l'aube sacrées les portes d'émeraude,
Du printemps jubilant, Mère des exploits manifestées multiformes
Mère de la destinée ! »

L'HYMNE ORPHIQUE

« Aphrodite, Ô souriante déesse née de la mer, amante des longues fêtes de la nuit, source de la génération, Ô toi sainte mère écoute ma voix.

Tu es celle dont tout procède et qui nous a donné la vie.

Les trois royaumes, le ciel, la terre et la mer t'obéissent.

Lorsque tu t'assois aux côtés de Bacchus, tu présides aux festins, tisses les liens conduisant au mariage et répands ta grâce mystérieuse dans le lit des amants.

Tu es la secrète Déesse qui te glisse dans le désir de l'homme et de la femme, louve silencieuse qui traverse la nuit.

Tu es celle que tous les hommes désirent, l'image qui naît de leur esprit, le philtre magique de leur amour et de leur délire sacré.

Toi qui jadis naquit à Chypre et posa ton pied sur les galets du rivage, approche-toi de moi.

Ressent mon désir de contempler ton visage et ton corps parfaits.

Tu parcours les terres de Syrie, l'Egypte sacrée et traverses les flots sur ton char immaculé tiré par les cygnes.

Ô Bienheureuse Déesse de volupté, je t'appelle et te désire. Chevauche les flots juqu'à moi. Laisse-toi porter par le chant des nymphes sur l'écume des vagues.

Ô Déesse désirable, qu'à cet instant tu m'apparaisses et que je puisse enfin contempler la beauté de ta nudité.

Que mes paroles saintes te soient agréables et puisse mon pur désir toucher ton être le plus intime.

Ô Aphrodite, je t'invoque. »

DESCRIPTION DU TAROT DE P.F. CASE

Une femme est assise sur un banc de pierre grise. Devant elle se trouve un champ aux blonds épis de blé. Derrière elle se trouve un jardin vert et une haie de peupliers. Le ciel est jaune. Contre le banc et à sa gauche on observe un rosier avec cinq roses rouges.

La jeune femme est blonde. Elle porte un diadème de 12 étoiles à 6 branches. Un tresse verte tient ses cheveux et un collier de perles blanches entoure son cou, 7 perles étant visibles sur le devant. Sa robe est verte et couvre l'ensemble de son corps en larges plis. La bordure de la robe autour de son col et sa ceinture sont dorées. Une bande blanche verticale rattache le col à la ceinture. Sur cette bande se trouve un triangle rouge, la pointe vers le haut. La jeune femme tient un sceptre vertical de sa main gauche légèrement incliné vers la gauche. Le manche est doré et il est surmonté d'une boule verte, elle-même surmontée d'une croix dorée à 4 branches égales. Dans sa main droite elle tient une sorte d'écu en forme de cœur de couleur bronze légèrement posé sur son genou droit. Sur celui-ci se trouve représenté une bourse blanche à deux ailes. Elle semble enceinte. A la gauche du personnage et dans le jardin s'écoule une rivière d'eau bleue et on voit une petite chute d'eau.

4- L'Empereur

IV

Nom italien : l'Imperatore

Nom anglais : the Emperor

Numéro de la carte : 4

Sentier de l'arbre de vie : 15°

Lettre hébraïque : Héh

Signification de la lettre : la vue

Note musicale : do naturel

Elément – planète - signe : Bélier (Feu cardinal)

Encens : sang du dragon (résine rouge exsudée par les écailles des fruits de palmiers grimpants des Indes orientales)

Pierres : rubis

Végétaux : géranium, lis tigré, if, frêne

Pouvoirs psychiques : compréhension de l'astrologie ésotérique

Anatomie : on lui attribue **la tête**, le visage, les yeux, les fonctions supérieures du cerveau, la tonicité du système musculaire, les maladies concernant cette partie du corps, maux de tête, névralgies, syncopes, coma, affection du cerveau et lobes cérébraux, troubles oculaires, maux de dents, congestions cérébrales. On peut craindre des fièvres et inflammations de toute nature, des maladies intenses à évolution rapide.

Eléments psychologiques : l'arcane peut être utilisé lorsque l'on a du mal à se concentrer, à faire le point d'une manière rationnelle sur un projet, une idée ou lorsque nous ne parvenons pas à saisir la complexité d'une situation et d'un problème. De la même manière, il peut nous aider à nous stabiliser dans une situation, à trouver des éléments concrets.

COULEURS

Atzilouth : ambre

Briah : écarlate

Yetzirah : écarlate

Assiah : pourpre incandescent moucheté de noir

NOMS DE PUISSANCE

Atzilouth : Elohim Guibor - Nombres du Tarot : (1-12-5-10-13-3-2-6-20)

Briah : Malridel - Nombres du Tarot : (13-12-19-10-4-1-12)

Yetzirah : Eiel - Nombres du Tarot : (1-10-1-12)

Assiah : Taléh - Nombres du Tarot : (9-12-5)

GESTES DE L'ARCANE

1- Partant de la position de départ et sur une inspiration, s'asseoir sur une chaise (ou un tabouret), le dos droit. La jambe gauche est en avant, le pied bien posé sur le sol, la cuisse et la jambe formant un angle droit. Le pied droit est ramené sous le mollet gauche, de telle sorte que le pied soit à gauche de la jambe gauche. Le pied est posé sur sa pointe, le plus à la verticale possible. Les mains sont simultanément amenées dans la position suivante : la main gauche est posée sur le dessus du haut de la cuisse gauche, la paume tournée vers le haut, le côté extérieur de la main en contact avec le bas du ventre. Le pouce et l'index se touchent formant

un cercle tandis que les autres doigts sont tendus. Le bras droit est contre le côté droit du corps, l'avant-bras droit à l'horizontale, la main dans le prolongement du bras, la paume de main à la verticale et donc ouverte vers la gauche. Le pouce et l'index se touchent formant un cercle tandis que les autres doigts sont tendus.

Gardez la position quelques secondes et enchaînez avec le geste qui suit.

2- Levez-vous en avançant le pied droit comme pour faire un pas en avant et en même temps tendez vos bras vers l'avant, les paumes des mains vers le ciel, les doigts légèrement recourbées vers le haut, l'extérieur des mains (côté du petit doigt) en contact. La tête est légèrement penchée en avant sur les bras.

Le geste est maintenu quelques instants avant de revenir à la position de départ.

CARACTERE DE L'ARCANE

Cet arcane représente la raison, le système et l'ordre. Il est comme son nom l'indique l'époux et le complémentaire de l'impératrice. Il est l'administrateur, celui qui met en ordre. La maternité de l'impératrice dépend de lui et son autorité s'exerce sur sa progéniture. Il est la raison souveraine qui établit, organise, contrôle et canalise. Comme la raison, il fonde les idées dans le monde, leur donne des limites et une constitution. La raison est ce qui constitue le propre de l'homme, sa caractéristique essentielle qui le distingue de l'animal. Il ne s'agit pas de dire que ce dernier n'a pas d'esprit ou une certaine forme de raison, mais qu'il ne parvient pas à l'utiliser pour se constituer un être propre capable d'aborder des questions existentielles et abstraites.

A travers le symbolisme de sa lettre hébraïque, il laisse passer la lumière et se révèle en tant que symbole de la connaissance. Il laisse pénétrer dans la personnalité ce qui constitue la vie et l'esprit.

C'est la faculté d'analyse de la raison, celle qui permet d'examiner et de surveiller les productions de l'esprit inconscient. Il est la vision analytique.

Comme premier signe, le Bélier constitue le début de la manifestation cosmique. Il est donc naturel qu'il corresponde à la tête et qu'il œuvre en elle. Cette force martienne est à l'œuvre dans l'ensemble du corps humain et nous procure tonicité et énergie. C'est l'instrument de l'exécution et de la réalisation.

L'arcane représente les richesses inépuisables qui se trouvent en nous et d'où nous tirons tout ce dont nous avons besoin, tant sur le plan spirituel que matériel. C'est un élément d'ordre et de classification. Il représente le nombre quatre, le plan physique et l'ensemble des choses concrètes. Il est la mesure du monde et l'image du cosmos.

L'HYMNE DES LOUANGES

« A toi la marque de l'Achèvement, Être accompli, Somme des existences.

A toi la Porte ultime, ouverte sur le mystère indicible de la Nuit.

A toi le premier pas hésitant dans les ténèbres de ceux, qui à l'instant naissent au Labyrinthe ! »

DESCRIPTION DU TAROT DE P.F. CASE

Le personnage est assis sur le bord d'un cube gris dont on voit deux faces. Sur la face à sa gauche, on observe une tête blanche de bélier. Le cube est posé sur un espace d'herbe. Derrière lui et le cube, se trouve une légère déclivité de terre qui descend en pente douce vers une rivière traversant la scène de gauche à droite. Derrière elle et jusqu'aux deux tiers du haut de l'arcane, on observe des montagnes rouges très encaissées ressemblant à des cristaux. Au-dessus le ciel est orange.

Le personnage est de profil jusqu'à la taille, sa tête tournée vers sa droite. Ses jambes sont croisées de telle sorte qu'elles forment le signe 4, sa jambe droite constituant le bras horizontal du 4 et étant placée derrière l'autre. Il porte une cuirasse argent. Des protections de cuir rouge apparaissent sur ses épaules et sur sa taille. On en compte six à sa taille. Sur son épaule gauche se trouve une décoration blanche en forme de bélier. Son avant-bras gauche est à l'horizontale devant le corps. Sa main gauche est à plat, la paume vers le haut et un globe rouge repose dans celle-ci. Un tau doré le partage, la pointe vers le haut et il est surmonté d'une petite croix dorée à branches égales. De sa main droite, il tient verticalement un spectre en forme de tau surmonté d'un petit anneau jaune.

5- LE PAPE

Nom italien : il Papa

Nom anglais : the Hierophant

Numéro de la carte : 5

Sentier de l'arbre de vie : 16°

Lettre hébraïque : Vav

Signification de la lettre : clou ou crochet

Note musicale : do dièse

Elément – planète – signe : Taureau (Terre fixe)

Encens : storax

Pierres : topaze

Végétaux : mauve, mousse, figue, bouleau.

Pouvoirs psychiques : secret de la force physique.

Anatomie : on lui attribue le **cou**, la nuque, le **cervelet**, le bulbe rachidien, la gorge (larynx et amygdales), la mâchoire inférieure, les oreilles, la région occipitale, les vertèbres cervicales, les artères carotides, les veines jugulaires, les excès alimentaires ou de boisson, les troubles vénériens, la diphtérie.

Eléments psychologiques : vous pouvez utiliser cet arcane lorsque vous ressentez le besoin de faire appel à une réalité supérieure après avoir utilisé votre raison. Il est parfois utile de d'invoquer cette faculté d'intuition lors d'une relaxation ou du sommeil. Vous pouvez également utiliser cet arcane lorsque vous désirez développer en vous la faculté d'écoute de l'autre, une certaine forme de réceptivité ouverte à toutes les dimensions.

COULEURS

Atzilouth : vermillon

Briah : rouge-orange

Yetzirah : rouge corail

Assiah : vert intense moucheté de jaune

NOMS DE PUISSANCE

Atzilouth : Iod Hé Vav Hé Tsébaoth - Nombres du Tarot : (10-5-6-5-18-2-1-6-9)

Briah : Asmodel - Nombres du Tarot : (1-15-13-6-4-1-12)

Yetzirah : Toel - Nombres du Tarot : (9-6-1-12)

Assiah : Sour - Nombres du Tarot : (21-6-20)

GESTES DE L'ARCANE

1- Partant de la position de départ et sur une inspiration, s'asseoir sur une chaise (ou un tabouret), le dos droit, les jambes légèrement écartées (largeur de vos deux poings fermés à la hauteur des genoux), les pieds à plat légèrement écartés l'un de l'autre, mais se touchant par le talon, les jambes et les cuisses formant un angle droit. Le bras gauche est contre le côté gauche du corps, l'avant-bras gauche à l'horizontale, la main dans le prolongement du bras, la paume de main à la verticale et donc ouverte vers la droite. Le pouce et l'index se touchent formant un cercle tandis que les autres doigts sont tendus. Le bras droit est contre le côté droit

du corps, l'avant-bras droit à la verticale et sensiblement contre le devant du corps, la main dans le prolongement du bras, la paume de main à la verticale et donc ouverte vers la gauche. Le pouce et l'index se touchent formant un cercle tandis que les autres doigts sont tendus vers le haut.

Gardez la position quelques secondes et enchaînez avec le geste qui suit.

2- Sans bouger les pieds, levez-vous et relâchez vos bras et vos mains sur le côté du corps. La tête est légèrement penchée en avant.

Le geste est maintenu quelques instants avant de revenir à la position de départ.

CARACTERE DE L'ARCANE

L'arcane représente l'intuition, l'audition intérieure. C'est une faculté de l'esprit qui peut apparaître lorsqu'il va au-delà de la raison et s'ouvre à une dimension supérieure de la conscience. Cela n'implique pas qu'il faille abandonner la raison. Il convient de commencer par réfléchir au problème, puis de lâcher prise pour permettre à la conscience de s'ouvrir à d'autres dimensions. Nous pourrions rapprocher cette ouverture de la conscience au fait de permettre à l'esprit d'utiliser des facultés que nous ne maitrisons pas encore. L'intuition est donc considérée comme la perception de principes éternels. C'est la possibilité pour l'homme de dominer tout ce qui l'entoure. Elle est donc associée à la parole comme un instrument de pouvoir qui réalise ce qui a été perçu par l'intuition. La forme verticale de la lettre hébraïque rappelle cette relation entre le ciel et la terre, Dieu et la nature. Notre intuition est à mettre en relation avec cette verticalité. La lettre représente un clou, un crochet, c'est une idée d'union, de soutien. La forme primitive de cette lettre, le joug est à mettre en relation avec le signe du taureau. Ce signe se rapporte à la terre et à la naissance. La force divine est omniprésente. Le taureau est régi par Vénus tandis que la lune y est exaltée.

Le nombre 5 correspondant à cette arcane se rapporte à l'image de l'homme. Mais nous commettrions une erreur en ne considérant que la verticalité de l'être humain. Dans le 5, nous reconnaissons l'étoile à cinq branches que constitue l'être humain lorsqu'il est debout et écarte ses bras. À la verticalité dont nous venons de parler, se rajoute l'horizontalité des bras étendus (☦). La forme de la croix ainsi obtenue, verticalité et horizontalité, rappelle la nécessité pour l'homme de rester lié à la terre alors qu'il sert de pont entre le ciel et la terre. N'oublions pas que le pape représente le pontife. Il indique également la notion de fondement. La pierre dont il est question dans l'Evangile est la représentation de l'apôtre Pierre. Il est celui sur lequel sera bâti l'édifice. En tant qu'hiérophante, le pape est le gardien des mystères. Il est celui qui introduit au sacré. Bien évidemment cette image est symbolique et n'a rien à voir avec le personnage historique du Pape de Rome...

L'HYMNE DES LOUANGES

« Adorateur inébranlable comme la pierre, ardent comme la flamme,
Soutien de l'unité,
Enfant de cet esprit divin fixé dans le soleil, généreux, abondant,
Vie des mondes orphelins ! Ainsi te dresses-tu, pontife du sacrifice,
Fidélité immuable ! »

DESCRIPTION DU TAROT DE P.F. CASE

Un personnage qui ressemble à un pape est assis sur un grand trône gris dont l'arrière monte plus haut que le sommet de sa tête. Le fond de l'arcane est gris. Deux colonnes également grises encadrent la scène. De part et d'autre du haut du trône se trouvent un cercle entouré de deux cornes. Le personnage porte une tiare jaune à trois niveaux de bordures dorées. Deux bandeaux jaunes tombent sur ses épaules de part et d'autre de son visage. Leurs bouts sont violets. Il porte une robe blanche que l'on aperçoit au col et sur les manches. Tout son corps est recouvert d'un épais manteau orange aux bords vert foncé. Le fermoir de cet épais manteau est constitué d'une lune argentée ouverte vers le haut. Le bas du manteau à la hauteur des pieds est bleu outremer. Ses deux sandales sont blanches et portent une croix. Ses pieds reposent sur un tapis orange portant quatre croix cerclées. Deux clés sont entrecroisées, l'une dorée et l'autre argentée.

On aperçoit le haut du corps de deux personnages qui lui font face. Celui qui se trouve à sa gauche (donc à notre droite) porte un manteau décoré de 4 fleurs de lys. L'autre à sa droite (à notre gauche) porte un vêtement identique décoré de quatre roses rouges. Ces deux vêtements comportent une bande jaune en forme de Y verticale.

6- L'Amoureux

Nom italien : gli Amanti

Nom anglais : the Lovers

Numéro de la carte : 6

Sentier de l'arbre de vie : 17°

Lettre hébraïque : Zaïn

Signification de la lettre : épée ou armure

Note musicale : ré naturel

Elément – planète – signe : les Gémeaux (Air mutable)

Encens : armoise

Pierres : tourmaline, spath.

Végétaux : orchidée, jacobée, chêne, frêne.

Pouvoirs psychiques : contrôle du double, prophétie.

Anatomie : il gouverne l'odorat, les **bras** et les mains, les **épaules,** les bronches, les poumons, le thymus, tout ce qui est lié au sens. Il en résulte une forte prédisposition aux rhumes, bronchites, pleurésies, ainsi qu'à l'asthme, à l'emphysème et dans les cas très sérieux à la tuberculose. Il est également en relation avec les troubles nerveux, notamment les dépressions passagères. Les états de désordre déclenchant des maladies lui sont parfois imputables.

Eléments psychologiques : cet arcane est à utiliser lorsque vous ressentez le désir de faire le tri en vous, de sélectionner parmi les multiples idées qui se présentent à votre esprit. Il en est de même lorsque vous avez du mal à réunir les extrêmes, quand vous hésitez entre des dispositions très opposées ou au contraire lorsque vous recherchez à établir un équilibre ou une harmonie.

COULEURS

Atzilouth : ocre jaune

Briah : orange

Yetzirah : jaune citron intense

Assiah : jaune et argent tourbillonnant

NOMS DE PUISSANCE

Atzilouth : Elohim Tsébaoth - Nombres du Tarot : (1-12-5-10-13)

Briah : Ambriel - Nombres du Tarot : (1-13-2-20-10-1-12)

Yetzirah : Guiel - Nombres du Tarot : (3-10-1-12)

Assiah : Tomim - Nombres du Tarot : (22-1-6-13-10-13)

GESTES DE L'ARCANE

1- Partant de la position de départ et sur une inspiration, déplacez le pied gauche sur le côté gauche, la pointe du pied se déplaçant vers la gauche (approximativement de la largeur de la hanche) afin que le pied soit relativement écarté de l'axe du corps. Le pied droit est écarté de la même manière. Puis simultanément, le bras gauche est avancé vers l'avant, la paume de la main ouverte vers le ciel et le bras droit est ramené vers l'avant du ventre afin que la main droite se pose à plat sur le bas ventre.

Gardez la position quelques secondes et enchaînez avec le geste qui suit.

2- La main droite est remontée sur l'avant du corps afin que la première phalange des doigts se trouvent à la hauteur de la clavicule gauche. En même temps le bras gauche est ramené sur le droit de telle sorte que la première phalange des doigts de la main gauche se trouvent à la hauteur de la clavicule droite. La poitrine est alors légèrement avancée et la tête en arrière afin que le regard se pose à 45° de l'horizontale vers le ciel.

Le geste est maintenu quelques instants avant de revenir à la position de départ.

CARACTERE DE L'ARCANE

L'amour est au cœur de cet arcane. C'est une énergie présente dans tout l'univers, un sentiment qui anime notre être le plus profond, un dynamisme qui se manifeste dans notre vie. Mais l'amour est ambivalent. Il nous pousse à aller vers autrui et dans un même temps à nous refermer sur nous-mêmes pour posséder égoïstement. Dans la philosophie classique et plus spécialement dans le texte du banquet de Platon, l'amour est présenté sous diverses formes. Pour le médecin qui intervient dans ce texte philosophique, l'amour est la source d'harmonie entre les êtres. Il correspond à l'équilibre, à l'établissement de l'harmonie en soi et hors de soi. Cet équilibre est source de santé. Ressentir l'amour, c'est accepter que l'équilibre se place à l'intérieur de nous.

Ce sentiment apparaît également comme la quête de la beauté. Comme Platon le montre, la recherche de cet idéal esthétique est un dépassement incessant de soi qui nous permet de quitter les extrêmes. C'est le départ vers une conscience supérieure. L'arcane présente deux opposés, l'homme et la femme. L'amour se manifeste symboliquement entre ces deux êtres complémentaires. Cette attraction universelle nous pousse également à avancer dans une direction supérieure afin de dépasser la conscience humaine. La lettre hébraïque rappelle l'image de l'arme ou de l'épée. Cette utilisation est à prendre ici dans un sens de discrimination. Il s'agit de faire la distinction entre les désirs physiques incontrôlés et l'aspiration à une dimension supérieure qui se manifestera de cette façon. Dans le texte philosophique du Banquet, un intervenant explique qu'il existe deux Aphrodite. La première est dite céleste et représente le dépassement de soi. La seconde Aphrodite est dite terrestre ou populaire et représente les désirs humains qui ont tendance à nous rattacher à la terre, renforçant l'obscurité autour de nous. Dépassant les extrêmes, nous pouvons nous élever vers une dimension supérieure en effaçant les différences. L'intuition n'est pas acceptée comme une voix divine qui devrait décider de ce que nous allons faire. Telle qu'elle est représentée dans la carte précédente, elle n'est pas une vérité indiscutable. Il s'agit seulement d'une ouverture à une conscience nouvelle. Notre intelligence doit agir, sélectionnant les idées qui se sont manifestées. La discrimination doit intervenir pour que notre raison fasse le tri et conserve ce qui lui semble juste. C'est le raisonnement qui réintroduit le contrôle de nous-mêmes entre les opposés. Le chiffre de la carte, correspond à cette réunion du supérieur et de l'intérieur. Le symbolisme de l'étoile de David, étoile à six branches (✡), représente ce triangle pointe vers le bas et pointe vers le haut, réunissant en un point central ce qui était jusque-là différencié.

L'HYMNE DES LOUANGES

« Zéphyr ou Borée déchaîné, quel est ton souffle, quel est ton dessein ?

Éclair fulgurant ou aube claire, sous quelle forme saluerons-nous ton apparition ?

Deux sont les serpents de la puissance, deux les augustes Thummin de la prophétie.

Double soit notre louange ! »

DESCRIPTION DU TAROT DE P.F. CASE

La scène comprend trois personnages. Un immense soleil doré rayonne sur tout le haut de l'arcane. Au deux tiers de la hauteur se trouve ce qui ressemble à un ange aux mains et aux ailes largement ouvertes. Les ailes sont rouges. La peau du personnage est d'une couleur jaune pâle. Ses cheveux dressés sont jaune clair, verts et rouges. Seul le haut de son corps est visible et il est recouvert d'un large vêtement de couleur violette. Le bas de son corps est voilé par un nuage blanc. Le ciel derrière lui est bleu outremer. Une montagne violette traverse l'horizon et un mont unique est dressé vers le ciel au centre de l'arcane. Au sol, l'espace est recouvert d'herbe verte. Sur la gauche (à notre droite) se trouve un homme nu debout sur l'herbe. Derrière lui, un arbre porte douze fruits en forme de flammes. A sa droite se trouve une femme nue. Derrière elle, se trouve un arbre qui porte cinq fruits orangés. Autour du tronc s'enroule un serpent vert.

7- LE CHARIOT

Nom italien : il Carro

Nom anglais : the Chariot

Numéro de la carte : 7

Sentier de l'arbre de vie : 18°

Lettre hébraïque : Rèth

Signification de la lettre : clôture, enclos

Note musicale : do dièse

Elément – planète – signe : Cancer (Eau cardinale)

Encens : onycha (un des ingrédients de l'encens de Moïse, probablement l'opercule d'un coquillage).

Pierres : ambre

Végétaux : lotus, angélique, cresson, if.

Pouvoirs psychiques : enchantements.

Anatomie : il gouverne la **poitrine, les poumons**, la partie osseuse protégeant les organes vitaux, l'œsophage, le diaphragme, le pancréas, les seins, les vaisseaux lactifères, les lobes supérieurs du foie et le canal thoracique. En découlent parfois les indigestions, les gaz de l'estomac, la toux, le hoquet, la mélancolie, l'hystérie, la neurasthénie, les calculs biliaires et la jaunisse.

Eléments psychologiques : vous pouvez utiliser cet arcane lorsque vous ressentez des difficultés à vous contrôler. Cette carte vous permettra de mieux vous connaître, de vous aider à surveiller vos paroles, à contrôler plus activement vos pensées, en un mot à vous stabiliser en vous-mêmes et dans le monde.

COULEURS

Atzilouth : rouge or

Briah : jaune-orange

Yetzirah : bleu marine

Assiah : bleu et argent chatoyant

NOMS DE PUISSANCE

Atzilouth : Chadaï - Nombres du Tarot : (21-4-10)

Briah : Mouriel - Nombres du Tarot : (13-6-20-10-1-12)

Yetzirah : Reael - Nombres du Tarot : (19-16-1-12)

Assiah : Sartan - Nombres du Tarot : (15-20-9-14)

GESTES DE L'ARCANE

1- Partant de la position de départ et sur une inspiration, écartez légèrement les jambes de la largeur des hanches et faites un cercle avec votre pouce et votre index en rejoignant leurs pointes, les autres doigts restant étendus. La tête est légèrement tournée vers votre gauche, le regard à l'horizontale.

Gardez la position quelques secondes et enchaînez avec le geste qui suit.

2- Avancez vos bras vers l'avant à la hauteur du ventre et joignez vos mains de la façon suivante : les paumes des mains sont vers le ventre. Votre pouce droit vient se placer entre le pouce gauche et les doigts gauches, l'intérieur des doigts de la main droite entourant l'extérieur des doigts de la main gauche. Les mains sont donc liées mais non serrées.

Les bras forment donc une sorte de chaîne vers l'avant. La tête est légèrement penchée en avant.

Le geste est maintenu quelques instants avant de revenir à la position de départ.

CARACTERE DE L'ARCANE

Cet arcane est lié à l'idée de stabilité. Le premier niveau d'interprétation pourrait se limiter au corps physique. La lettre hébraïque manifeste une idée de champ, d'enclos, de clôture, cette délimitation représentant l'univers. Le signe astrologique du cancer se rapporte au crabe qui est un animal à carapace. Il est en rapport avec le sens de clôture et avec la partie osseuse qui protège les organes vitaux les plus importants. Le corps physique est source de notre stabilité. Il est l'élément premier qui nous structure, qui constitue notre fondement. Cette délimitation est absolument nécessaire à notre existence. Négliger le corps, c'est rejeter la vie. Il faut donc reconnaître l'existence de celui-ci et accepter son extrême importance. La carte du chariot exprime donc cette nécessité. L'intuition et la raison s'étant manifestées, il convient de leur permettre de s'inscrire dans l'espace de notre vie. Mais il ne faut pas croire que cette notion de délimitation et de corps se limite au sens physique. Il convient de considérer l'ensemble des corps, du physique au spirituel. Cet état nous permet de nous centrer sur nous-mêmes, de canaliser, contrôler et diriger notre énergie. Le nombre de la carte exprime cette hiérarchie des planètes, autrement dit l'ordre du cosmos, que nous devons gravir pour atteindre ce que représentait l'amoureux, la beauté suprême.

Le chariot est également un enclos qui assure une protection. Il est l'expression de la personnalité qui, lorsqu'elle est centrée et pleinement conscience d'elle-même, nous permet d'accéder à une sorte de sécurité et sérénité.

L'HYMNE DES LOUANGES

« Le Chaos est à nos portes. Puissant soit le mur, forte la citadelle !

Par le feu de l'adversité, façonné à endurer sois notre champion.

Sois notre bouclier jusqu'à ce qu'enfin le Tumulte englobe l'Harmonie manifestée ! »

DESCRIPTION DU TAROT DE P.F. CASE

La scène est partagée en six niveaux en partant du bas. On observe dans cet ordre un espace herbeux, une rivière, une haie d'arbres, des murailles grises, un village bâti sur les rochers blancs (Chaque édifice blanc étant surmonté d'un toit pointu rouge) et un ciel jaune couvrant la moitié haute de l'arcane.

Au milieu se trouve un chariot gris. Le base de celui-ci ressemble à un cube. Il est surmonté d'un dais supporté par quatre colonnes grises. Le dais est un voile de couleur bleu outremer constellé d'étoiles argent. On remarque un emblème sur le devant du chariot. Un écu blanc porte en son centre une coupe rouge ouverte vers le haut, dans laquelle se trouve une flamme verticale rouge également. Au-dessus, un soleil doré est encadré d'ailes bleues. Deux sphinx sont assis devant le chariot. Dans celui-ci apparaissant à mi cuisses, un chevalier aux cheveux blonds est revêtu d'une cuirasse. Il porte un diadème vert dont le tour de tête et les pentagrammes qui le surmontent sont dorés. Trois pentagrammes sont visibles. Il porte sur ses épaules deux croissants de lune orientés vers le ciel. Le croissant est argenté tandis que le visage de la lune est bleu outremer. Sa cuirasse est grise. Il porte deux manchons blanchâtres. Son pectoral est vert et il a un tour de cou doré. Un pendentif carré et doré y est suspendu. Une ceinture dorée légèrement inclinée vers sa gauche est accrochée à sa taille. Le bas de sa tunique noire porte des symboles alchimiques blancs.

8- La Force

Nom italien : la Forza

Nom anglais : Strength, Fortitude

Numéro de la carte : 8

Sentier de l'arbre de vie : 19°

Lettre hébraïque : Tèth

Signification de la lettre : serpent

Note musicale : mi naturel

Elément – planète – signe : Lion (Feu fixe)

Encens : oliban.

Pierres : œil de chat

Végétaux : tournesol, lin, safran, souci, frêne

Pouvoirs psychiques : pouvoir du dialogue avec les animaux

Anatomie : il gouverne le **cœur**, le dos, la **moelle épinière**, l'aorte ainsi que la circulation du sang notamment dans les artères qui avoisinent le cœur. En découlent des prédispositions aux palpitations, évanouissements, anévrismes, méningites cérébro-spinales, artériosclérose, angine de poitrine, anémie et hyperémie.

Eléments psychologiques : cet arcane peut être utilisé lorsque vous vous sentez envahis par des pulsions ou des désirs incontrôlés. Si vous ressentez un certain état de fébrilité, ou si vos pensées ne paraissent pas suffisamment nettes, l'utilisation de l'arcane est requise. Il peut également être utilisé pour vous donner un surcroît de force et de puissance alors que vous vous trouvez dans une période de déprime ou de faiblesse. Il agira donc sur le contrôle de l'énergie, mais en même temps sur la naissance de celle-ci.

COULEURS

Atzilouth : jaune-vert pâle

Briah : jaune

Yetzirah : or sombre

Assiah : jaune d'or brillant

NOMS DE PUISSANCE

Atzilouth : Eloha - Nombres du Tarot : (1-12-6-5)

Briah : Ouriel - Nombres du Tarot : (6-20-19-10-1-12)

Yetzirah : Charatiel - Nombres du Tarot : (21-20-9-10-1-12)

Assiah : Ariéh - Nombres du Tarot : (1-20-10-5)

GESTES DE L'ARCANE

1- Partant de la position de départ et sur une inspiration, décalez votre jambe gauche sur la gauche, tournant approximativement votre corps à 45° gauche de l'avant. Fléchissez légèrement les jambes. En même temps vos bras sont amenés l'un vers l'autre et les mains réunis comme dans l'arcane précédente. (Les paumes des mains sont vers le ventre. Votre pouce droit vient se placer entre le pouce gauche et les doigts gauches, l'intérieur des doigts de la main droite entourant l'extérieur des doigts de la main gauche.) Votre regard est dirigé vers le bas à environ un mètre devant vous.

Gardez la position quelques secondes et enchaînez avec le geste qui suit.

2- Ramenez votre pied gauche tel qu'il se trouvait dans la position de départ et amenez en même temps vos deux mains ouvertes sur le dessus de la tête, les paumes se trouvant à la hauteur du haut du front. La tête est légèrement penchée vers l'avant.

Le geste est maintenu quelques instants avant de revenir à la position de départ.

CARACTERE DE L'ARCANE

L'arcane représente la force, le pouvoir présent en toute chose. Cette énergie concentrée en nous est donc présente dans toute la nature. Ce pouvoir de la force de vie est à la fois une aide et une difficulté. Elle est ce qui nous anime et nous permet d'agir. En même temps, elle est ce qui peut se manifester hors de notre contrôle, comme des réactions instinctives et spontanées. Il convient que notre mental parviennent à contrôler ces instincts et pulsions. Si l'on parvient à domestiquer cette puissante énergie, nous gagnerons en puissance et en efficacité. Ce dont il est question dans cet arcane, n'est pas une énergie strictement physique. Il s'agit d'une sorte de vibration, qui soutient l'ensemble de ce qui existe. C'est ce que les orientaux appellent la Kundalini. Elle doit permettre une fois contrôlée d'aller au-delà des apparences, de percevoir une dimension supérieure à l'être. Ce que nous recevions d'une façon purement intuitive et parfois un peu diffuse, sera perçu ici sur le plan sensible. C'est notre volonté qui pourra en assurer le contrôle. Par sa force, le lion indique cette puissance présente nous que notre sérénité permettra de dompter.

L'HYMNE DES LOUANGES

« Douze sont les signes voisins encadrant le brillant dragon céleste,

Theli ou Ouroboros, encerclant le monde, serpentin, léonin.

Toi que le Tonnant s'efforça en vain de déplacer, toi puissant, lumineux,

A toi toute révérence ! »

DESCRIPTION DU TAROT DE P.F. CASE

La scène est partagée en trois parties horizontales. La plus basse est un paysage de campagne verdoyante. Une chaîne de montagne violette sépare le ciel jaune (présent sur les deux tiers supérieur de l'arcane) de l'espace herbeux du bas. Un pic se trouve sur le côté gauche de l'arcane. Au milieu de la scène se trouve une femme habillée d'une robe blanche. Elle est légèrement penchée vers l'avant et vers le côté gauche de la scène. Ses deux mains tiennent le côté de la bouche d'un lion. Les cheveux de la femme sont piquetés de fleurs rouges et de petites feuilles vertes. Au-dessus de sa tête plane le signe de l'infini. Ses bras entourent la tête du lion. Cet animal est puissant et de couleur rouge. Ses yeux sont jaunes. Une couronne de branchages verts parsemés de roses entoure sa tête et la taille de la femme.

9- L'Ermite

Nom italien : l'Eremita
Nom anglais : the Hermit
Numéro de la carte : 9
Sentier de l'arbre de vie : 20°
Lettre hébraïque : Iod
Signification de la lettre : la main
Note musicale : fa naturel
Elément – planète – signe : Vierge (Terre mutable)
Encens : narcisse
Pierres : péridot
Végétaux : perce-neige, lys, menthe, bouleau.

Pouvoirs psychiques : invisibilité.

Anatomie : il gouverne le cerveau, le lobe frontal, le chyle déversé dans le sang, le sens du toucher, **le ventre**, la région abdominale, les **intestins**, les lobes inférieurs du foie et de la rate. Il correspond également aux péritonite, appendicite, intoxications intestinales, constipation, diarrhée et occlusion intestinale.

Eléments psychologiques : cet arcane peut être utilisé lorsque nous nous sentons isolé du monde, coupé de tout ce qui nous entoure. La sensation peut être celle d'un isolement intérieur rendant difficile la communication avec autrui. Nous pouvons également utiliser cet arcane lorsque nous souhaitons faire rayonner des idées et transmettre un message convaincant.

COULEURS

Atzilouth : jaune souffre

Briah : jaune-vert

Yetzirah : vert olive soutenu

Assiah : vert très foncé

NOMS DE PUISSANCE

Atzilouth : Elohim Tsébaot - Nombres du Tarot : (1-12-5-10-13-18-2-1-6-22)

Briah : Hamaliel - Nombres du Tarot : (5-13-12-10-1-12)

Yetzirah : Viel - Nombres du Tarot : (21-12-22-10-1-12)

Assiah : Betoulah - Nombres du Tarot : (2-22-6-12-5)

GESTES DE L'ARCANE

1- Partant de la position de départ et sur une inspiration, élevez les deux bras simultanément, les mains ouvertes et les paumes des mains vers le ciel, les bras tendus et élevés de 45°, tandis que votre regard se dirige dans la même direction. Les bras et les mains ne se touchent pas, mais sont écartés de la largeur naturelle des épaules.

Gardez la position quelques secondes et enchaînez avec le geste qui suit.

2- Les mains sont ramenées vers soi dans un harmonieux mouvement, tandis qu'elles changent d'orientation pour que les paumes se trouvent vers l'avant. Puis dans le même mouvement les bras sont légèrement tendus vers l'avant, les avant-bras à 45 ° vers le haut. Les mains sont légèrement penchées vers l'avant de la verticale, comme si vous souhaitiez faire rayonner l'énergie de vos mains devant vous. Le regard est légèrement plus bas que l'horizontale.

Le geste est maintenu quelques instants avant de revenir à la position de départ.

CARACTERE DE L'ARCANE

Cet arcane est la représentation du soi. Il correspond au moment où nous parvenons à nous maîtriser, enfin centrés, stables, isolés en notre être. La lumière des mondes inférieurs et des mondes supérieurs s'est rassemblée en nous. La verticalité que nous avions rencontrée se trouve maintenant manifestée. Cette lumière intérieure manifeste ce contact étroit avec la partie la plus intime de nous-mêmes. C'est la marque de notre dignité.

De cette situation peuvent naître deux aspects. Dans le premier, l'être conscient de lui-même se renferme, perdant contact avec la réalité et le monde. Il peut devenir imbu de lui-même, orgueilleux, s'isolant du monde des hommes. Cette tendance peut être évitée si nous considérons la deuxième possibilité.

Dans celle-ci, l'être conscient fait rayonner sa lumière vers les autres. En pensée, en parole et un acte, l'ermite sait s'isoler en lui-même sans se couper du monde. Son rayonnement, sa capacité d'écoute en feront un être d'exception. Il représente l'adeptat qui se reconnaît dans l'affirmation du « je suis ». Il est celui qui sait affirmer sa position sans chercher à l'imposer aux autres. Il est à la fin d'un cycle d'activité et au commencement d'un autre.

L'HYMNE DES LOUANGES

« Tu es jeunesse éternelle, intemporelle telle la lumière s'épanchant dans le silence,

Alchimie du blé doré, pouvoir qui crée, transforme et féconde,

Embrasant les astres de ton effleurement, frôlant les immenses volutes des nébuleuses,

Engendrant les galaxies ! »

DESCRIPTION DU TAROT DE P.F. CASE

Un personnage longiligne se trouve au sommet d'une montagne. Le petit promontoire sur lequel il se tient est gris et les montagnes dans le lointain sont blanches et enneigées. Il est habillé de gris. Sa tête est penchée en avant. Ses cheveux et sa barbe sont blancs. Il est tourné face à la gauche de l'arcane. Sa tête est recouverte de la lettre Iod de couleur bleu clair. De sa main gauche il tient une lampe qui rayonne d'une couleur jaune. Dans la lampe se trouve une étoile dorée à six branches. De sa main gauche il tient un long bâton vertical marron. Le ciel est d'un bleu indigo profond.

10- LA ROUE DE LA FORTUNE

Nom italien : Rota di Fortuna

Nom anglais : the Wheel of Fortune

Numéro de la carte : 10

Sentier de l'arbre de vie : 21°

Lettre hébraïque : Kaph

Signification de la lettre : poing

Note musicale : la dièse

Elément – planète – signe : Jupiter

Encens : safran

Pierres : améthyste, lapis lazuli

Végétaux : figue, arnica, thym, houx

Pouvoirs psychiques : pouvoir de contrôle social et politique

Anatomie : il gouverne principalement le **foie**, la **circulation artérielle**, les cuisses et secondairement les muscles, l'odorat, les surrénales et entraîne une tendance à l'obésité, une dégénérescence graisseuse des muscles.

Eléments psychologiques : cet arcane peut être utilisé lorsque nous éprouvons un moment d'impatience pour n'avoir pas encore réalisé le désir de notre cœur ou quand on se surprend à gaspiller notre temps, à faire des choses sans importance alors qu'il faut s'occuper de choses urgentes. Il peut être utilisé pour accroître le tonus émotionnel et pour réprimer la patience. Son caractère vise à résoudre un problème de fuite du réel et à rechercher un point de stabilité.

COULEURS

Atzilouth : lilas
Briah : bleu
Yetzirah : bleu violacé
Assiah : gris bleuâtre

NOMS DE PUISSANCE

Atzilouth : El - Nombres du Tarot : (1-12)
Assiah : Tsedeq - Nombres du Tarot : (18-4-11)

GESTES DE L'ARCANE

1- Partant de la position de départ et sur une inspiration, avancez légèrement le pied gauche tandis que les bras restent le long des cuisses et que les poings sont fermés, mais non crispés. La tête et le regard sont à l'horizontale.

Gardez la position quelques secondes et enchaînez avec le geste qui suit.

2- Conservant la même position des pieds et du bras gauche, le bras droit est tendu vers l'avant, l'index tendu et les autres doigts repliés. Puis une croix à branches égales cerclée est tracée devant soi d'à peu près 20 centimètres de diamètre et sur un plan vertical. Le trait horizontal est tracé en premier, puis le trait vertical et enfin le cercle, tracé à partir de la pointe supérieure et qui se referme au même endroit après avoir rejoint tous les bouts de la croix. Puis le bras droit revient à sa position de départ, le poing fermé.

Le geste est maintenu quelques instants avant de revenir à la position de départ.

1- Asseyez-vous sur une chaise. Votre dos est droit et vos deux mains sont posées à plat sur vos cuisses. Concentrez-vous sur votre respiration. Respirez paisiblement et profondément.

Retournez votre main droite sans la changer de position de telle sorte que la paume de la main soit tournée vers le ciel. Élevez votre bras gauche, la main fermée comme si vous teniez un long bâton vertical.

2- Puis sur une inspiration, levez-vous, avancez légèrement le pied gauche tandis que votre bras droit s'avance vers l'avant et que le bras gauche conservant la même position s'élève davantage.

Gardez la position quelques secondes et enchaînez avec le geste qui suit.

3- Abaissez votre bras gauche et élevez votre bras droit de telle sorte que les deux bras soient au même niveau, approximativement à 45 degrés au-dessus de l'horizontale, les paumes des mains tendues vers l'avant et le bas. Pendant ce mouvement au cours duquel vous placez vos bras, avancez votre pied droit de telle sorte qu'il soit au même niveau que le gauche.

Gardez la position quelques secondes, puis relâchez les bras et respirez tranquillement.

CARACTERE DE L'ARCANE

Le dixième arcane représente une idée de mouvement, de rotation. Il représente une suite d'états instables, une succession d'événements qui cherchent un point d'appui. Cet arcane est ambivalent. Il peut tout aussi bien représenter l'instabilité, que la recherche d'un point fixe qui donnerait un élément de départ à une action à venir. Comme dixième lame, elle manifeste le royaume de l'esprit qui s'incarne dans la matière. Elle symbolise la force créatrice universelle. C'est le point culminant d'une série d'événements tirant leur origine de ce qu'ils représentaient par l'Impératrice. L'arcane représente tout ce qui est terminé, pleinement accompli. Sa lettre, représente une main en train de saisir quelque chose, un poing fermé. Si nous l'observons de côté, nous retrouvons la forme de la spirale. Il s'agit d'une idée de préhension et d'étreinte.

L'HYMNE DES LOUANGES

« Coupe qui reçoit et octroie, paume généreuse qui rassemble et disperse,

A toi les pluies abondantes, à toi la fontaine pourpre et périlleuse.

A toi appartient l'autorité de jeter dans la fosse, à toi d'accorder asile,

Oui, de donner la liberté ! »

L'HYMNE ORPHIQUE

« Salut, ô Zeus mon Père. Ecoute ma voix alors que je m'adresse à toi avec confiance.

Tu es celui qui dirige la course des astres avec ordre et beauté.

Tu fais jaillir de la voûte céleste l'éclair retentissant et resplendissant.

Ta voix sonore ébranle la demeure des bienheureux et ton feu illumine les nuées qui parcourent notre monde.

Les tempêtes et les orages avancent sur ton ordre alors que tu brandis ton foudre étincelant, extraordinaire et vif, lorsqu'il s'abat sur la terre.

Tes flèches de feu terrorisent le mortel qui ne reconnaît pas ta puissance paternelle.

Ses cheveux se hérissent et il tente de fuir, effrayé, tes traits vifs et retentissants qui s'abattent avec fracas autour de lui.

Les bêtes sauvages se cachent elles aussi, fuyant ta puissance divine.

Les autres divinités inquiètes se tournent vers ton visage rayonnant, tandis que les replis les plus profonds de l'éther répercutent ton souffle vibrant.

Mais, ô Zeus mon Père, ta force est la manifestation de la vie.

Je reconnais en ta lumière, ta voix et ton souffle la manifestation de ta puissance et de ton amour pour tes fils et filles.

C'est pourquoi en cette heure où ton grondement m'entoure, je t'offre cette libation.

Accorde-moi ta puissance, ta beauté lumineuse, ta santé éclatante et tes richesses innombrables.

Que la paix qui est en toi m'inonde et fasse naître dans mon existence l'ordre et la force. »

DESCRIPTION DU TAROT DE P.F. CASE

Le fond de l'arcane est un ciel d'un bleu profond. Quatre nuages gris sont placés aux quatre angles. Quatre créatures apparaissent sur chacun des nuages : en haut à gauche une tête de jeune homme blond, en haut à droite une tête d'aigle tournée vers la gauche, en bas à gauche une tête de taureau tournée vers la droite, en bas à droite une tête de lion qui nous fait face.

Au milieu se trouve une roue orange formée de trois cercles concentriques. On retrouve deux croix, formant une étoile constituée de 8 traits portant sur quatre d'entre eux (partant du haut et vers la droite) les symboles de mercure, du souffre, du verseau et du sel. Dans le cercle extérieur on trouve les quatre lettre formant le mot TARO et les quatre lettres du nom divin, Iod, Hé, Vav, Hé. A l'extérieur de cette roue, trois créatures se trouvent contre elle. Au sommet nous voyons un sphinx bleu portant une coiffe égyptienne et tenant une épée dans son bras gauche la pointe tournée vers le haut et vers la droite de l'arcane. La poignée de l'épée est dorée.

A gauche se trouve un serpent jaune, sa tête dirigée vers le bas. A droite et le dos appuyé contre la roue se trouve le dieu Anubis de couleur rouge.

11- LA JUSTICE

Nom italien : la Giustizia

Nom anglais : Justice

Numéro de la carte : 11

Sentier de l'arbre de vie : 22°

Lettre hébraïque : Lamed

Signification de la lettre : l'aiguillon du boeuf

Note musicale : fa dièse

Elément – planète – signe : Balance (Air cardinal)

Encens : galbanum

Pierres : émeraude

Végétaux : aloe, tabac, sauge, chêne

Pouvoirs psychiques : pouvoir d'équilibre et d'harmonisation

Anatomie : il gouverne les **reins** qui ont pour mission de maintenir l'équilibre chimique du sang, les surrénales, la région lombaire de l'épine dorsale, le système vaso-moteur, les organes génitaux internes, la vessie et la peau. Retenons les marques de l'insuffisance rénale, diabète, néphrite, lithiase rénale, cystite, eczéma et autres maladies de peau.

Eléments psychologiques : cet arcane peut être utilisé lorsque nous cherchons à équilibrer les éléments qui restent opposés en nous. Nous pouvons également l'utiliser pour agir d'une façon juste sous l'inspiration de notre être le plus profond.

COULEURS

Atzilouth : bleu-vert

Briah : vert

Yetzirah : bleu-vert intense

Assiah : bleu foncé mêlé au turquoise

NOMS DE PUISSANCE

Atzilouth : Iod Hé Vav Hé Tsébaoth - Nombres du Tarot : (10-5-6-5-18-2-1-6-9)

Briah : Zouriel - Nombres du Tarot : (7-6-20-10-1-12-20)

Yetzirah : Ihel - Nombres du Tarot : (10-5-1-12)

Assiah : Moaznim - Nombres du Tarot : (13-1-7-14-10-13)

GESTES DE L'ARCANE

1- Partant de la position de départ et sur une inspiration, s'asseoir sur une chaise (ou un tabouret), le dos droit, les jambes jointes, les pieds à plat, les jambes et les cuisses formant un angle droit. Puis le pied droit est légèrement avancé sur le sol, de telle sorte que le talon droit soit à la hauteur de la pointe du pied gauche. La main gauche est posée à l'horizontale à plat sur le cœur tandis que le bras droit est contre le côté droit du corps, l'avant-bras droit à l'horizontale, la main dans le prolongement du bras, la paume de main à la verticale et donc ouverte vers la gauche. Le pouce et l'index se touchent formant un cercle tandis que les autres doigts sont tendus.

Le regard est à l'horizontale.

Gardez la position quelques secondes et enchaînez avec le geste qui suit.

2- Sans changer la position du corps, les bras sont croisés sur le poitrine. Pour cela, la main gauche est remontée sur l'avant du corps afin que la première phalange des doigts se trouvent à la hauteur de la clavicule droite. En même temps le bras droit est ramené sur le gauche, de telle sorte que la première phalange des doigts de la main droite se trouve à la hauteur de la clavicule gauche.

Le geste est maintenu quelques instants avant de revenir à la position de départ.

CARACTERE DE L'ARCANE

Cet arcane représente l'action et l'équilibre. La représentation est tout à fait précise à cet égard. Le 11 est un signe qui représente la balance, l'équilibre donnant une idée d'égalité, de parité et de symétrie. Il est identique au signe zodiacal des gémeaux et nombre de points impliquent cette dualité. C'est la volonté de coordonner des forces originellement opposées. La lettre hébraïque renvoie au signe représentant un aiguillon. Il s'agit symboliquement d'une incitation à agir, à avancer sur la route choisie par le conducteur. La planète qui régit le signe de la Balance est Vénus. Cette dernière est en relation avec l'imagination créatrice. La carte précédente représente une succession d'événements recherchant leur point de stabilité. La carte de la justice trouve cet équilibre entre des points extrêmes. Elle introduit cette stabilité tant dans l'action que dans la vie. La balance indique ici la nécessité d'équilibrer l'essentiel de ce qui fait partie de l'essence de l'existence. Mais il ne s'agit pas d'une simple intériorisation, car la présence de l'épée manifeste l'action et la nécessité de cette force. Toutefois, la pointe en haut indique l'importance de ne pas se couper de l'inspiration et du pouvoir de l'esprit à travers l'imagination créatrice.

L'HYMNE DES LOUANGES

« Sois nommé Flagellement des vents, éveillant la tempête, excitant l'ouragan,

Cinglant les forêts, les plaines, arrachant les feuillages morts d'antan,

Balayant la mort de l'été ! Danse et exulte, beauté invisible, terrible innocence ! »

DESCRIPTION DU TAROT DE P.F. CASE

Un personnage féminin se trouve sur un trône gris dont on aperçoit seulement les deux montants extérieurs verticaux. Chacun est surmonté de deux grenades grises également. De grands voiles violets délimitent le lieu en arrière du trône. Les rideaux sont rattachés par un cordon rouge. Les franges sont rouges. On aperçoit un ciel jaune au loin derrière. Le sol est gris. Le personnage possède des cheveux courts et blonds. Il porte une coiffe verte légèrement arrondie, entourée d'une bordure dorée et surmontée de trois cornes dorées. Sur le devant de la coiffe se trouve un carré blanc au centre duquel un cercle de couleur rouge est posé. Le personnage porte un lourd manteau rouge et une cape verte sur les épaules. L'avant des manches de la robe intérieure est bleu outremer. L'encolure de la cape est blanche bordée de violet. Un Tau bleu outremer le partage. Le personnage tient devant lui et de sa main gauche une balance d'or en équilibre. De sa main droite et décalé sur la droite, il tient une épée dressée, la lame grise vers le haut. La poignée et la garde sont dorées.

12- LE PENDU

Nom italien : il Penduto
Nom anglais : the Hanged Man
Numéro de la carte : 12
Sentier de l'arbre de vie : 23°
Lettre hébraïque : Mèm
Signification de la lettre : eau
Note musicale : sol dièse
Elément – planète – signe : Eau
Encens : myrhe, onycha
Pierres : aiguemarine, beryl vert
Végétaux : lotus, lys d'eau, poireau, saule
Pouvoirs psychiques : voyance, création de talismans

Anatomie : Il gouverne les humeurs, les liquides de l'organisme, les sécrétions externes et internes, les tissus conjonctif et adipeux, les sérosités, le système digestif, les glandes dans leur ensemble, l'appareil génital, le système lymphatique. Cet arcane est en relation avec les médicaments qui créent une somnolence ou des hallucinations.

Eléments psychologiques : cet arcane peut être utilisé lorsque nous avons du mal à percevoir la face cachée des choses et qu'avons besoin de lâcher prise sur des éléments qui nous tiennent à cœur. Il est tout à fait utile lorsqu'une sensation de crispation et d'égoïsme se manifeste. Si nous voulons trouver un peu plus de sérénité, d'une certaine manière nous ressourcer et que nous avons intérieurement du mal à trouver la paix alors cet arcane peut être invoqué. De même lorsque nous cherchons à développer l'inspiration, la psychométrie et la médiumnité.

COULEURS

Atzilouth : lilas foncé

Briah : bleu

Yetzirah : vert cendré

Assiah : gris argent

NOMS DE PUISSANCE

Atzilouth : El - Nombres du Tarot : (1-12)

Briah : Miel - Nombres du Tarot : (13-10-1-12)

Yetzirah : Tarchim - Nombres du Tarot : (9-20-21-10-13)

Assiah : Maïm - Nombres du Tarot : (13-10-13)

GESTES DE L'ARCANE

1- Partant de la position de départ et sur une inspiration, s'assoir sur le sol, les pieds à plat, les mains entourant les genoux et se rejoignant l'une l'autre. La tête est penchée entre les genoux.

Gardez la position quelques secondes et enchaînez avec le geste qui suit.

2- les deux mains sont posées en arrière des deux côtés du corps pour être à même de s'appuyer. La jambe gauche passe sous la cuisse droite, la jambe droite restant tendue. Le pied droit est posé sur le talon, la pointe verticale légèrement penchée vers l'avant. Le haut du corps est couché à plat sur le sol et les deux mains sont ensuite glissées délicatement dans le creux des reins de telle sorte que la pointe des doigts soit en contact.

Le geste est maintenu quelques instants avant de se relever et de revenir en douceur à la position verticale de départ.

CARACTERE DE L'ARCANE

L'homme suspendu représente le moment où l'on change de perspective vis à vis du monde et de notre être. Notre regard s'inverse par rapport à celui que nous portions jusque-là. Nous avons l'habitude de voir le monde et les choses d'une certaine façon, selon un certain point de vue. Cette attitude limite notre vision et notre action. D'une certaine façon nous vivons dans le monde clos que l'on s'est construit. Il convient de changer complètement notre point de vue, d'accomplir une conversion pour acquérir une nouvelle perspective. Le pendu représente ce changement et l'acquisition de cette nouvelle vision. De plus, il est celui qui voit le côté caché des choses derrière les apparences, derrière le voile. Il existe une notion de sacrifice, d'abandon de possessions, de certitudes, de divers éléments auxquels nous étions attachés. La douleur peut donc se manifester. La notion de perpendiculaire que l'on retrouve en franc-maçonnerie est ici présente. Habituellement elle se représente par la verticalité de l'homme qui établit ainsi une relation entre le divin et le terrestre ou l'humain. Le pendu indique cette nécessité d'inverser le regard pour pouvoir s'élever. La lettre représente les eaux primordiales. C'est l'eau limpide du sage que rien ne trouble. C'est l'inconscient, la racine de l'être et de la nature. Le sage ne se laisse pas abuser par l'apparence superficielle. Ce renversement de la vision accroît notre liberté. C'est ainsi que nous atteignons la sérénité.

L'HYMNE DES LOUANGES

« Mère des eaux profondes, tes palais sont ténébreux, tes parfums sont amers.

Des voix d'amour et de respect t'invoquent. Parais, quitte ton affliction !

Revêts-toi du manteau de tes vagues, Mère de la vie revêts-toi de ta splendeur,

Célèbre tes Mystères ! »

DESCRIPTION DU TAROT DE P.F. CASE

Un personnage est suspendu la tête en bas à un portique constitué de trois troncs d'arbres morts de couleur marron. Le fond de l'arcane est gris. Les deux troncs sur chaque côté reposent sur un espace d'herbe. Un chemin encaissé en terre sépare les deux parties. Le pied droit du personnage est suspendu par une cordelette blanche au tronc horizontal supérieur. Sa jambe droite est verticale. Sa jambe gauche est repliée en arrière de la droite et forme le nombre quatre inversé. Il porte une courte tunique bleu outremer qui lui arrive à mi-cuisse. Le collant qui recouvre ses jambes est rouge et ses chaussons sont jaunes. Le bord vertical de sa tunique, sa ceinture et son encolure sont argentés. Sa tunique a dix boutons argentés. Ses yeux sont à la hauteur de l'espace herbeux et le haut de sa tête se trouve dans le creux du chemin, mais ne touche pas le sol. Ses cheveux blancs pendent dans le prolongement du corps. Un rayonnement jaune entoure la tête.

13- LA MORT

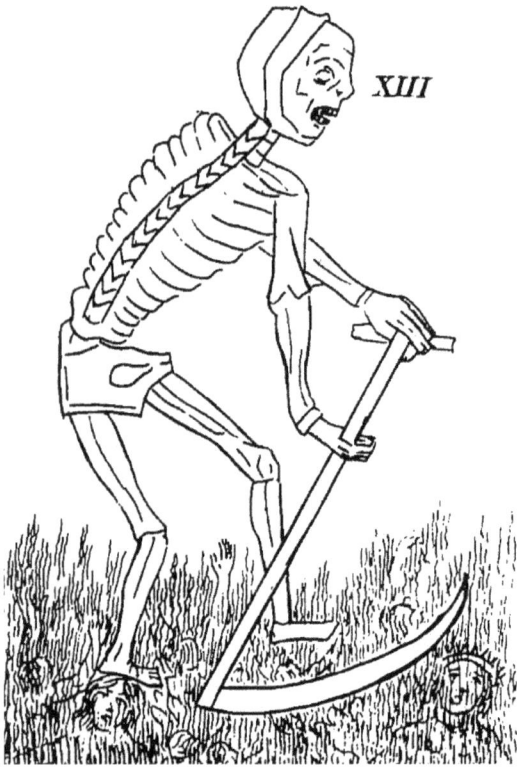

Nom italien : il Morte
Nom anglais : Death
Numéro de la carte : 13
Sentier de l'arbre de vie : 24°
Lettre hébraïque : Noun
Signification de la lettre : le poisson
Note musicale : sol naturel
Elément – planète – signe : Scorpion (Eau fixe)
Encens : benjoin
Pierres : pierre du serpent (sorte de pierre à aiguiser d'Ecosse)
Végétaux : cactus, mandragore, if
Pouvoirs psychiques : médiumnité

Anatomie : il gouverne la vessie, l'urètre**, les organes génitaux** externes, l'utérus, la prostate, le **rectum**, le côlon descendant et l'os du nez. Rhume du cerveau, polypes, végétations adénoïdes sont des affections qui lui correspondent. Il en est de même pour toutes les exagérations ou déficiences sexuelles, blennorragie, orchite, vaginite, syphilis, prostatite, hémorroïdes, calculs, hernies, etc.

Eléments psychologiques : cet arcane peut être utilisé pour transformer en nous des éléments issus d'un blocage psychique déjà ancien, délicat et parfois douloureux. Il peut également être utilisée pour faire éclore en nous un projet lointain qui ne parviendrait pas aboutir. Il permet de passer des étapes délicates de notre existence, d'abandonner des structures du passé.

COULEURS

Atzilouth : olive pâle

Briah : bleu-vert

Yetzirah : bleu de Prusse métallique

Assiah : bleu glacier

NOMS DE PUISSANCE

Atzilouth : Elohim Guibor - Nombres du Tarot : (1-12-5-10-13-3-2-6-20)

Briah : Barriel - Nombres du Tarot : (2-20-19-10-1-12)

Yetzirah : Sossol - Nombres du Tarot : (15-6-15-6-12)

Assiah : Akrav - Nombres du Tarot : (16-11-20-2)

GESTES DE L'ARCANE

1- Partant de la position de départ et sur une inspiration, le pied gauche est avancé d'un pas tandis que le torse est tourné vers l'arrière droit, la main droite se plaçant vers l'arrière et la paume de main tournée vers le bas, la pointe des doigts étant vers l'arrière du corps. Le bras droit et la main droite sont en avant, mais sur le côté droit du corps et la paume des mains ouverte vers le haut. Le visage est tourné vers l'arrière, le regard se portant deux ou trois mètres en arrière. Les hanches restent tournées vers l'avant.

Gardez la position quelques secondes et enchaînez avec le geste qui suit.

2- Le pied droit est ramené à la hauteur du pied gauche, les deux restant très légèrement écartés l'un de l'autre. Le bras gauche garde sa position en étant simplement ramené du côté gauche. Le droit est ramené parallèlement à l'autre et prend la même position. L'avant-bras est approximativement à 45°, les paumes des mains tournées vers le haut. Vous vous agenouillez et vous vous asseyiez sur vos talons, tandis que la tête est légèrement penchée en avant sur les bras.

Le geste est maintenu quelques instants avant de se relever et de revenir à la position de départ.

CARACTERE DE L'ARCANE

Cette lame indique une caractère de transformation, de changement. A ce titre elle est particulièrement redoutée car elle indique une rupture avec nos habitudes, avec nos schémas classiques. La mort représente le pouvoir de croissance, de transformation, qui passe par la destruction. Cette carte peut être considérée comme négative, dans la mesure où elle peut sembler un obstacle à ceux qui ne souhaitent pas évoluer, ni changer d'état. Il existe une véritable destruction de l'être, une remise en question de ce qui sert de fondement à notre nature essentielle. Cet arcane correspond à la transformation du cœur et la structure de notre être. Il ne s'agit pas comme précédemment, de regarder de l'autre côté du miroir. C'est une remise en cause de ce qui est essentiel en nous. La lettre hébraïque signifie gros poisson. Elle porte également l'idée de germer, de croître et de se propager. Cette notion de graines, de principe immortel, est présent en chacun de nous et est porteur d'une nouvelle dimension. L'idée de reproduction perçue à travers le signe astrologique, correspond au devenir de celui qui a su se transformer.

L'HYMNE DES LOUANGES

« Près du cœur des mers observe le Poisson ondoyant, nacré,

Se mouvant au rythme des marées, glissant des ales profondeurs sous leurs turbulences

Traversant les abîmes insondables, s'insinuant dans les coques perdues des navires,

Ombre impénétrable ! »

Description du Tarot de P.F. Case

L'arcane est partagé horizontalement en deux parties. La partie du bas sur le premier tiers de la hauteur est noire. Quelques feuilles vertes poussent. Un fleuve traverse ce sol et disparaît vers l'horizon. Sur le côté droit on aperçoit un rosier grimpant portant une rose blanche. Sur le sol on peut voir un pied coupé, deux mains dressées vers le ciel et une main sur le sol. Devant la carte et toujours sur le sol, à gauche, se trouve une tête coupée portant des cheveux blonds. De même à droite une tête portant une couronne dorée à cinq rayons. Sur cette surface noire se tient un grand squelette blanc tenant une faux au manche en bois et à la lame grise. La pointe de la lame se trouve vers la droite et la mort avance dans cette direction. Sa colonne vertébrale a une étrange torsion et son visage nous fait face. Sur l'horizon, une haie de 5 arbres noirs sépare le bas du ciel rouge recouvrant tout le haut de la carte. Toujours sur l'horizon, un soleil se couche là où disparaît la rivière. En haut à gauche dans le ciel se trouve une sorte de symbole en forme de germe.

14- LA TEMPÉRANCE

Nom italien : la Temperanza

Nom anglais : Tempérance

Numéro de la carte : 14

Sentier de l'arbre de vie : 25°

Lettre hébraïque : Samer

Signification de la lettre : soutien

Note musicale : sol dièse

Elément – planète – signe : Sagittaire (Feu mutable)

Encens : bois d'aloès

Pierres : jacinthe (variété rouge transparente de zirconium)

Végétaux : jonc, roseau, mauve, chêne

Pouvoirs psychiques : transmutation

Anatomie : il gouverne les **hanches** et les **cuisses**, le fémur, l'os iliaque, le sacrum et le coccyx, l'artère et les veines iliaques, le nerf sciatique, les hanches et les cuisses. Par extension, il correspond à la goutte, aux troubles pulmonaires, aux malaises du foie, aux troubles circulatoires. Il semble accentuer les risques de blessures ou de fractures.

Eléments psychologiques : cet arcane peut être utilisé lorsque nous avons besoin de faire appel à la manifestation divine pour quelle nous inspire et nous guide au sein de notre existence et de nos actes. Il nous soutient dans nos efforts, dans les moments où nous nous sentons abandonné et seul. Il nous procure un équilibre, une ouverture à des aspirations plus hautes, une sorte de réceptivité.

COULEURS

Atzilouth : lilas

Briah : bleu

Yetzirah : bleu cobalt

Assiah : radiance bleue palpitante

NOMS DE PUISSANCE

Atzilouth : El - Nombres du Tarot : (1-12)

Briah . Adoriel - Nombres du Tarot : (1 4 6 19 10 1 12)

Yetzirah : Soiassel - Nombres du Tarot : (15-6-10-16-15-1-12)

Assiah : Kéchet - Nombres du Tarot : (11-21-22)

GESTES DE L'ARCANE

1- Partant de la position de départ et sur une inspiration, élevez les deux bras simultanément, les mains ouvertes et les paumes des mains vers le ciel, les bras tendus et élevés de 45°, tandis que votre regard s'élève dans la même direction. Les bras et les mains ne se touchent pas, mais sont écartés de la largeur naturelle des épaules. Gardez la position quelques secondes, puis abaissez vos avant-bras à l'horizontale en retournant les mains afin que vos paumes de mains soient dirigées vers le sol, les doigts tendus vers l'avant.

Gardez la position quelques secondes et enchaînez avec le geste qui suit.

2- Les bras sont ramenés sur le même axe afin que les doigts de la main droite se posent sur l'épaule droite et ceux de la main gauche sur l'épaule gauche. En même temps la tête est abaissée vers l'avant.

Le geste est maintenu quelques instants avant de revenir à la position de départ.

CARACTERE DE L'ARCANE

La tempérance est un état d'équilibre, d'apaisement et de stabilité. Il correspond au moment où l'on réalise et vérifie dans notre vie tout ce qui vient d'être accompli. On peut y voir d'une certaine façon le Saint Ange Gardien, ou comme diraient les anciens le génie intérieur, la part angélique qui nous est propre et nous rattache aux niveaux les plus hauts de l'être et du cosmos. L'abandon des formes figées précédentes se traduit par un équilibre entre les différents plans de réalité. Les fonctions psychiques de l'être se mettent en mouvement, s'activent, nous donnant toute la force et le dynamisme dont nous avons besoin pour l'accomplissement de l'œuvre. La lettre hébraïque manifeste une idée de soutien et de maintien. Notre pratique est mise à l'épreuve. Nous purifions notre personnalité pour que le canal qu'elle constitue soit purifié et laisse passer les forces supérieures vers le creuset de notre personnalité. La carte manifeste essentiellement cette descente de l'influx spirituel et divin comme une manifestation et un guide dans notre existence. L'appel ne se fait pas ici, mais c'est là qu'il se manifeste.

L'HYMNE DES LOUANGES

« Pierre du rêve du Patriarche, austère oreiller sous la tête de l'errant,

Alors qu'entre le ciel et la terre de glorieuses formes vont et viennent sans interruption.

Salut à toi, Porte des Mondes, colonne non équarrie dressée en mémorial,

Montrant la voie de la Flèche ! »

DESCRIPTION DU TAROT DE P.F. CASE

L'arcane est partagé en trois parties horizontales. La plus basse est une prairie verte traversée au centre par un court d'eau. Un chemin jaune part du bord de la rivière et s'éloigne vers la gauche. Dans l'herbe du même côté un lion marron est couché. A droite, un aigle, lui aussi posé sur l'herbe, tourne sa tête vers le personnage angélique qui occupe le centre de toute la scène. A l'horizon gauche, on remarque deux sommets violets d'une chaîne de montagne qui forment un col dans lequel passe le sentier partant du premier plan. Au-dessus de la montagne, on distingue une grande lumière jaune. Le ciel présent sur les deux tiers de la carte est doré. Le personnage se tient debout, un pied légèrement enfoncé dans l'eau et l'autre, le gauche posé sur le bord herbeux de la rivière. Il est habillé d'une longue robe blanche. Sur sa poitrine et au-dessous de l'encolure sont inscrites les quatre lettres du nom divin, Iod, Hé, Vav, Hé. Au-dessous se trouve une étoile dorée à 7 branches. Il porte deux grandes ailes rouges ouvertes des deux côtés. Un cercle orange se trouve sur son front sur les cheveux blonds. Un rayonnement lumineux entoure sa tête. Au-dessus de lui se trouve un arc en ciel. De sa main gauche et dirigée vers le bas, il tient une torche enflammée d'où sortent cinq flammèches en forme de Iod. De sa main droite, il vide sur le sol le liquide bleu d'une amphore orange.

15- LE DIABLE

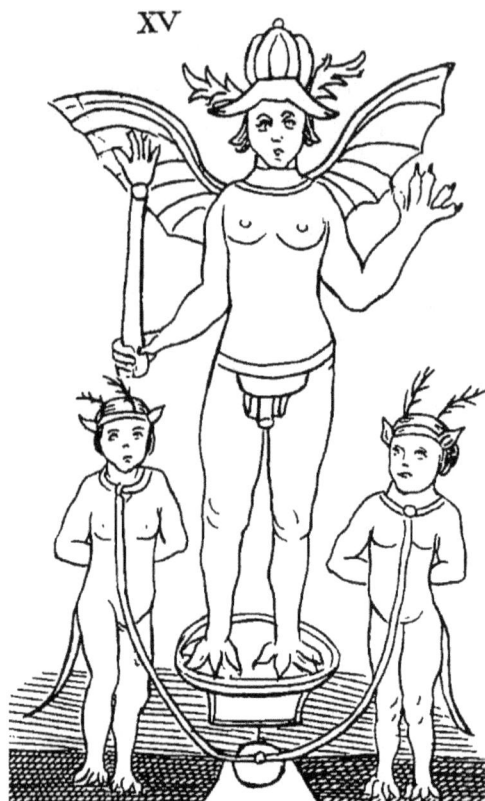

Nom italien : il Diavolo

Nom anglais : the Devil

Numéro de la carte : 15

Sentier de l'arbre de vie : 26°

Lettre hébraïque : Ayïn

Signification de la lettre : l'oeil

Note musicale : la naturel

Elément – planète – signe : Capricorne (Terre, cardinal)

Encens : musc, civette

Pierres : charbon, diamant noir

Végétaux : chardon, armoise, orchidée, hêtre

Pouvoirs psychiques : évocation, dialogue avec la nature

Anatomie : il gouverne principalement les **genoux** et exerce une influence secondaire sur les os et la peau. Ses maladies sont principalement l'arthrite, les rhumatismes, la goutte, la tuberculose osseuse, en général tous les malaises affectant les membres inférieurs, par ex. fractures à la suite de chutes. Par extension il influence l'appareil digestif avec une tendance à l'atonie digestive plutôt qu'aux inflammations. Il en est de même pour les dermatoses, l'eczéma et les douleurs articulaires.

Eléments psychologiques : cet arcane peut être utilisé lorsque nous éprouvons la sensation d'être enchaîné par une passion ou des désirs qui nous dépassent et dont nous cherchons à voir la vraie nature. Il en est de même lorsque nous perdons un peu trop souvent le contrôle et avons l'impression de perdre pied par rapport à la réalité du monde. Il conviendra d'ailleurs d'associer cette carte à une autre pour stabiliser cette volonté. Cet arcane nous aide également à nous libérer des fantasmes envahissants et à transformer la souffrance et la dépression en gaieté, humour et dérision. Grâce à cet arcane, nous pouvons combattre la sensation d'être dans un monde effrayant, rempli de haine et tenter de faire reculer une tendance paranoïaque.

COULEURS

Atzilouth : rouge pourpre

Briah : violet

Yetzirah : terre de Sienne vif

Assiah : gris

NOMS DE PUISSANCE

Atzilouth : Iod Hé Vav Hé Elohim - Nombres du Tarot : (10-5-6-5-1-12-5-10-13)

Briah : Hanael - Nombres du Tarot : (5-14-1-12)

Yetzirah : Rachniiah - Nombres du Tarot : (15-20-10-9-10-1-12)

Assiah : Guedi - Nombres du Tarot : (3-4-10)

GESTES DE L'ARCANE

1- Partant de la position de départ et sur une inspiration, s'asseoir sur une chaise (ou un tabouret), le dos droit, les genoux écartés, les talons joints, les pieds à plat. Les deux mains sont amenées vers le visage afin que la pointe des doigts touche le centre du front et que la paume recouvre les yeux.

Gardez la position quelques secondes et enchaînez avec le geste qui suit.

2- La main gauche est tendue en avant vers le sol, la main dans le prolongement du bras, la paume de main à la verticale et donc ouverte vers la droite. Le pouce et l'index se touchent formant un cercle tandis que les autres doigts sont tendus. La main droite est sur le côté droit du torse, légèrement plus haute que l'épaule droite. Les doigts sont tendus et raidis vers le haut. La paume de main est ouverte vers l'avant. Pendant que cette position est prise, les sourcils sont froncés.

Le geste est maintenu quelques instants avant de se relever et de revenir à la position de départ.

CARACTERE DE L'ARCANE

L'arcane représente la servitude, la limitation et l'illusion. Le diable est celui qui cherche à nous abuser, à nous enchaîner par le développement intense et désordonné de nos passions humaines. Il n'apporte rien de plus que ce que nous possédons en nous, mais il donne une force importante à nos désirs. Il s'introduit par la faille de notre attention, par le doute, par les interstices de notre volonté pour faire basculer la concentration vers la passivité des plaisirs immédiats et sans lendemain. A ce titre, il se rapproche de Satan, le tentateur, celui qui se met au travers de la route. C'est un principe d'illusion car les passions sur lesquelles il agit vont déformer notre vision de la réalité en lui donnant une apparence attractive. Pensons par exemple à la passion amoureuse qui fera disparaître la réalité des choses. Comme la lettre hébraïque l'indique, c'est donc bien une vision qui est faussée. Le diable est celui qui nous convainc de la réalité de nos désirs, du fait de les accepter comme réalité alors qu'ils ne sont qu'illusions. Or, plus nous nous laissons entraîner et enchaîner par nos sens, plus les apparences deviennent réalité. Par conséquent, l'aspect de limitation et de restriction de saturne se manifeste à nous. D'une certaine manière, cette lame n'est pas complètement négative. Il convient en effet de ne pas oublier qu'elle manifeste des épreuves, des tentations, des obstacles fondés sur la force de vie. Or il faut bien reconnaître que tout ceci renforcera notre vie et notre volonté. Cette limitation sera une sorte de test qui va forger notre identité et notre réalité. Souvenons-nous dans la Bible du texte de Job et du passage des évangiles dans lequel Jésus est dans le désert et tenté par le diable. C'est au moment où les repères vacillent que nous sommes vraiment mis face à nous-mêmes et que nous pouvons affirmer ce à quoi nous croyons et ce que nous décidons pour notre vie. Nous pourrions presque dire que le diable est un auxiliaire indispensable qui va nous tester. Il s'agirait d'une sorte de principe d'épreuve. Gardons-nous toutefois de considérer que la souffrance est une porte nécessaire et indispensable en la transformant en une fin en soi. Il ne faut pas la rechercher, mais être attentif à sa manifestation car l'illusion s'installe souvent de façon insidieuse.

L'HYMNE DES LOUANGES

« De la source des formes emplissant les vastes sphères de leurs formations,

Des myriades d'images s'élèvent, violentes ou sereines, charnelles, éthérées.

Salut, O toi Œil qui as vu toutes choses qui sont, Connaissance qui les considère,

Bénissant leur bonté ! »

DESCRIPTION DU TAROT DE P.F. CASE

Le fond de l'arcane est noir. Les deux tiers supérieurs sont occupés par un immense diable de couleur marron à la tête de bouc, au buste d'homme et aux pattes d'aigle. Il est accroupi sur un cube rectangulaire de couleur noire. Il a des ailes de chauve-souris ouvertes. Ses yeux sont rouges, sa barbe blanche et porte un pentagramme inversé blanc au centre de ses longues cornes de bouc s'élevant vers le haut de la scène. A la hauteur de son nombril se trouve le signe de mercure. La croix du signe est rouge et la partie supérieur du symbole jaune. De sa main gauche il tient une torche enflammée dirigée vers le bas. Sa main droite est ouverte et dirigée vers le haut. La paume de sa main tournée vers nous laisse voir le signe de saturne.

Deux personnages nus sont enchaînés au double cube qui sert de support au diable. A gauche du diable se trouve un homme aux cheveux blonds d'où jaillissent deux petites cornes blanches. Il possède une queue jaune orangé à cinq bouts. A sa droite une femme blonde porte les mêmes petites cornes blanches. Sa queue est verte et porte en son bout une sorte de grappe de dix grains rouges. Les deux personnages possèdent des sabots à la place des pieds.

16- La Maison-Dieu

Nom italien : la Torre

Nom anglais : the Tower - the Lightning-struck Tower

Numéro de la carte : 16

Sentier de l'arbre de vie : 27°

Lettre hébraïque : Péh

Signification de la lettre : la bouche

Note musicale : do naturel

Elément – planète – signe : Mars

Encens : poivre, tabac, sang du dragon (résine rouge exsudée par les écailles des fruits de palmiers grimpants des Indes orientales)

Pierres : rubis, grenat

Végétaux : rue, absinthe

Pouvoirs psychiques : défense, contrôle du déséquilibre

Anatomie : il gouverne la tête, les **organes génitaux externes**, la **vésicule biliaire**, probablement l'oreille gauche et les muscles en général. Il risque d'engendrer des fièvres et éruptions de toute nature : scarlatine, fièvre typhoïde, etc., des troubles inflammatoires : gastralgies, rhumatismes musculaires et des troubles vénériens ou prostatiques. Des maux de tête fréquents y sont rattachés.

Eléments psychologiques : cet arcane peut être utilisé pour briser des certitudes dont nous sommes prisonniers, pour remettre en cause des chaînes qui nous lient. Nous recherchons par là un processus rapide d'action. C'est une façon de faire appel à la force supérieure de notre être en lui demandant de rejeter ce qui est en nous et qui appartient au vieil homme. Nous faisons appel à une force vive pour fragmenter ce que nous avons du mal à remettre en cause.

COULEURS

Atzilouth : ambre

Briah : rouge

Yetzirah : orange brûlé

Assiah : rouge feu intense

NOMS DE PUISSANCE :

Atzilouth : Elohim Guibor - Nombres du Tarot : (1-12-5-10-13-3-2-20)

Assiah : Madim - Nombres du Tarot : (13-1-4-10-13)

GESTES DE L'ARCANE

1- Partant de la position de départ et sur une inspiration, amenez vivement le bout des doigts des deux mains sur la bouche.

Gardez la position quelques secondes et enchaînez avec le geste qui suit.

2- Expirez bruyamment en rejetant les mains en avant, comme poussées par votre souffle et abaissez-les en les écartant des deux côtés du corps, vers le bas, les paumes des mains ouvertes vers l'avant.

Le geste est maintenu quelques instants avant de revenir à la position de départ.

CARACTERE DE L'ARCANE

Cette carte est paradoxale. Nous pouvons y voir un réveil. Dans un premier temps nous pouvons y voir une image de destruction. Un moment où des vérités établies, des certitudes sont brisées et renversées. Bien souvent cette carte peut être associée à l'idée de destruction et de remise en cause de projets, de parties de notre personnalité ou de notre vie que nous construisons. Toutefois, le pouvoir destructeur vient du ciel, du soleil. C'est l'éclair de la partie divine de notre conscience qui va détruire notre vieil homme et permettre ainsi l'éveil et l'évolution spirituelle. Cela ne signifie pas que cette étape sera agréable, mais cet abandon sera nécessaire. C'est un pouvoir qui vise la désintégration des vieilles formes de conscience personnelles. C'est le moment où le voile va se déchirer devant nous, où nous allons nous libérer de nos chaînes. Cette carte est évidemment à mettre en relation avec l'épisode de la tour de Babel qui est élevée vers Dieu. Il ne faut tout de même pas imaginer qu'il s'agisse de conquérir le royaume du tout Puissant par ce moyen. Mais la tour représente le langage et nous indique toute la force, la puissance du verbe, qui ne peut demeurer ferme et clôt sur lui-même. Le langage doit être ouvert vers le ciel pour pouvoir manifester et incarner le processus créatif. Sans cela il sera renversé. La lettre hébraïque correspond au Nord. C'est le lieu de la plus grande obscurité symbolique. Les pouvoirs sont voilés par l'obscurité et ne seront accessibles qu'à ceux qui ont su renverser leur vision du monde. Il s'agit de ne choisir qu'un nombre de désirs restreints, mais puissants et dirigés vers un seul but. C'est le moment d'étudier ses désirs et de choisir ceux qui sont essentiels. Il faut un long entraînement pour les maintenir dans un axe constant.

L'HYMNE DES LOUANGES

« Jeu du Souffle et de la Parole, de la Vie et de la Loi, échange complexe Tissant le fondement de nos jours : telle est notre force, tel est notre péril.

Esprit oraculaire, dis : connaissance et amour conserveront-ils l'unité, ou, opposés, nous briseront-ils ? »

L'HYMNE ORPHIQUE

« Salut, à toi Arès, Daïmon indestructible au cœur intrépide. Toi le plus vaillant et le plus robuste écoute moi alors que je m'adresse à toi.

Les armes, la guerre et la destruction des villes sont les manifestations de ta puissance et de tes passions.

Ô Dieu terrifiant, tu te réjouis du sang humain et du fracas des batailles, tu aimes entendre résonner les chocs des épées et des lances.

Dieu terrible, tu es aussi celui qui peut arrêter les conflits, faire disparaître la discorde établissant la paix et répandant les richesses.

Je te demande d'effacer en moi le souffrances, d'écarter de ma route les difficultés et conflits.

Ô Arès, fais que les médisances, les calomnies, les attaques dont j'ai été et suis peut-être encore victime soient écartées définitivement de moi. Renvoie-les vers ceux qui ont voulu agir avec malveillance et que l'équilibre soit ainsi restauré !

Qu'ainsi la Beauté et l'ivresse divine se répandent en moi faisant croître les qualités et la force dont je suis porteur. »

DESCRIPTION DU TAROT DE P.F. CASE

Une tour constituée de pierres grises s'élève sur le pic marron d'une montagne. Trois fenêtres s'ouvrent au sommet de la tour. Le fond du décor est d'un noir profond. Dans le haut droit se trouve un soleil dont quatre rayons sont visibles. Un éclair jaillit de cette tour et brise son sommet. Le chapeau qui la surmontait s'effondre du côté opposé, vers la gauche. Il s'agissait d'une sorte de couronne à quatre pointes. De la fumée blanche sort de son sommet et des fenêtres. Deux personnages tombent la tête la première. L'un du côté du soleil est habillé de bleu, chaussé de rouge et a les mains levées. Il porte une petite couronne jaune à deux pointes ressemblant à des cornes. L'autre tombe devant la tour. Il porte une tunique et des chausses rouges. Son pantalon est bleu. A droite, entre le soleil et le personnage qui tombe on observe dix flammes de la forme d'un Iod et organisées de telle sorte qu'elles évoquent la forme de l'arbre séphirotique. De l'autre côté se trouvent douze flammes organisées en ligne de deux et trois successivement.

17- L'Etoile

XVII

Nom italien : le Stelle

Nom anglais : le Star

Numéro de la carte : 17

Sentier de l'arbre de vie : 28°

Lettre hébraïque : Tsadi

Signification de la lettre : hameçon

Note musicale : la dièse

Elément – planète – signe : Verseau (Air fixe)

Encens : galbanum

Pierres : chalcédoine, verre

Végétaux : olive, noix de coco, sureau

Pouvoirs psychiques : astrologie

Anatomie : il gouverne les jambes, du genou à la **cheville** incluse. L'arcane est associé à d'éventuels troubles cardiaques et malaises nerveux. Il provoque surtout des varices, des crampes et prédispose aux entorses ou fractures dans la région des chevilles.

Eléments psychologiques : cet arcane peut être utilisé lorsque nous souhaitons pratiquer et développer en nous la méditation. Il permet de faire en sorte que notre esprit s'apaise et se concentre avec plus de facilité sur un objectif afin d'en recevoir les résultats. Nous pouvons également l'utiliser pour nous diriger vers la vérité que nous souhaitons atteindre, pour trouver le chemin de l'initiation dans la recherche d'une voie particulière ou de contacts en vue d'une école ésotérique.

COULEURS

Atzilouth : pétunia

Briah : pourpre

Yetzirah : gris brun

Assiah : gris jaunâtre moucheté de blanc

NOMS DE PUISSANCE

Atzilouth : Iahou - Nombres du Tarot : (10-5-6)

Briah : Kambriel - Nombres du Tarot : (19-1-13-2-20-10-1-12)

Yetzirah : Ansoel - Nombres du Tarot : (18-19-13-11-10-1-12)

Assiah : Deli - Nombres du Tarot : (4-12-10)

GESTES DE L'ARCANE

1- Partant de la position de départ et sur une inspiration, avancez votre jambe droite d'un grand pas en avant en élevant les bras vers le haut et plaçant les paumes de vos mains ouvertes vers le ciel, à l'horizontale, les pointes des doigts étant donc vers l'arrière. Puis en gardant la même position des bras, posez le genou gauche à terre.

Gardez la position quelques secondes et enchaînez avec le geste qui suit.

2- Sans bouger votre corps, abaissez vos deux bras d'un mouvement ample et harmonieux afin que vos deux avant-bras soient à l'horizontale, les mains tendues vers l'avant, les paumes des mains dirigées vers le sol. Le geste est maintenu quelques instants. Relevez-vous en avançant le pied gauche afin qu'il se retrouve à la hauteur du droit, les bras retrouvant leur position de départ.

CARACTERE DE L'ARCANE

L'arcane représente la Déesse Isis dévoilée. Cette révélation de sa nature n'est pas le résultat d'une action directe, mais se trouve manifesté comme le résultat des actions précédentes dans notre psychisme. Lorsque nos sens sont calmés et apaisés, nous recevons la révélation par notre intériorité. Nous parvenons à l'application des grands principes intérieurs dans notre vie quotidienne. En commençant par chercher les principes de l'ordre divin, nous nous prenons une attitude qui nous permet de réaliser dans notre vie, la sagesse, l'amour, la paix, la santé et la richesse. L'arcane nous indique la voie vers la solution la plus juste aux différents problèmes qui se posent. Les principes universels demeureraient inutiles si leur acquisition ne se manifestait pas de cette façon. La lettre hébraïque correspond à un hameçon et nous renvoie allégoriquement à l'idée de quête, de recherche, de tâtonnement, de recherche de sa propre voie dans le labyrinthe des expériences, mais qui ne sont pas proprement les nôtres. Nous nous retrouvons rattachés à l'idée de méditation. Il faut que notre esprit accomplisse cette démarche particulière pour être ensuite prêt à recevoir l'influx qui se manifestera dans le lac apaisé de notre conscience. Nous devons parvenir à une sorte d'attention paisible, fixée sur l'objectif de notre méditation. Il faut imposer silence à notre mental et c'est sur cela que se posera l'oiseau de la conscience. Mais le résultat de notre méditation ne se limitera pas à notre être intérieur. Il irriguera chacun de nos sens, nous rendant plus attentif et plus conscient de chacun d'eux. Nous pourrons ainsi mieux incarner la puissance du vivant.

L'arcane représente également la voie initiatique dans ses dévoilements des grands principes que nous pourrons mettre en œuvre dans notre existence par la pratique des exercices appropriés. C'est l'appel et le dévoilement de la connaissance qui se manifeste dans l'ensemble de notre corps énergétique, à travers l'ouverture de chacun de ses centres vitaux.

L'HYMNE DES LOUANGES

« Tzaphquiel, toi qui brilles au-delà des voiles de la nuit !
Visage et messager de la Mère salut !

A toi cette lointaine forteresse de splendeur

Éclairant la sécheresse de notre chemin.

Fontaine d'espérance, eau céleste,

Immortelle, notre soif pour toi ! »

DESCRIPTION DU TAROT DE P.F. CASE

Le décor est partagé en deux parties principales. Tout le bas est une prairie verdoyante et le ciel est bleu. On y observe huit étoiles. Au centre une grosse étoile jaune a huit branches. Trois autres étoiles sont à la verticale de chaque côté et une plus petite se trouve sous l'étoile centrale. Sur une petite colline de l'horizon, sur le côté gauche un arbre sur lequel se trouve un ibis rouge tourné vers la droite. A droite sur l'horizon on aperçoit quelques sommets violets.

Vers l'avant, du côté gauche, se trouve une sorte de petit étang. Une femme nue occupe la place centrale. Elle est agenouillée sur la jambe gauche, son genou étant donc dans l'herbe. Son pied droit est posé à l'équerre sur la surface de l'eau. Elle tient deux amphores de couleur orange dans ses mains. De sa main gauche, elle verse le contenu sur l'herbe et l'eau se divise en quatre parties. Elle vide la seconde dans l'étang, avec sa main droite. Chacune des amphores possède une décoration bleue et un anneau central rouge et blanc.

18- La Lune

XVIII

Nom italien : la Luna

Nom anglais : the Moon

Numéro de la carte : 18

Sentier de l'arbre de vie : 29°

Lettre hébraïque : Koph

Signification de la lettre : arrière de la tête, oreille

Note musicale : si naturel

Elément – planète – signe : les Poissons (Eau mutable)

Encens : ambre gris.

Pierres : perle.

Végétaux : pavot, framboise, frêne, orme.

Pouvoirs psychiques : création d'illusions, sortilèges.

Anatomie : l'arcane gouverne les **pieds** et les orteils, mais il influence également l'intestin, les voies respiratoires et le système lymphatique. Il a une tendance aux déformations de pieds, aux durillons.

Eléments psychologiques : cet arcane peut être utilisé pour maîtriser une production incontrôlée de fantasmes et d'illusions. Il nous aide à suivre une voie d'équilibre, la voie du milieu et à rechercher l'expression personnelle de notre spiritualité. Nous pouvons grâce à lui classer des éléments intérieurs et faire surgir de notre inconscient des formes profondément enfouies.

COULEURS

Atzilouth : rouge cuivre

Briah : magenta

Yetzirah : brun Van Dyck rayé de jaune

Assiah : bleu foncé avec du blanc tourbillonnant

NOMS DE PUISSANCE

Atzilouth : El - Nombres du Tarot : (5-12)

Briah : Amnitziel - Nombres du Tarot : (1-13-14-10-18-10-1-12)

Yetzirah : Péchiel - Nombres du Tarot : (17-21-10-1-12)

Assiah : Daguim - Nombres du Tarot : (4-3-10-13)

GESTES DE L'ARCANE

1- Partant de la position de départ et sur une inspiration, les bras sont élevés des deux côtés du corps d'un mouvement ample et harmonieux, jusqu'à ce qu'ils se trouvent largement au-dessus de la tête, formant un grand demi-cercle. Les paumes des mains sont naturellement ouvertes vers le haut dans le prolongement des bras.

Gardez la position quelques secondes et enchaînez avec le geste qui suit.

2- Les avant-bras sont ramenés vers l'avant, jusqu'à se toucher face au visage. Les bras sont donc à l'horizontale devant soi et les avant-bras à la verticale, les paumes face au visage. Puis les bras sont relevés afin que la pointe des doigts touche l'arrière du crâne, la tête étant très légèrement penchée en avant. Le geste est maintenu quelques instants, puis les bras sont relâchés lentement et abaissés à la position de départ.

CARACTERE DE L'ARCANE

Il représente les cycles, la réceptivité et l'organisation. C'est la manifestation du Grand Œuvre des alchimistes, la recherche de l'élaboration d'un être humain plus complet, meilleur en toute chose, tant sur le plan physique que sur le plan spirituel. C'est l'être magnifié, le nouvel homme renouvelé dans son creuset intérieur par le pouvoir de l'imagination et de la volonté. Cette transformation est le résultat de l'utilisation des lois universelles et de l'indéfectible volonté de se dépasser sans cesse, sans tenir compte des obstacles. Notre imagination, par essence lunaire, doit être domestiquée par un contrôle direct, sous la forme de la visualisation et de la concentration. Il faut parvenir à un contrôle mental qui se manifeste par une production délibérée et disciplinée de la génération des images. Le caractère lunaire aurait pour effet de nous entraîner à une génération incontrôlée et désordonnée identique à celle du rêve. Cet aspect fluctuant pourrait nous déstabiliser. Il convient donc de réunir cette instabilité lunaire à une progression régulière et continue dans le contrôle de nous-mêmes, qui n'efface pas la perception des sensations dont nous sommes l'objet. Toutefois nous ne devons pas nous laisser entraîner par la production irrégulière des fantasmes et illusions. La carte régit donc le sommeil, les facultés de classement des informations de ce que nous avons vécu avant et pendant le sommeil. Elle est également une indication de la nécessité de suivre la voie du milieu. Il faut éviter les extrêmes qui pourraient nous nuire et stopper notre progression. Nous nous éloignons du fanatisme et de l'extrémisme pour trouver une expression équilibrée et personnelle. Il ne s'agit pas de devenir des êtres spirituels, mais de réaliser notre dimension spirituelle. Cette voie est donc exigeante dans le sens où elle nous pousse à l'accomplissement d'un équilibre personnel.

L'HYMNE DES LOUANGES

« Dresse-toi en ta splendeur, O Roi ! Front glorieux contemple ton empire,

Réjouis ceux qui voient !

Un chant s'élève, régis et illumine.

La chrysolithe brille sur ta couronne, dresse-toi et inspire, Lion-or, Vol du Faucon,

Joie, parfum d'ambroisie ! »

DESCRIPTION DU TAROT DE P.F. CASE

La scène est partagée en plusieurs niveaux horizontaux. Au premier plan se trouve une surface liquide bordée de petits cailloux gris entourés d'herbe sombre. Au-dessus un espace herbeux, puis des collines terreuses et à l'horizon une chaîne de montagnes violettes. Le ciel est d'un bleu profond. Au centre se trouve une lune rayonnante de couleur jaune. Elle est à moitié pleine et son visage est tourné vers le milieu de la verticale gauche de l'arcane. Elle est entourée de dix-huit flammes. Des deux côtés, à la hauteur du milieu de la carte et des collines terreuses se trouve deux tours grises. Un sentier jaune prend naissance au ras de l'eau et traverse toute la scène, disparaissant dans la chaîne de montagnes. Une écrevisse violette sort de l'eau. Sur l'herbe et de chaque côté du chemin se trouvent deux animaux, le museau tourné vers le ciel, à gauche un chien marron et à droite un loup gris.

19- Le Soleil

Nom italien : il Sole

Nom anglais : the Sun

Numéro de la carte : 19

Sentier de l'arbre de vie : 30°

Lettre hébraïque : Rèch

Signification de la lettre : la tête

Note musicale : ré naturel

Elément – planète – signe : Soleil

Encens : cannelle, encens naturel

Pierres : crysolithe, zirconium jaune

Végétaux : tournesol, pensée sauvage, laurier, héliotrope

Pouvoirs psychiques : pouvoir d'acquérir la fortune

Anatomie : l'arcane gouverne le fluide vital qui pénétrant la rate est transféré au plexus solaire avant d'être distribué partout dans le corps. Il représente principalement le **cœur** et la **vue** (l'œil droit chez l'homme et le gauche chez la femme), secondairement le dos, les artères, le flanc droit. On remarque une prédisposition à tous les troubles cardiaques ou visuels ; tendances fébriles ou congestives.

Eléments psychologiques : cet arcane peut être utilisé lorsque nous sommes dans un état d'abattement ou de dépression légère et que nous cherchons à faire rayonner nos qualités, à exprimer des parties enfouies de notre personnalité. Nous pouvons y faire appel pour trouver un équilibre dans notre couple ou quand nous souhaitons avancer sur notre voie intérieure.

COULEURS

Atzilouth : jaune-vert pâle

Briah : jaune

Yetzirah : rose saumon

Assiah : jaune brunâtre

NOMS DE PUISSANCE

Atzilouth : Eloah Vedaat - Nombres du Tarot : (1-12-6-5-6-4-16-22)

Assiah : Chémech - Nombres du Tarot : (21-13-21)

GESTES DE L'ARCANE

1- Partant de la position de départ et sur une inspiration, la jambe gauche est légèrement écartée, suivie de la droite. L'écartement entre les deux est légèrement supérieur à celui de la hanche. Les bras sont relevés dans un mouvement arrondis et amenés devant le poitrine, les deux mains formant un cercle posé contre le cœur avec les doigts. Les pouces se touchent vers le bas, les index et majeurs vers le haut. Les mains sont donc légèrement ouvertes vers l'avant.

Gardez la position quelques secondes et enchaînez avec le geste qui suit.

2- Les bras sont avancés et tendus légèrement vers le haut, les mains étant ouvertes vers l'avant comme si vous souhaitiez faire rayonner l'énergie de vos paumes. Les mains sont à la hauteur de la tête. Le regard est à l'horizontale.

Le geste est maintenu quelques instants avant de revenir à la position de départ.

CARACTERE DE L'ARCANE

Le soleil est une carte de régénération. C'est un moment d'épanouissement, la manifestation d'une réussite, d'un état dans lequel les qualités de l'être se révèlent. Cette carte exprime l'optimisme et la réalisation. C'est une nouvelle naissance qui nous conduit de l'homme naturel à l'homme spirituel. C'est le moment où l'anima et l'animus se réunissent. Les passions, qui jadis nous enchaînaient et nous déchiraient, se réunissent ici pour nous permettre de nous épanouir. Ces deux parties de notre être sont ici exprimées hors de tout caractère passionnel. Il s'agit d'une recherche d'équilibre par l'intermédiaire des sens sublimés. Le corps est ainsi renouvelé, transformé.

C'est le moment où l'initié retrouve la richesse de toutes ses perceptions. Il peut de nouveau percevoir les choses d'une façon chaque fois nouvelle. Le soleil est source de vie et son pouvoir s'étend sur l'ensemble des êtres de la création. C'est la matière première du Grand Œuvre. C'est une substance présente en toute chose, un fluide primordial qui baigne l'ensemble de l'univers et structure la création. Il est donc ce qui donne la vie et permet de la conserver. C'est l'état supérieur de la libido qui utilise les pouvoirs liés à la sexualité dans l'éveil de notre conscience supérieure. Il en résulte une transformation tant sur le plan physiologique que psychologique. Nous devenons par cet arcane un être régénéré.

C'est une idée de commencement, une idée de règne et de réalisation. Notre foi nous permet maintenant d'accomplir des miracles et même de plus grandes merveilles. Nous trouvons la base du courage et de la puissance personnelle. Nous avons en nous ce pouvoir qui constitue la création. Nous devons visualiser l'objectif ; la force du soleil nous permet de le réaliser. Les éléments inconscients visualisés sont activés par les forces du soleil qui nous permettent de tisser les éléments qui la composent.

L'HYMNE DES LOUANGES

« En silence sous la Lune s'évanouit, du jour le libre cours.

Doucement les voix de la Nuit résonnent à nos portes, sortent de l'oubli appelant au sacrifice !

Nous voilà, enfants tous d'une même parenté.

Nous louons le Seigneur ! »

L'HYMNE ORPHIQUE

« Ecoute ma voix, Ô bienheureux Apollon, toi le Puissant, le Brillant.

Dispensateur des richesses, toi qui vint de la terre noire d'Egypte, je t'invoque comme jadis par le cri de **"Ié"**.

Toi, Titan qui porte l'arc et la lyre d'or, Saint es-tu !

Toi qui tuas Python, porte-lumière, Saint es-tu !

Brillant jeune homme plein de gloire, toi dont la tête est couronnée de cheveux d'or, Saint es-tu !

Toi qui conduis les Muses et les Chœurs, Saint es-tu !

Toi qui décoches tes flèches au-delà des espaces infinis, Saint es-tu !

Toi, l'oracle que l'on interroge et prie à Delphes comme à Didymes, Saint es-tu !

Toi, Seigneur de Délos, qui voit toute chose et porte l'intelligence aux mortels que nous sommes, Saint es-tu !

Purs sont tes présages et lumineuses tes réponses !

Toi qui contemples du haut de l'éther infini, la terre et tous ceux qui s'y trouvent, écoute d'un cœur bienveillant ma parole qui monte vers toi.

Le commencement et la fin de toute chose t'appartiennent et il n'est pas de lieu, infini ou proche, obscur comme lumineux qui ne se trouve sous ton regard.

Les notes harmonieuses de ta lyre d'or équilibrent le cosmos et le destin des hommes. Chaque son, chaque rayon de lumière, apporte la manifestation de ta divine harmonie. Les saisons se succèdent les unes aux autres et les prairies au printemps se couvrent de fleurs alors que retentit ta mélodie.

Ô Dieu resplendissant de lumière et de puissance, je m'adresse à toi comme jadis le faisaient ceux qui te priaient.

Apollon, Seigneur resplendissant, toi dont la voix m'atteints portée par le vent, toi dont le sceau marque le cosmos tout entier, manifestes-toi à moi à cet instant, ainsi qu'à tous les initiés qui te prient ! »

DESCRIPTION DU TAROT DE P.F. CASE

Deux jeunes enfants nus sont debout sur un espace d'herbe verte. Ils se tiennent par la main. La fille est sur le côté droit. Un anneau vert sombre se trouve sous leurs pieds. Derrière eux se trouve un mur de pierres grises. Des tournesols en dépassent, trois du côté gauche, deux du côté droit. Dans le ciel rayonne un immense soleil que l'on voit de face. Il a huit rayons droits et huit rayons ondulés. Entre lui et le mur se trouvent douze Iod de couleur orange.

20- LE JUGEMENT

Nom italien : l'Angelo

Nom anglais : Judgement – the Last Judgment

Numéro de la carte : 20

Sentier de l'arbre de vie : 31°

Lettre hébraïque : Chin

Signification de la lettre : la dent

Note musicale : do naturel

Elément – planète – signe : Feu

Encens : oliban

Pierres : opale feu

Végétaux : hibiscus, ortie, pommier, chêne

Pouvoirs psychiques : évocation, transformation

Anatomie : L'arcane régit les organes qui contribuent à la circulation, à la régulation de l'énergie physiologique, l'appareil cardio circulatoire, le centre sympathique, le système musculo-neuro-moteur. Pour les anciens, il s'agissait de la tête, du cœur et des muscles.

Eléments psychologiques : cet arcane peut être utilisé lorsque nous ressentons le besoin de prendre contact avec les parties les plus essentielles et les plus élevées de notre être. Il en est de même quand nous ressentons la nécessité d'accomplir ce qui a été débuté et de lui donner toute la force flamboyante qui s'y trouve. C'est une sorte de réveil et d'expansion dans la réalisation de nos désirs.

COULEURS

Atzilouth : rouge ambré

Briah : rouge

Yetzirah : cadmium écarlate

Assiah : vermillon

NOMS DE PUISSANCE

Atzilouth : Elohim - Nombres du Tarot : (1-12-5-10-13)

Briah : Achiel - Nombres du Tarot : (1-21-1-12)

Yetzirah : Séraph - Nombres du Tarot : (21-20-17)

Assiah : Ech - Nombres du Tarot : (1-21)

GESTES DE L'ARCANE

1- Partant de la position de départ et sur une inspiration, élevez les bras vers l'avant et le haut (approximativement 60° de l'horizontale), les paumes des mains faisant face à l'intérieur, l'une vers l'autre. Votre regard est dirigé dans la même direction. Gardez la position quelques secondes, puis écartez les bras largement, les paumes vers l'avant, le regard toujours dans la même direction.

Gardez la position quelques secondes et enchaînez avec le geste qui suit.

2- Sans changer la position du corps, les bras sont croisés sur le poitrine, le gauche sur le droit. Pour cela, la main droite est ramenée sur l'avant du corps afin que la première phalange des doigts se trouvent à la hauteur de la clavicule gauche. En même temps le bras gauche est ramené sur le droit de telle sorte que la première phalange des doigts de la main gauche se trouve à la hauteur de la clavicule droite.

Le geste est maintenu quelques instants avant de se relever et de revenir à la position de départ.

CARACTERE DE L'ARCANE

Le jugement exprime l'idée de la réalisation. C'est l'aboutissement de la quête, le moment où tout ce qui a été accompli se réalise. Notre corps peut être considéré de deux manières. Dans un premier temps, il est le moyen de profiter de l'existence dans toute sa richesse. Dans un deuxième temps, il est une sorte de prison, de sarcophage qui emprisonne notre partie spirituelle qui ne peut alors ni s'en échapper facilement, ni même recevoir les impulsions de sa conscience ou des plans supérieurs. Les passions et le corps peuvent faire un filtre qui ne laisse passer que peu de choses issues des plans subtils. Nous sommes donc face à cette problématique. Le jugement nous indique le moment où l'âme enracinée dans le corps et ayant profité des possibilités qu'il offre, s'éveille et prend contact avec les dimensions qui le dépassent. L'impulsion de l'ange, la musique céleste, nous permettent de reprendre contact avec notre nature divine et de nous élever vers elle. Les trois personnages accomplissent avec leurs bras les gestes L.V.X. ce qui signifie la lumière. Cet arcane indique donc la réalisation de tout ce que nous avons entrepris.

L'HYMNE DES LOUANGES

« O Feu éclatant en ta puissance, riant en flammes, s'élançant vers le ciel.

Ta dent est acérée et dévore toutes choses sur terre, toutes choses transmutables,

Les maîtrisant de ta force incorruptible, les ramenant secrètement à leurs principes ! »

DESCRIPTION DU TAROT DE P.F. CASE

Le plan le plus bas est occupé par trois cercueils gris ouverts. Trois personnages aux corps également gris sont debout à l'intérieur. A gauche, se trouve une femme qui lève les bras tendus et parallèles vers le ciel et qui fait face à la droite de l'arcane, donc à l'homme qui s'y trouve. Du côté droit, se trouve un autre personnage tourné vers le ciel et face à la femme. Ses bras sont croisés sur sa poitrine, le gauche sur le droit. Au centre, se trouve un jeune enfant que l'on voit de dos. Il fait face au fond de la carte. Ses bras sont levés et écartés, de telle sorte qu'ils forment un V. Devant eux se trouve un fleuve. De l'autre côté, on aperçoit une chaine de montagnes bleutées. Le ciel est lui-même bleu. Un anneau de nuages contient un ange qui tient de ses deux mains une trompette dirigée vers le bas. Son vêtement est bleu, l'encolure blanche, ses cheveux blonds et ses grandes ailes rouges. Un rayonnement de douze rayons jaillit des nuages vers le bas de la scène. Sept rayons jaunes sortent de l'embouchure de la trompette.

21- LE MONDE

Nom italien : il Mondo

Nom anglais : the World – the Universe

Numéro de la carte : 21

Sentier de l'arbre de vie : 32°

Lettre hébraïque : Tav

Signification de la lettre : la croix en tau ou à branches égales.

Note musicale : la naturel

Elément – planète – signe : Saturne

Encens : storax, reine des prés

Pierres : onyx, sel, saphir

Végétaux : lierre, cyprès, rue, hêtre, frêne, aubépine, chêne

Pouvoirs psychiques : vision astrale, dialogue avec les plantes

Anatomie : l'arcane gouverne les **os**, les **dents**, les cartilages, la rate, la vessie, l'oreille droite. Il représente aussi tout ce qui obstrue, tout ce qui cristallise, ralentit, s'engorge, ce qui forme des obstacles, des calculs. On peut lui attribuer la plupart des maladies concernant le système

osseux, les douleurs rhumatismales, les ennuis des voies respiratoires en relation avec le froid. Il a une grande influence sur les fractures des jambes (plus spécialement pendant les sports d'hiver). Il affecte aussi le sens de l'ouïe. La peau et les dents.

Eléments psychologiques : cet arcane peut être utilisé lorsque nous cherchons à intégrer une connaissance, une pratique et à atteindre un état de conscience supérieur. Nous cherchons à parvenir à l'accomplissement total d'une action, d'une démarche. Il peut nous aider lorsque nous sommes face à un problème vis à vis duquel nous ne parvenons pas à entrevoir de solution. Il nous permet de nous recentrer après une période de trouble et de dispersion intérieure.

COULEURS

Atzilouth : rose

Briah : indigo

Yetzirah : noir mat

Assiah : noir métallique

NOMS DE PUISSANCE

Atzilouth : Iod Héh Vav Héh Elohim   - Nombres du Tarot : (10-5-6-5-1-12-5-10-13)

Briah : Ophiriel - Nombres du Tarot : (18-17-11-10-1-12)

Yetzirah : Keroub - Nombres du Tarot : (19-20-6-2)

Assiah : Chabataï - Nombres du Tarot : (21-2-22-1-10)

GESTES DE L'ARCANE

1- Partant de la position de départ et sur une inspiration, élevez les bras des deux côtés afin de les amener à l'horizontale, à la hauteur des épaules, les paumes des mains tournées vers le sol.

Gardez la position quelques secondes et enchaînez avec le geste qui suit.

2- Abaissez légèrement les bras d'un mouvement harmonieux, les mains ouvertes vers l'avant, les index et pouces de chacune refermés afin de créer le cercle habituel, les autres étant ouverts mais non raidis. Relevez en même temps la jambe gauche derrière la droite afin de rester sur le seul pied droit. Penchez légèrement votre tête sur la droite, votre regard se dirigeant vers cette direction.

Le geste est maintenu quelques instants avant de revenir à la position de départ.

CARACTERE DE L'ARCANE

Cette carte parachève la série des 22 arcanes. Elle est l'accomplissement de toutes choses, la conscience cosmique manifestée dans notre être. Nous pourrions rapprocher cet état d'une contemplation active. Cette dernière est le moment où il n'y a plus de distance entre notre conscience et ce qui est vu. Lorsque nous tournons notre esprit vers la sagesse et la vérité dans une tentative visant à les saisir dans leur nature essentielle, notre âme s'élève jusqu'à leur hauteur et toute distance disparaît alors. Nous atteignons une compréhension intérieure immédiate. Mais ce qui pourrait devenir une disparition, une fusion qui effacerait l'être, demeure ici au stade de l'expérience intérieure. Cette danse cosmique exprime l'état de celui qui a intégré ces vérités, mais qui ne s'est pas pour autant fusionné dans une disparition de sa conscience. C'est un état paradoxal qui fait que nous sommes en union directe avec une forme de conscience supérieure, sans perdre pour autant notre personnalité. La lettre hébraïque nous donne une idée de finalité, d'accomplissement du Grand Œuvre. Nous atteignons de cette façon une sorte d'intelligence du cœur, de perception par l'intermédiaire de la partie la plus intime de notre être. C'est une sorte de compréhension profonde qui ne passe pas par l'intellect, mais l'utilise.

L'HYMNE DES LOUANGES

« A toi la marque de l'Achèvement, Être accompli, Somme des existences.

A toi la Porte ultime, ouverte sur le mystère indicible de la Nuit.

A toi le premier pas hésitant dans les ténèbres de ceux, qui à l'instant naissent au Labyrinthe ! »

L'HYMNE ORPHIQUE

"Ô Kronos, fils de la verte Gaia et d'Ouranos étoilé, père des Dieux et des hommes, écoute ma voix !

Toi qui règles le rythme du temps, toi qui nais, croît et décroît, écoute ma voix !

Toi qui es capable de prévoir toute chose, écoute ma voix !

Toi qui es présent dans toutes les parties de l'univers, écoute ma voix !

Toi qui détruit et construit, toi dont les lois s'étendent à tout la cosmos, écoute ma voix !

Toi, Ô Kronos, ancêtre de tous les êtres vivants, toi le pur, le robuste, le courageux, écoute ma voix, qui te prie et t'invoque !

Réponds à mon appel comme à tous ceux qui ne t'ont pas oublié et accorde-moi, lorsque le moment sera venu une fin heureuse et pure !"

DESCRIPTION DU TAROT DE P.F. CASE

Le centre de la scène est occupé par une femme nue dansant au milieu d'une couronne de verdure nouée de deux rubans rouges croisés en haut et en bas en forme de X sur un fond de ciel bleu. Un ruban de tissus violet passe sur son épaule gauche et descend devant son bas ventre. Ses deux bras sont légèrement écartés vers le bas. Elle tient dans ses mains deux spirales qui rayonnent. Quatre nuages gris sont placés aux quatre angles. Dans celui de gauche, en haut, se trouve une tête d'ange aux cheveux blonds. En haut à droite, une tête d'aigle est tournée dans la direction de l'ange. En bas à droite, une tête de lion nous fait face et en bas, à gauche, une tête de taureau fait face à l'extérieur gauche de la carte.

N° des Sentiers	Lames majeures	Planètes, signes astrologiques, éléments	Symboles	Carré magique du Tarot	Lettres hébraïques	Lettres hébraïques
11	0- Le mat	Terre	☦	Elémental	Aleph	א
12	1- Le bateleur	Mercure	☿	Mercure	Beth	ב
13	2-La papesse	Lune	☾	Lune	Guimel	ג
14	3- L'impératrice	Vénus	♀	Vénus	daleth	ד
15	4- L'empereur	Bélier	♈	Mars	he	ה
16	5- Le pape	Taureau	♉	Vénus	vav	ו
17	6- L'amoureux	Gémeaux	♊	Mercure	zain	ז
18	7- Le chariot	Cancer	♋	Lune	ret	ח
19	8- La force	Lion	♌	Soleil	tet	ט
20	9- L'ermite	Vierge	♍	Mercure	iod	י
21	10- La roue de la fortune	Jupiter	♃	Jupiter	kaph	ק
22	11- La justice	Balance	♎	Vénus	lamed	ל
23	12- Le pendu	Eau	▽	Elémental	mem	מ
24	13- La mort	Scorpion	♏	Mars	noun	נ
25	14- La tempérance	Sagittaire	♐	Jupiter	samer	ס

26	15- Le diable	Capricorne	♑	Saturne	ayin	ע
27	16- La maison dieu	Mars	♂	Mars	peh	פ
28	17- L'étoile	Verseau	♒	Saturne	tsaddi	צ
29	18- La lune	Poissons	♓	Jupiter	qoph	ק
30	19- Le soleil	Soleil	☉	Soleil	rech	ר
31	20- Le jugement	Feu	△	Elémental	chin	ש
32	21- Le monde	Saturne	♄	Saturne	tav	ת

PARTIE III – HARMONISATION PSYCHIQUE ET INTEGRATION

1- Conseils introductifs

Nous abordons dans cette partie la dimension proprement pratique du Tarot. Dans les chapitres précédents, nous avons vu qu'il existait plusieurs façons d'apprendre et d'assimiler son contenu. La partie proprement théorique a été étudiée dans le chapitre précédent. Vous pourrez vous y reporter régulièrement lorsque vous aurez besoin de retrouver des éléments précis. Après avoir lu la partie précédente dans laquelle vous avez découvert les différents éléments caractérisant les cartes du Tarot, vous vous êtes sans doute rendu compte que la connaissance que vous avez des cartes reste théorique. En effet, vous avez commencé à acquérir les éléments de base, mais que vous ne les avez pas véritablement assimilés. Ils ne font pas encore pleinement partie de vous. Nous pourrions dire d'une certaine manière, qu'ils ne vous ont pas été utiles jusque-là, sinon pour une simple satisfaction intellectuelle. Le Tarot ne vous a pas pénétré et transformé. Vous n'êtes pas encore entré dans son monde. N'oublions pas, comme nous l'avons dit dans le premier chapitre, que nous agissons réellement sur une dimension psychique et que le travail sur le Tarot manifeste une dimension réelle de transformation de soi.

C'est pour cette raison, qu'après avoir parcouru les éléments théoriques qui précèdent, il vous appartient maintenant de passer à une étape plus avancée du travail. Il convient de s'aventurer un peu plus loin dans le monde du Tarot, de faire ses premiers pas sur le chemin de l'harmonisation individuelle. Nous allons nous fonder sur un système et une progression cohérente. C'est pour cette raison, comme vous allez le voir, que l'enchaînement des cartes du Tarot n'est pas celui auquel nous sommes habitués. Dans la mesure où nous travaillons ici sur une dimension invisible et psychique, le processus d'harmonisation ne peut pas être entamé de n'importe quelle manière. La progression doit être rigoureuse et équilibrée tout au long du travail. C'est pour cette raison que les traditions opératives du Tarot ont fixé un ordre précis. C'est celui que nous allons suivre. Vous pourrez vous reporter au schéma de l'arbre de vie pour comprendre quelle est la logique de travail.

Nous vous suggérons de suivre de façon rigoureuse cette méthode. Il est bon de garder un rythme de travail régulier et de ne pas espacer de façon trop importante les séquences de pratique consacrées à chacune des cartes. Vous avez le choix ici, entre une approche fondée sur la méditation et la visualisation et une technique rituelle plus complète. Il est bien évident que la seconde fait appel à des énergies beaucoup plus importantes, qui se rattachent à ce que nous avons appelé l'invocation. Toutefois, la méditation et la visualisation sont tout à fait suffisantes pour entrer dans le monde du Tarot et débuter l'harmonisation intérieure. La différence essentielle réside dans l'ancrage intérieur de cette pratique. Comme vous l'imaginez, cette première technique est liée à l'évocation. Elle sert également de fondement à la seconde qui ne peut s'en passer. Dans une pratique avancée, un rite doit impliquer l'acquis des méditations et une maîtrise aussi précise que possible de la visualisation.

Nous allons maintenant vous fournir les indications indispensables pour chacune des approches.

1. RYTHME DE PRATIQUE

La première fois où vous entreprendrez ce travail intérieur à l'aide des arcanes du Tarot, nous vous recommandons de respecter une certaine régularité afin de conserver la cohérence et l'équilibre du système. Vous devez donc suivre l'ordre des arcanes indiqué plus bas. Vous aurez ensuite plusieurs possibilités de pratique. Vous pourrez utiliser la série complète en accomplissant un seul rite par arcane. Vous essaierez dans ce cas de conserver un rythme régulier, par exemple quotidien, constituant ainsi un ensemble de 22 jours ou de 44 jours si vous choisissez d'œuvrer un jour sur deux. Il s'agit là d'un idéal qui ne doit pas vous empêcher de pratiquer si vous ne pouvez pas être aussi régulier. Dans tous les cas, mieux vaut une pratique irrégulière qu'aucune… A la suite de ce cycle, vous passerez au suivant que vous trouverez plus bas et que nous nommons la descente de l'énergie de Mezla.

Ce n'est qu'après que vous pourrez approfondir votre connaissance et votre pratique en revenant sur chacun des arcanes, reprenant la même trame dans le déroulement de la séance. Vous vous rendrez alors compte de l'intérêt d'accomplir plusieurs fois ce type de méditation.

2. *PRÉPARATION DE LA PÉRIODE DE TRAVAIL*

Il est bon de choisir un moment dans la journée durant lequel pouvez être tranquille, isolé, votre environnement étant le plus calme possible. L'intention est de vous isoler afin de vous relaxer et d'apaiser votre mental. Il est parfois bon de choisir une période très matinale, ou au contraire un peu avancé dans la soirée. Mais notons que ceci diffère pour chacun et que vous déciderez seul de la période qui répond le mieux à ces critères. Nous vous suggérons de revêtir des habits d'intérieur agréables et décontractés qui ne vous serrent pas afin de ne pas perturber la circulation naturelle des énergies. Il faut que vous ayez une sensation de bien-être et de décontraction. Vous trouverez par vous-même les moyens vous permettant de rajouter à cette préparation intérieure. Pour certains il s'agira de prendre une tisane, une douche, etc. Choisissez ce qui vous met à l'aise.

Ceci fait, retirez-vous dans une pièce ou une partie de la maison dans laquelle vous êtes sûr de ne pas être dérangé. Pensez à débrancher tous les moyens modernes de communication (et de dérangement…) téléphone et autre appareil. Si quelqu'un est dans votre domicile, demandez à ne pas être dérangé. Si la sonnette retentit pendant votre travail, ignorez-la. Pensez également à ne pas être perturbé par vos besoins naturels…

Il vous faut une petite table, coiffeuse ou quoi que ce soit de ce genre sur lequel vous pourrez poser votre livre, vos éventuelles notes, votre jeu de Tarot et les différents éléments de travail. S'il s'agit d'une coiffeuse ou de quoi que ce soit d'autre qui possède un miroir, voilez celui-ci à l'aide d'un tissu agréable à la vue, mais qui empêche la réfraction de votre image.

Pour la partie méditative et évocatoire, vous aurez besoin d'une nappe blanche, de deux bougeoirs avec deux bougies blanches (ou mieux de cire d'abeille) et éventuellement d'encens. Ce dernier sera choisi librement selon votre goût, dans ce type de pratique. Devant cette table, vous placerez une chaise ou un fauteuil confortable.

Pour la pratique invocatoire et rituelle, vous procéderez de la même manière que précédemment, mais vous penserez à prévoir de l'espace devant, pour pouvoir effectuer les gestes requis. Il faudra également prévoir les éléments qui seront mentionnés dans chacune des parties.

Si cela vous est possible, faites-en sorte que votre chaise ou fauteuil, qui est face au lieu de travail, soit également face à l'Est. (Si vous ignorez ou se trouve cette direction cardinale, vous pouvez évidemment utiliser une boussole.)

3. *RELAXATION*

Après avoir installé ce qui est requis, asseyez-vous et allumez les deux bougies en commençant par celle de droite. Installez-vous confortablement. Si c'est un fauteuil, prenez soin d'avoir votre dos bien droit. Posez ensuite vos mains à plat sur le dessus de vos cuisses, tout en commençant à respirer tranquillement et paisiblement. Commencez par une relaxation. Notez que vous la contrôlerez de mieux en mieux au fur et à mesure de votre avancement et arriverez ensuite plus aisément au résultat.

Le modèle de relaxation que nous vous donnons ci-dessous est un exemple que vous pouvez réutiliser dans toute circonstance et avant chaque pratique.

La relaxation est une étape importante de tout travail. Elle vous permet de vous mettre en bonne condition. En effet, la concentration réclamée par les exercices, associée au stress de la nouveauté et au désir de réussir le mieux possible, peuvent vous faire perdre du temps et de l'efficacité si vous ne prenez pas l'habitude de pratiquer la relaxation et de l'associer à chacun de vos exercices.

Si vous ne connaissez pas encore ces techniques, nous vous recommandons de vous entraîner à la relaxation avant de commencer à pratiquer. Vous trouverez facilement différentes méthodes, mais nous vous recommandons de choisir les plus simples. C'est ce que nous faisons ici en vous indiquant les bases nécessaires et suffisantes. Encore une fois, si vous n'avez jamais pratiqué de relaxation, faites-la pour la première fois sans l'associer aux exercices sur le Tarot.

Pour cette toute première fois, vous pouvez donc la pratiquer étendu, mais vous adapterez cette technique à la position assise dès que vous le pourrez.

Étendez-vous sur le dos sur une surface assez ferme, les bras le long du corps et les jambes étendues, légèrement écartées. Ne portez pas de vêtements serrés, mais ayez suffisamment chaud pour être à l'aise.

Faites-en sorte que l'ambiance ne soit ni trop bruyante, ni trop éclairée. Sachez trouver le juste équilibre.

Fixez-vous sur votre respiration en l'écoutant et en l'observant. Restez simplement tranquille, observant l'air qui entre et sort de vos poumons. Inspirez par les narines et non par la bouche. Observez la circulation de l'air à partir du moment où il entre dans les narines, descend dans les poumons, s'y répand et y demeure quelques instants. Procédez de même pour l'expiration. Suivez ces mouvements sans crispation pendant quelques minutes. Vous aurez de toute façon à y revenir de temps à autre tout au long de la relaxation.

Vous allez commencer par porter votre attention sur votre pied droit. Imaginez que celui-ci est lourd et décontracté. Imaginez qu'une douce chaleur l'envahit. Cette imagination va devenir rapidement réelle et vous allez sentir cette sensation visualisée. Vous pouvez détailler chacune des parties du pieds, ou simplement après la perception globale vous concentrer sur un point que vous sentez encore tendu. Dès que la perception de la lourdeur est nette, faites-la remonter le long de votre jambe droite jusqu'à la hanche droite. Procédez de la même façon en revenant sur les parties qui ne sont pas suffisamment décontractées. Faites attention à ne pas vous crisper mentalement pendant ce travail. Il faut être à la fois acteur et observateur.

Revenez de temps en temps à votre respiration. Observez là, prenez en conscience, puis reprenez votre visualisation.

Procédez de la même manière avec le pied gauche et la jambe gauche, comme vous venez de le faire avec la droite.

Revenez à la respiration.

Puis concentrez-vous sur la main droite. Imaginez que votre main s'alourdit, qu'une douce chaleur l'envahit. Observez les doigts, le dessus de la main, le creux de la main, le poignet droit, l'avant-bras, le coude droit et faites remonter cette lourdeur jusqu'à l'épaule droite. Revenez régulièrement à l'observation de la respiration.

Procédez de même avec la main gauche, le bras gauche, jusqu'à l'épaule gauche.

Occupez-vous de votre bas ventre, de votre ventre, de votre dos, de votre poitrine en remontant jusqu'au cou. Cette visualisation, cette chaleur, cette lourdeur, ne vont pas gêner votre respiration à laquelle vous revenez de temps en temps.

Occupez-vous maintenant de votre crâne. Commencez par le cuir chevelu, par le sommet du crâne, puis descendez vers l'arrière, vers votre nuque. Alourdissez et détendez ensuite votre visage en commençant par la racine des cheveux en haut du front et en descendant sur le visage, le front, les sourcils, les paupières, les yeux, les pommettes, les tempes, les joues et le menton. Parcourez de nouveau l'ensemble de votre visage. Terminez ensuite par le cou. Respirez tranquillement.

Imaginez maintenant que votre corps tout entier est lourd sans que cette sensation soit oppressante. Vous êtes envahi par une douce tiédeur et torpeur. Vous êtes entièrement décontracté. Observez votre respiration et ressentez cette tranquillité.

Imaginez maintenant que votre corps tout entier est entouré d'une légère brume vibrante approximativement d'une épaisseur de la largeur de quatre doigts. Vous imaginez une couleur agréable, vibrante et douce. Cet ovoïde vous entoure sur tous les côtés. Vous êtes au centre. Vous allez alors vous sentir léger et décontracté. Observez votre respiration et ressentez cette tranquillité et légèreté. Cette dernière va s'intensifier et vous allez ressentir une sensation d'apesanteur. Profitez de cette sensation en vous y abandonnant, sans pour cela perdre conscience. Vous pouvez dans certains cas percevoir, ressentir un mouvement qui se rapproche de celui que vous éprouveriez dans un hamac ou en flottant dans une eau chaude très salée.

Dans le cas où vous faites la relaxation sans autre objectif que celle-ci, vous pouvez visualiser ensuite une scène qui vous est agréable.

Dans le cas où vous accomplissez cette relaxation avant de faire un exercice sur le Tarot, et donc dans une position assise, vous pouvez après un peu de pratique, globaliser la relaxation en l'associant mentalement à quelques cycles respiratoires, parcourant rapidement votre corps comme vous avez l'habitude de le faire lors de la technique complète. Il faut parvenir à faire en sorte que votre respiration devienne un rappel, un ancrage de la relaxation.

Si vous êtes étendus, vous reprendrez conscience au bout d'un moment qui ne sera pas trop long. Pour cela, respirez quelques fois plus profondément et bougez légèrement l'extrémité de vos membres. Faites-en sorte que ces mouvements ne soient pas brusques. Prenez le temps de reprendre progressivement conscience de vos membres et levez-vous pour revenir à vos activités.

Notez dans tous les cas que si la relaxation est un préalable utile et

intéressant, tous les exercices du Tarot peuvent être effectués sans que vous la mettiez à l'œuvre systématiquement. Elle ne doit pas être un préalable absolu.

Il serait bien évidemment plus facile que la relaxation soit guidée par une voix extérieure. Ceux d'entre vous qui possèdent une connexion internet, peuvent se rendre sur le site de l'auteur. Vous y trouverez des éléments audio permettant une relaxation guidée qui pourra vous servir de modèle et vous aider éventuellement à compléter ces éléments techniques.

2- L'INTEGRATION DE L'ARBRE DE VIE

1. ORDRE DE TRAVAIL DES DIFFERENTES LAMES MAJEURES DU TAROT

(Les noms utilisés ici sont ceux du Tarot de Marseille)

La liste présentée ci-dessous vous indique l'ordre dans lequel nous allons travailler sur les cartes du Tarot visant par-là deux objectifs essentiels : rétablir une harmonie de notre être sur tous les plans et assimiler les arcanes eux-mêmes.

Lames majeures : 21. Le monde

N° des Sentiers : 32

Planètes, signes astrologiques, éléments : Saturne

Carré magique : Saturne

Lames majeures : 20- Le jugement

N° des Sentiers : 31

Planètes, signes astrologiques, éléments : Feu

Carré magique : Eléments

Lames majeures : 18- La lune

N° des Sentiers : 29

Planètes, signes astrologiques, éléments : Poissons

Carré magique : Jupiter

Lames majeures : 19- Le soleil

N° des Sentiers : 30

Planètes, signes astrologiques, éléments : Soleil

Carré magique : Soleil

Lames majeures : 17- L'étoile

N° des Sentiers : 28

Planètes, signes astrologiques, éléments : Verseau

Carré magique : Saturne

Lames majeures : 16- La maison dieu

N° des Sentiers : 27

Planètes, signes astrologiques, éléments : Mars

Carré magique : Mars

Lames majeures : 15- Le diable

N° des Sentiers : 26

Planètes, signes astrologiques, éléments : Capricorne

Carré magique : Saturne

Lames majeures : 13- La mort

N° des Sentiers : 24

Planètes, signes astrologiques, éléments : Scorpion

Carré magique : Mars

Lames majeures : 14- La tempérance

N° des Sentiers : 25

Planètes, signes astrologiques, éléments : Sagittaire

Carré magique : Jupiter

Lames majeures : 9- L'ermite

N° des Sentiers : 20

Planètes, signes astrologiques, éléments : Vierge

Carré magique : Mercure

Lames majeures : 11- La justice

N° des Sentiers : 22

Planètes, signes astrologiques, éléments : Balance

Carré magique : Vénus

Lames majeures : 12- Le pendu

N° des Sentiers : 23

Planètes, signes astrologiques, éléments : Eau

Carré magique : Eléments

Lames majeures : 10- La roue de la fortune

N° des Sentiers : 21

Planètes, signes astrologiques, éléments : Jupiter

Carré magique : Jupiter

Lames majeures : 8- La force

N° des Sentiers : 19

Planètes, signes astrologiques, éléments : Lion

Carré magique : Soleil

Lames majeures : 4- L'empereur

N° des Sentiers : 15

Planètes, signes astrologiques, éléments : Bélier

Carré magique : Mars

Lames majeures : 6- L'amoureux

N° des Sentiers : 17

Planètes, signes astrologiques, éléments : Gémeaux

Carré magique : Mercure

Lames majeures : 5- Le pape

N° des Sentiers : 16

Planètes, signes astrologiques, éléments : Taureau

Carré magique : Vénus

Lames majeures : 7- Le chariot

N° des Sentiers : 18

Planètes, signes astrologiques, éléments : Cancer

Carré magique : Lune

Lames majeures : 3- L'impératrice

N° des Sentiers : 14

Planètes, signes astrologiques, éléments : Vénus

Carré magique : Vénus

Lames majeures : 0- Le mat

N° des Sentiers : 11

Planètes, signes astrologiques, éléments : Terre

Carré magique : Eléments

Lames majeures : 1- Le bateleur

N° des Sentiers : 12

Planètes, signes astrologiques, éléments : Mercure

Carré magique : Mercure

Lames majeures : 2-La papesse

N° des Sentiers : 13

Planètes, signes astrologiques, éléments : Lune

Carré magique : Lune

2. SCHEMA DE BASE DES PRATIQUES EVOCATOIRES D'HARMONISATION

Conditions générales

Lieu : une pièce calme.

Temps : un moment pendant lequel vous pensez ne pas être dérangé.

Direction : autant que possible face à l'Est.

Espace de travail : un table (ou quelque surface place que ce soit) recouverte d'une nappe blanche.

Eléments : Deux chandeliers (1-2) et deux bougies de cire naturelle d'abeille (ou bougie blanche), votre jeu de Tarot (7). Une reproduction d'une taille plus importante de la carte (3) sur laquelle vous allez travailler, posée à la verticale à la hauteur des bougies et recouverte d'un voile si possible de la couleur correspondante à la carte dans le monde de Yetzirah. (Voir indications dans la partie traitant de la fabrication des cartes et les tables de correspondance de couleurs dans le chapitre précédent.) Si vous ne pouvez trouver la couleur correspondante, utilisez un voile noir. Ce livre (5) qui vous sert de base de travail. Un cahier de notes (6) avec ce qui vous sera nécessaire pour les notes. L'éventuel encens (4). Une chaise (8) ou un fauteuil face à la table.

Habillement : habits confortables et décontractés.

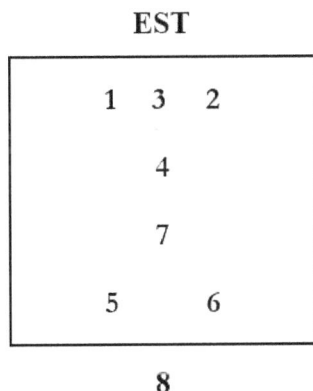

EST

```
┌─────────────────────┐
│                     │
│   1   3   2         │
│                     │
│       4             │
│                     │
│       7             │
│                     │
│   5       6         │
│                     │
└─────────────────────┘
          8
```

Ouverture

Vous êtes debout, devant votre espace de travail. Votre chaise est légèrement en arrière.

Vous restez dans cette position pendant quelques instants, respirant tranquillement, les yeux clos ou mi-clos.

Ouvrez les yeux, allumez la bougie de droite, puis celle de gauche.

Relaxation

Asseyez-vous et entamez la procédure de relaxation expliquée plus haut.

Animation de l'arcane

Au terme de la relaxation, ouvrez les yeux et ôtez le voile qui se trouve sur la reproduction de la lame du Tarot sur laquelle vous allez travailler.

Conservez votre décontraction et fixez l'arcane du Tarot de telle sorte que vous vous imprégniez de chacun des détails qui le composent. Ne vous crispez pas sur cette mémorisation ou cette contemplation. Faites-en sorte que votre regard soit détendu et ne se fixe pas sur un point particulier. Parcourez du regard les différents détails. Ne perdez pas de vue l'ensemble du tableau. De temps à autre, fermez vos yeux et remémorez-vous l'image en la réexaminant dans votre esprit. Elle apparaît rarement comme une image claire, une photo que vous contempleriez dans votre esprit. C'est plutôt une idée à laquelle vous pensez, identique à l'image de quelqu'un que vous connaissez et à qui vous pensez. Bien évidemment, elle sera d'autant plus nette que votre travail sera avancé. Cette pratique doit durer quelques minutes.

Gardez maintenant les yeux clos. Imaginez que la carte devant vous s'agrandit à une taille proche de la vôtre. Il ne s'agit plus d'une représentation extérieure, mais d'une scène réelle qui se trouve devant vous. Vous êtes sur le pas de la porte de ce monde. Vous l'observez comme si le personnage de l'arcane était devenu vivant. Puis vous allez imaginer -en pensée- que vous vous levez, que vous faites un pas afin d'entrer véritablement dans le paysage. Le ou les personnages ont un aspect vivant, de la même manière que le décor qui vous entoure. Restez attentif, observateur de l'ambiance, des sons, des odeurs, de l'ensemble de vos sens ici renouvelés.

Le voyage

Puis vous allez entrouvrir les yeux et lire la description de la scène dans laquelle vous êtes, ou au contraire l'écouter si vous l'avez enregistré au préalable.

Nous vous recommandons d'utiliser les descriptions du Tarot de P.F. Case fournies dans le deuxième chapitre. Des voyages très complets qui en sont le prolongement sont utilisés dans les stages. Vous pouvez en lire quelques extraits en annexe.

L'intégration

Après quelques instants de contemplation, relâchez vos visualisations en vous recentrant sur votre respiration et votre corps.

Puis imaginez que votre corps est entièrement entouré de pure lumière de la couleur briatique correspondante. (Voir chapitre 2)

En gardant cette lumière présente à votre esprit, prononcez les phrases de l'hymne des louanges correspondantes. (Voir chapitre 2)

Au bout de quelques instants, conservez cette sensation et perception de lumière qui vous entoure et imaginez que la couleur change pour passer à la couleur yetziratique.

En gardant cette lumière présente à votre esprit, prononcez l'éventuel hymne orphique correspondant.

Gardez la lumière quelques instant encore présente à votre esprit puis procédez de même en passant à la couleur en assiah.

Intensifiez encore quelques instants cette couleur, puis essayant de rester mentalement dans cette ambiance lumineuse, levez-vous, reculez la chaise ou le fauteuil et accomplissez les gestes de l'arcane. (Voir chapitre 2)

Relâchez toute visualisation et asseyez-vous de nouveau.

Centrez-vous sur votre respiration, détendez-vous.

Vous pouvez maintenant bouger tranquillement vos membres et revenir à votre conscience ordinaire.

Fermeture

Revoilez l'arcane choisi, puis éteignez les bougies en commençant par celle de gauche.

Notez dans votre cahier, vos impressions, remarques, idées qui peuvent s'être manifestées durant la pratique.

3. EXEMPLE : ARCANE 21 - LE MONDE - TRAVAIL D'HARMONISATION DU 32° SENTIER DE L'ARBRE DE VIE

Note : les passages en petits caractères sont les éléments communs à tous les travaux d'harmonisation.

Ouverture

Vous êtes debout dans des habits agréables, devant votre espace de travail. Votre chaise est légèrement en arrière.

Vous restez dans cette position pendant quelques instants, respirant tranquillement, les yeux clos ou mi-clos.

Ouvrez les yeux et allumez la bougie de droite, puis celle de gauche.

Relaxation

Asseyez-vous et entamez la procédure de relaxation expliquée plus haut.

Animation de l'arcane

Au terme de la relaxation, ouvrez les yeux et ôtez le voile noir mat qui se trouve sur la reproduction de la lame du Tarot sur laquelle vous allez travailler.

Conservez votre décontraction et fixez l'arcane du Tarot de telle sorte que vous vous imprégniez de chacun des détails qui la composent. Ne vous crispez pas sur cette mémorisation ou cette contemplation. Faites-en sorte que votre regard soit détendu et ne se fixe pas sur un point particulier. Parcourez du regard les différents détails. Ne perdez pas de vue l'ensemble du tableau. De temps à autre, fermez vos yeux et remémorez-vous l'image en la réexaminant dans votre esprit. Elle apparaît rarement comme une image claire, une photo que vous contempleriez dans votre esprit. Elle est plutôt une idée à laquelle vous pensez, identique à l'image de quelqu'un que vous connaissez et auquel vous pensez. Bien évidemment elle sera d'autant plus nette que votre travail sera avancé. Cette pratique doit durer quelques minutes.

Gardez maintenant les yeux clos. Imaginez que la carte devant vous s'agrandit à une taille proche de la vôtre. Il ne s'agit plus d'une représentation extérieure, mais d'une scène réelle qui se trouve devant vous. Vous êtes sur le pas de la porte de ce monde. Vous l'observez comme si le personnage de l'arcane était devenu vivant. Puis vous allez imaginer que vous vous levez, que vous faites un pas afin d'entrer véritablement dans le paysage. Le ou les personnages ont un aspect vivant, de la même manière que le décor qui vous entoure. Restez attentif, observateur de l'ambiance, des sons, des odeurs, de l'ensemble de vos sens ici renouvelés.

Le voyage

Puis vous allez entrouvrir les yeux et lire la description de la scène dans laquelle vous êtes, ou au contraire l'écouter si vous l'avez enregistré au préalable.

Une impression de légèreté envahit votre corps. Vous vous laissez entraîner par cette sensation. Un doux vent frôle votre visage. Vous êtes détendu. Vous êtes très haut dans un ciel bleu clair, et de très légers nuages blancs vous entourent.

Devant vous, une femme nue danse dans un écrin de nuages légers. Un halo de lumière verdâtre l'entoure comme une couronne de verdure qui semble nouée de deux rubans rouges croisés en haut et en bas en forme de X. Un ruban de tissus violet passe sur son épaule gauche et descend devant son bas ventre. Ses deux bras sont légèrement écartés vers le bas. Elle tient dans ses mains deux spirales rayonnantes. Un courant d'énergie puissant semble passer dans ces spirales et irradier la zone proche. Vers le haut à gauche on devine dans un léger nuage une tête blonde d'apparence angélique qui regarde en direction de la femme nue. Vers le haut à droite, la tête d'un aigle est tournée dans la direction de l'ange. En bas, vers la droite, une tête de lion nous faisant face, l'air paisible tandis qu'en bas à gauche une tête de taureau regarde loin vers la gauche. Cette scène nous donne une impression de plénitude et d'apaisement. Nous nous avançons et nous prenons la place de cette femme nue. Nous recréons la scène en la voyant maintenant de l'intérieur. Nous sommes au milieu du ciel, entourée d'un halo de verdure. Notre corps est nu et nous ressentons avec plaisir la caresse légère du souffle du vent. Nous regardons intérieurement en levant la tête et en l'abaissant la présence des quatre créatures qui nous entourent. Nous nous recentrons sur ce corps féminin, ressentant chacune des parties. Abaissant notre regard vers le sol, nous voyons les sommets des montagnes, loin au-dessous de nous.

L'intégration

Après quelques instants de contemplation, relâchez vos visualisations en vous recentrant sur votre respiration et votre corps.

Puis imaginez que votre corps est entièrement entouré de pure lumière de la couleur briatique, bleu indigo.

En gardant cette lumière présente à votre esprit prononcez les phrases de l'hymne des louanges correspondantes.

« A toi la marque de l'Achèvement, Être accompli, Somme des existences.

A toi la Porte ultime, ouverte sur le mystère indicible de la Nuit.

A toi le premier pas hésitant dans les ténèbres de ceux, qui à l'instant naissent au Labyrinthe ! »

Au bout de quelques instants, conservez cette sensation et perception de lumière qui vous entoure et imaginez que la couleur change pour passer à la couleur yetziratique, noir mat.

En gardant cette lumière présente à votre esprit prononcez l'hymne orphique correspondant.

"Ô Kronos, fils de la verte Gaia et d'Ouranos étoilé, père des Dieux et des hommes, écoute ma voix !

Toi qui règles le rythme du temps, toi qui nais, croît et décroît, écoute ma voix !

Toi qui es capable de prévoir toute chose, écoute ma voix !

Toi qui es présent dans toutes les parties de l'univers, écoute ma voix !

Toi qui détruit et construit, toi dont les lois s'étendent à tout la cosmos, écoute ma voix !

Toi, Ô Kronos, ancêtre de tous les êtres vivants, toi le pur, le robuste, le courageux, écoute ma voix, qui te prie et t'invoque !

Réponds à mon appel comme à tous ceux qui ne t'ont pas oublié et accorde-moi, lorsque le moment sera venu une fin heureuse et pure !"

Gardez la lumière quelques instant encore présente en votre esprit puis procédez de même en passant à la couleur en assiah, noir métallique.

Intensifiez encore quelques instants cette couleur, puis essayant de rester mentalement dans cette ambiance lumineuse, levez-vous, reculez la chaise ou le fauteuil et accomplissez les gestes de l'arcane.

1- Partant de la position de départ et sur une inspiration, élevez les bras des deux côtés afin de les amener à l'horizontale, à la hauteur des épaules, les paumes des mains tournées vers le sol.

Gardez la position quelques secondes et enchaînez avec le geste qui suit.

2- Abaissez légèrement les bras d'un mouvement harmonieux, les mains ouvertes vers l'avant, les index et pouces de chacune refermés afin de créer le cercle habituel, les autres étant ouverts mais non raidis. Relevez en même temps la jambe gauche derrière la droite afin de rester sur le seul pied droit. Penchez légèrement votre tête sur la droite, votre regard se dirigeant vers cette direction.

Le geste est maintenu quelques instants avant de revenir à la position de départ.

Relâchez toute visualisation et asseyez-vous de nouveau.

Centrez-vous sur votre respiration, détendez-vous.

Vous pouvez maintenant mouvoir tranquillement vos membres et revenir à votre conscience ordinaire.

Fermeture

Revoilez l'arcane choisi, puis éteignez les bougies en commençant par celle de gauche.

4. SCHEMA DE BASE DES PRATIQUES INVOCATOIRES D'HARMONISATION

Comme nous l'avons indiqué plus haut, cette pratique invocatoire est un aspect plus intense de l'harmonisation précédente.

Il est bon de l'effectuer à la suite des pratiques évocatoires d'harmonisation, en suivant la même progression. Ceci signifie que vous pouvez accomplir le cycle indiqué précédemment au niveau des évocations et ensuite le parcourir de nouveau avec cette technique plus complète. Etant donné que vous aurez déjà travaillé sur l'intégration du symbolisme de la carte et que vous ne visez que l'activation en vue de l'harmonisation, il sera inutile de reprendre les points que nous avons précisés comme facultatifs et qui correspondent aux visualisations de la carte.

Vous pouvez également choisir de débuter directement par les pratiques invocatoires d'harmonisation, laissant de côté les pratiques évocatoires pour la première fois. Vous aurez alors soin d'intégrer dans le schéma qui suit les paragraphes facultatifs et que vous retrouvez dans le schéma précédent. Tout cela vous paraîtra parfaitement clair lors de la lecture des textes qui suivent.

Conditions générales

Lieu : une pièce calme.

Temps : un moment pendant lequel vous pensez ne pas être dérangé.

Direction : autant que possible face à l'Est.

Espace de travail : une table (ou quelque surface que ce soit) recouverte d'une nappe blanche.

Eléments : Deux chandeliers (1-2) et deux bougies de cire naturelle d'abeille (ou bougies blanches), votre jeu de Tarot (7). Une reproduction d'une taille plus importante de la carte (3) sur laquelle vous allez travailler, posée à la verticale à la hauteur des bougies et recouverte d'un voile si possible de la couleur correspondante à la carte dans le monde de Yetzirah. (Voir indications dans la partie traitant de la fabrication des cartes et les tables de correspondance de couleurs dans le chapitre précédent.) Si vous ne pouvez trouver la couleur correspondante, utilisez un voile noir. Ce livre (5) qui vous sert de base de travail. Un cahier de notes (6) avec ce qui vous sera nécessaire pour les notes. L'éventuel encens (4). Une chaise (8) ou un fauteuil face à la table.

La reproduction du carré magique du Tarot (9) correspondant à l'arcane avec laquelle vous allez agir. (Reportez-vous à la partie sur les carrés magiques du Tarot qui vous indiquera de quelle façon choisir le carré qui correspond) Les signatures et les noms correspondants.

Habillement : habits confortables et décontractés.

EST

1	3	2
	4	
	9	
5	7	6

8

Ouverture

Vous êtes debout, devant votre espace de travail. Votre chaise est légèrement en arrière.

Vous restez dans cette position pendant quelques instants, respirant tranquillement, les yeux clos ou mi-clos.

Ouvrez les yeux et allumez la bougie de droite, puis celle de gauche.

Relaxation

Asseyez-vous et entamez la procédure de relaxation expliquée plus haut.

Animation de l'arcane

Au terme de la relaxation, ouvrez les yeux et ôtez le voile qui se trouve sur la reproduction de la lame du Tarot sur laquelle vous allez travailler. (1) facultatif.

Le voyage

(2) facultatif.

L'intégration

Imaginez que votre corps est entièrement entouré de pure lumière de la couleur briatique correspondante.

Levez-vous et en gardant cette lumière présente à votre esprit et prononcez les phrases de l'hymne des louanges correspondantes.

A l'aide de votre index droit, tracez ensuite et au-dessus du carré magique du Tarot la signature sacrée en prononçant le mot correspondant.

Conservez quelques instants la sensation et la perception de cette lumière qui vous entoure et imaginez que la couleur change pour passer à la couleur yetziratique.

En gardant cette lumière présente à votre esprit, prononcez l'éventuel hymne correspondant.

Avec votre index droit, tracez au-dessus du carré magique du Tarot la signature en prononçant le mot correspondant.

Gardez encore quelques instants cette lumière à la conscience puis procédez de même en passant à la couleur en assiah.

Maintenez la couleur, puis tracez au-dessus du carré magique du Tarot la signature sacrée à l'aide de votre index droit en prononçant le mot correspondant.

Intensifiez encore quelques instants cette couleur, puis en restant mentalement dans cette ambiance lumineuse, levez-vous, reculez la chaise ou le fauteuil et accomplissez les gestes de l'arcane.

Relâchez toute visualisation et asseyez-vous de nouveau.

Centrez-vous sur votre respiration, détendez-vous.

Vous pouvez maintenant bouger tranquillement vos membres et revenir à votre conscience ordinaire.

Fermeture

Revoilez l'arcane choisi, puis éteignez les bougies en commençant par celle de gauche.

Notez dans votre cahier les impressions, remarques et idées qui peuvent s'être manifestées durant la pratique.

3- LA DESCENTE DE L'ENERGIE DE MEZLA

Comme vous l'avez vu, les pratiques qui précèdent parcourent l'ensemble des arcanes du Tarot et nous pourrions croire que tout cela est suffisant pour l'intégration et l'harmonisation visées dans ces pratiques. Ce n'est toutefois pas le cas. En effet, nous avons bien parcouru l'arbre de vie en nous appropriant chacun des symboles du Tarot et chacune des énergies qui y correspondent, mais nous devons maintenant faire descendre en nous cette force considérable que les kabbalistes appellent l'énergie de Mezla. Elle fut l'éclair de la création qui donna naissance à la forme matérielle qui est la nôtre aujourd'hui ; elle demeure le canal privilégié que doit emprunter l'énergie. Elle pourra ensuite nous vitaliser, nous protéger et nous mettre en relation avec les plus hautes puissances du Tarot. Au terme du cycle précédent, nous devons donc accomplir neuf pratiques supplémentaires afin de parvenir à ce résultat. L'ordre et la nature de celles-ci sont indiqués dans la liste ci-dessous. Vous vous reporterez aux pratiques qui précèdent pour accomplir ce cycle de descente d'énergie.

Lames majeures : 0- Le mat

    N° des Sentiers : 11

    Planètes, signes astrologiques, éléments : Terre

Lames majeures : 3- L'impératrice
 N° des Sentiers : 14
 Planètes, signes astrologiques, éléments : Vénus

Lames majeures : 5- Le pape
 N° des Sentiers : 16
 Planètes, signes astrologiques, éléments : Taureau

Lames majeures : 8- La force
 N° des Sentiers : 19
 Planètes, signes astrologiques, éléments : Lion

Lames majeures : 11- La justice
 N° des Sentiers : 22
 Planètes, signes astrologiques, éléments : Balance

Lames majeures : 13- La mort
 N° des Sentiers : 24
 Planètes, signes astrologiques, éléments : Scorpion

Lames majeures : 16- La maison dieu
 N° des Sentiers : 27
 Planètes, signes astrologiques, éléments : Mars

Lames majeures : 19- Le soleil
 N° des Sentiers : 30
 Planètes, signes astrologiques, éléments : Soleil

Lames majeures : 21- Le monde
 N° des Sentiers : 32
 Planètes, signes astrologiques, éléments : Saturne

Une fois que ces deux cycles auront été effectués au moins une fois, vous pourrez revenir librement et dans le désordre sur les arcanes que vous souhaitez, ou même approfondir l'une ou l'autre. Tout cela aura pour but d'accroître votre connaissance intérieure de l'arcane.

C'est également à partir de là que vous pourrez utiliser le Tarot dans un but d'action directe ou à distance, que ce soit en groupe ou seul. Ces aspects sont abordés dans le chapitre suivant.

PARTIE IV - L'ENERGIE DU TAROT

1- LES PRINCIPES DE L'ŒUVRE

1. LES PRINCIPES

Depuis le début de notre réflexion symbolique, nous avons rapproché les différents arcanes des parties du corps et des états de conscience. Certaines traditions orales ont transmis des éléments plus avancés quant à l'utilisation de ces correspondances et pratiques. C'est sur elles que nous allons maintenant nous appuyer.

En parcourant les nombreux livres sur le Tarot, vous pourrez voir que les relations évoquées entre les arcanes et le physique sont parfois différentes. Nous pourrions être dans un premier temps surpris par ces différences, puis très dubitatif. En effet, si les équivalences ont une réelle valeur, nous devrions trouver une base identique. Certes, quelques auteurs sont sensiblement en accord sur certains points essentiels, mais ce n'est pas toujours le cas. Comment prendre alors au sérieux un tel système de travail ? Si nous considérons que certaines correspondances sont les bonnes, comment savoir lesquelles ? Sur quelle base devons-nous appuyer ? Ces différences portent-elles à conséquence ?

Nous allons commencer par quelques remarques pour mieux comprendre la nature du problème et expliquer la direction que nous allons prendre.

Les différences tiennent essentiellement au fait que deux directions furent choisies par méconnaissance du système : d'une part, celle strictement limitée à l'observation de l'arcane et d'autre part des relations plus lointaines entre celui-ci et les signes ou planètes qui y sont associés.

Dans le premier cas, nous devons bien reconnaître que l'arbitraire y prit une place considérable. Déduire de l'arcane 13 -la mort- qu'il correspondait aux os et aux articulations sur la seule base du squelette présent sur l'illustration peut sembler assez limité.

Dans le second cas, les approximations furent la conséquence d'erreurs dans les connaissances traditionnelles telles que la kabbale, la symbolique astrologique, l'alchimie, etc.

Aussi paradoxal que cela puisse paraître, il faut bien reconnaître, que dans l'utilisation habituelle, ces différences ne portent pas à conséquence.

En effet, l'usage le plus fréquent est celui de la divination. Cette dernière exige une convention mentale qui est propre à celui qui utilise le jeu dans cette intention. Cela signifie que dans l'absolu, nous pourrions décider tout à fait arbitrairement que telle carte correspond à tel organe et ainsi de suite pour l'ensemble de celles-ci. Une fois cette base acquise et mémorisée, nous utiliserions le jeu pour répondre à des questions liées par exemple aux problèmes physiques ou psychologiques. Le principe de la convention mentale (utilisée par exemple en radiesthésie) implique que le tirage effectué emprunte le support choisi pour révéler sa réponse.

Prenons l'exemple que nous citions plus haut. Dans notre convention imaginaire, l'arcane 13, la mort, serait associé au squelette. Quelqu'un, ou nous-mêmes, manifeste des dérèglements du corps et nous cherchons à connaître l'origine de ceux-ci. Posant la question au Tarot, imaginons que cet arcane apparaisse lors du tirage. Nous en conclurons que la source de ces problèmes se trouve dans les os. Etant donné que chaque carte est associée à un organe, la composition des différentes cartes précisera la réponse. C'est le principe des conventions mentales dans les techniques de divination et il implique évidemment que le hasard n'a rien à voir avec la façon dont les cartes se manifestent.

Comme nous le faisions remarquer plus haut, nous pouvons en conclure que cela ne pose pas de problème. C'est vrai pour autant que nous considérions les cartes comme de simples bouts de carton sans efficacité. Or nous avons expliqué dans les chapitres précédents que les arcanes étaient de véritables pentacles ayant une efficience propre en relation avec des énergies particulières. Si nous considérons cet aspect ésotérique, la relation entre les cartes et les différents éléments qui s'y rapportent ne peuvent et ne doivent pas être quelconques. Sur le plan énergétique, il existe une interaction entre la carte et le symbole qui y correspond. Si nous choisissons un arcane correspondant à un organe précis, nous pourrions dire que l'utilisation de la carte nous met en relation avec l'énergie correspondante, ou plus exactement avec la contrepartie énergétique de l'organe en question. On mesure dans ce cas l'importance d'une juste correspondance !

Les éléments du chapitre deux et les différents tableaux, sur lesquels vous vous fonderez pour votre travail et vos actions, résoudront ces questions sans difficulté. Ils intègrent les connaissances traditionnelles dont nous parlions plus haut. Bien évidemment, les correspondances précises contenues dans cet ouvrage n'excluent pas la notion de convention mentale et l'utilisation divinatoire du Tarot, même si elles les dépassent.

Nous pouvons compléter cette question en précisant qu'il en est de même pour les états de conscience et par extension des problèmes mentaux et psychologiques.

2. LES BUTS ET APPLICATIONS PRATIQUES

Nous pourrions déduire immédiatement un certain nombre de conséquences de ce que nous venons de dire, mais il est important d'être précis.

Les pratiques d'harmonisation que nous avons décrites dans le chapitre précédent visaient à nous faire pénétrer dans le monde du Tarot, mais également à utiliser ses énergies pour harmoniser notre psychisme. Nous n'avons dit que quelques mots de l'action du jeu sur le plan physique. Cette œuvre d'harmonisation par le Tarot débute sur un plan invisible et se répercute ensuite sur la totalité de notre être, en commençant par les niveaux les plus hauts, les plus subtils, jusqu'aux plus denses. Nous pouvons ainsi considérer qu'elle vise également mais indirectement un équilibre physique qui est la conséquence de l'action obtenue sur le plan psychique. Mais comme nous l'avons expliqué, les cartes ont une action réelle et directe par la relation qu'elles entretiennent avec des puissances énergétiques spécifiques. C'est pour cette raison que nous admettons l'existence d'une action visant directement et sans intermédiaire le plan physique.

Une fois cette pratique d'harmonisation individuelle terminée, ou même sans l'effectuer, nous pouvons utiliser directement les arcanes du Tarot comme des supports énergétiques actifs dans une direction donnée.

Nous pouvons choisir trois types d'actions : 1-Une action psychique, 2-Une action psychologique, 3-une action physique.

Dans ces applications, le travail peut être effectué pour nous, pour quelqu'un de présent ou d'éloigné.

Il peut également être effectué en groupe pour un membre du groupe ou pour quelqu'un d'absent.

Soyons un peu plus explicite en prenant quelques exemples.

Imaginons que nous traversions depuis quelques temps une période dans laquelle nous tentons de faire aboutir des projets personnels. Nous sommes à la recherche de nouvelles idées et avons besoin de mobiliser notre imagination créatrice. Bien évidemment, il convient dans un premier temps de faire concrètement tout ce qui est nécessaire. Mais nous pouvons ensuite aller plus loin et faire appel à une dimension intérieure, à des énergies qui sont à l'œuvre en nous de façon incontrôlée. Nous allons pour cela agir sur les couches profondes de notre inconscient. Après avoir parcouru les tableaux de correspondance, notre choix va se porter sur l'arcane numéro trois, l'impératrice. Nous allons utiliser une des pratiques indiquées plus bas, qui reprend divers éléments que vous connaissez déjà. Nous allons déterminer le jour durant lequel débutera cette opération et agir soit une fois, soit le nombre de fois correspondant. Le contact avec l'égrégore et l'énergie associée à cet arcane va agir progressivement sur notre psychisme et accroître notre potentiel imaginatif, faisant ainsi avancer nos projets. Bien plus, vous aurez l'impression que cette action dépasse votre sphère personnelle pour transformer des éléments extérieurs à vous. Les circonstances, les conditions, le milieu dans lequel vous vivez va connaître des transformations qui vous surprendront peut-être. Il ne faut toutefois pas croire que le nombre important de pratiques soit un gage de réussite. Ce n'est paradoxalement pas l'accumulation de celles-ci qui donne un meilleur résultat, mais une concentration judicieuse, quitte à renouveler le cycle quelque temps plus tard, comme nous vous l'indiquerons plus loin.

Passons au plan physique. Vous savez maintenant que les arcanes ont des correspondances précises et cohérentes avec les organes. Il faut bien noter qu'un travail sur les énergies tel que celui que nous faisons ici ne peut jamais remplacer un traitement médical, lequel doit être effectué ou poursuivi. Outre une indication de diagnostic sur un plan divinatoire, le Tarot offre la possibilité d'un travail énergétique capable d'accroître le potentiel de guérison ou d'harmonisation dans un organe ou une partie du corps. Ainsi par exemple, si nous souffrons des reins (et après avoir fait tout ce qui est nécessaire sur le plan strictement médical) nous pouvons utiliser la carte correspondante, c'est-à-dire l'arcane numéro trois, l'impératrice. Nous suivrons pour cela la méthode indiquée plus bas.

3. CHOIX DE L'ARCANE : ELEMENTS PSYCHOLOGIQUES

Dans le tableau de correspondances, vous trouverez une classification vous permettant de choisir l'arcane à partir de l'objectif visé. Vous vous rendrez compte que des lames différentes correspondent à des objectifs identiques. Nous sommes donc obligés de distinguer dans un certain nombre de cas laquelle utiliser. Ne cherchez d'ailleurs pas à trouver des équivalences visuelles ou symboliques entre les objectifs psychologiques ou physiques. Bien souvent ils ne sont pas apparents et dans tous les cas, la connaissance ou la conscience de ceux-ci n'augmente en rien les effets visés. L'utilisation de l'énergie du Tarot n'implique pas une maîtrise théorique et symbolique.

Dans un premier temps, vous pouvez choisir l'arcane par rapport à l'effet souhaité. Vous le trouverez entre parenthèses. Cela ne présentera aucune difficulté.

Par exemple :

Désirs (les réaliser) : 20- Le jugement

Désirs (les reconnaître et les maîtriser) : 15- Le diable

Mais il existe des cas où l'intention précisée entre parenthèse est identique. C'est ce que vous trouvez par exemple pour le développement de la concentration.

Concentration (la développer) : 1- Le bateleur

Concentration (la développer) : 17- L'étoile

Plusieurs possibilités de choix sont possibles. La première chose à faire est de vous reporter au tableau des correspondances entre les arcanes, les signes, les planètes et les éléments. Vous remarquerez alors que l'arcane numéro 1, le Bateleur correspond à la planète Mercure et l'étoile au signe du Verseau. Ces précisions vont vous aider à choisir.

La règle à utiliser est la suivante. Si vous souhaitez une action rapide, concentrée et de courte durée, vous pourrez utiliser l'arcane planétaire. Si vous souhaitez obtenir une action plus longue et transformer en profondeur une structure de votre personnalité, vous choisirez l'arcane du signe. Quant aux éléments, ils viseront une fonction plus globale et seront choisis pour une séance terminant l'action entreprise à l'aide de l'arcane de la planète ou du signe.

Outre ces règles de correspondance et d'actions, vous pouvez utiliser à tout instant et en association avec ce qui précède, la détermination de l'arcane fondée sur la divination. Ainsi, lorsque les tableaux vous auront indiqué les deux ou trois arcanes correspondant à ce que vous souhaitez faire, vous pouvez les retourner de telle sorte que la face ne soit plus visible, les mélanger et en tirer une qui correspondra alors à ce que vous souhaitez obtenir.

171

Vous remarquerez que dans certaines pratiques, notamment celle de l'anniversaire, le premier choix des arcanes sera entièrement fondé sur la divination. Cela s'explique par le recours à une perception globale qui ne peut être obtenu par un choix fragmentaire, comme celui que nous utilisons dans les tableaux de correspondances.

4. CHOIX DE L'ARCANE : ELEMENTS PHYSIQUES

De la même manière que précédemment, vous pouvez choisir des arcanes pour agir sur votre corps éthérique et obtenir par répercussion un effet sur votre corps physique. Il peut s'agir là aussi de résultats visés très ponctuellement ou au contraire d'une action concernant des problèmes chroniques ou récurrents.

Le choix est en général aisé et il vous suffit de vous reporter aux correspondances du chapitre deux ou aux tableaux qui se trouvent en annexe. Un tableau classe les arcanes par organes.

Comme nous l'avons trouvé dans le paragraphe sur les questions psychologiques, vous vous rendrez compte que plusieurs cartes correspondent au même organe. Il faut donc faire un choix entre elles. S'il n'y a pas de précisions entre parenthèses susceptibles de guider votre choix, vous vous reporterez en premier lieu à la ligne qui comporte l'organe en caractère gras. C'est la première règle à appliquer.

Toutefois, vous vous rendrez compte que les règles de correspondances montrent dans six cas, plusieurs organes identiques qui sont en caractère gras. Il convient donc de faire un choix entre eux. Vous appliquerez la règle précédente qui veut que pour une action rapide et concentrée, vous utilisiez l'arcane planétaire. Pour une action plus longue visant à résoudre un problème chronique, vous choisirez l'arcane du signe.

Dans un cas qui est celui des Organes génitaux externes, et si vous visez une action rapide, vous aurez deux possibilités : la maison dieu (16) ou l'impératrice (3). Dans ce cas, reportez-vous au tableau en annexe pour voir si une de ces deux planètes correspond à votre signe de naissance. Si c'est le cas, c'est celle que vous choisirez. Si ce n'est pas le cas, vous procèderez par divination pour le choix à effectuer.

Les règles du choix du jour de l'opération, des heures et des fréquences sont identiques dans ces deux cas d'actions psychologiques et physiques.

5. CHOIX DU JOUR DE L'OPERATION OU DU DEBUT DU CYCLE

Lames majeures	Planètes, signes astrologiques, éléments	Jours
00- Le mat	Terre	Vendredi-Mercredi-Samedi
01- Le bateleur	Mercure	Mercredi
02-La papesse	Lune	Lundi
03- L'impératrice	Vénus	Vendredi
04- L'empereur	Bélier	Mardi
05- Le pape	Taureau	Vendredi
06- L'amoureux	Gémeaux	Mercredi
07- Le chariot	Cancer	Lundi
08- La force	Lion	Dimanche
09- L'ermite	Vierge	Mercredi
10- La roue de la fortune	Jupiter	Jeudi
11- La justice	Balance	Vendredi
12- Le pendu	Eau	Lundi-Mardi-Jeudi
13- La mort	Scorpion	Mardi
14- La tempérance	Sagittaire	Jeudi
15- Le diable	Capricorne	Samedi
16- La maison dieu	Mars	Mardi
17- L'étoile	Verseau	Samedi
18- La lune	Poissons	Jeudi
19- Le soleil	Soleil	Dimanche
20- Le jugement	Feu	Mardi-Dimanche-Jeudi
21- Le monde	Saturne	Samedi

Ce tableau vous indique, par lecture directe, le jour pendant lequel il convient d'effectuer ou de débuter la pratique selon l'arcane utilisée ou choisie. Par exemple le diable (15) correspondra au samedi.

Dans le cas où la carte utilisée ou choisie correspond à un des trois éléments présents dans les arcanes majeurs du Tarot (Feu, Eau, Terre), vous choisirez prioritairement le jour correspondant à votre signe de naissance. Par exemple si vous êtes né le 08 décembre, votre signe est le sagittaire. Votre jour est le jeudi. Donc si la carte choisie est le Jugement (20) vous choisirez le jeudi.

Toutefois, comme vous pouvez vous en rendre compte, tous les jours ne s'y trouvent pas. En conséquence si le jour de votre signe astrologique n'est pas concerné, vous choisirez le premier jour mentionné. Par exemple Si vous êtes du signe du Cancer, votre jour est le lundi. Si la carte choisie est le Mat (0) vous ne trouverez pas ce jour-là. Donc vous choisirez le vendredi, premier des trois jours correspondant à la Terre.

6. LES HEURES DE PRATIQUE

Vous pouvez également désirer être encore plus précis et densifier les énergies invoquées lors de l'utilisation de l'arcane. Il est possible pour cela de choisir une heure précise correspondante à l'arcane en question. A noter toutefois que nous travaillons ici sur les niveaux archétypaux du jeu et que cela ne nécessite pas un calcul précis, qui serait à utiliser seulement dans des cas rares d'action, parfois un peu difficile à contrôler. C'est pour cette raison que nous choisissons ici la méthode dite classique.

		Dimanche	Lundi	Mardi	Mercredi	Jeudi	Vendredi	Samedi
Heures	1	Soleil	Lune	Mars	Mercure	Jupiter	Vénus	Saturne
de	2	Vénus	Saturne	Soleil	Lune	Mars	Mercure	Jupiter
jour	3	Mercure	Jupiter	Vénus	Saturne	Soleil	Lune	Mars
	4	Lune	Mars	Mercure	Jupiter	Vénus	Saturne	Soleil
	5	Saturne	Soleil	Lune	Mars	Mercure	Jupiter	Vénus
	6	Jupiter	Vénus	Saturne	Soleil	Lune	Mars	Mercure
	7	Mars	Mercure	Jupiter	Vénus	Saturne	Soleil	Lune
	8	Soleil	Lune	Mars	Mercure	Jupiter	Vénus	Saturne
	9	Vénus	Saturne	Soleil	Lune	Mars	Mercure	Jupiter
	10	Mercure	Jupiter	Vénus	Saturne	Soleil	Lune	Mars
	11	Lune	Mars	Mercure	Jupiter	Vénus	Saturne	Soleil
	12	Saturne	Soleil	Lune	Mars	Mercure	Jupiter	Vénus
Heures	1	Jupiter	Vénus	Saturne	Soleil	Lune	Mars	Mercure
de	2	Mars	Mercure	Jupiter	Vénus	Saturne	Soleil	Lune
nuit	3	Soleil	Lune	Mars	Mercure	Jupiter	Vénus	Saturne
	4	Vénus	Saturne	Soleil	Lune	Mars	Mercure	Jupiter
	5	Mercure	Jupiter	Vénus	Saturne	Soleil	Lune	Mars
	6	Lune	Mars	Mercure	Jupiter	Vénus	Saturne	Soleil
	7	Saturne	Soleil	Lune	Mars	Mercure	Jupiter	Vénus
	8	Jupiter	Vénus	Saturne	Soleil	Lune	Mars	Mercure
	9	Mars	Mercure	Jupiter	Vénus	Saturne	Soleil	Lune
	10	Soleil	Lune	Mars	Mercure	Jupiter	Vénus	Saturne
	11	Vénus	Saturne	Soleil	Lune	Mars	Mercure	Jupiter
	12	Mercure	Jupiter	Vénus	Saturne	Soleil	Lune	Mars

Dans ce tableau transmis depuis des siècles, vous observez que chaque heure de la journée est attribuée à une planète, le nombre étant limité aux sept planètes traditionnelles qui correspondent à l'astrologie classique. Les successions se reproduisent chaque jour avec la même régularité symbolique, mais chaque jour débute par une planète différente. L'influence de cette dernière domine le jour correspondant. Vous pouvez vous rendre compte qu'il y a une relation directe de notre langue latine avec le nom des planètes, Lundi – lune, mardi – mars, mercredi – mercure, jeudi – Jupiter, vendredi – vénus, samedi – saturne. Le dimanche ne correspond plus dans notre langue mais des relations existent dans d'autres par exemple en anglais, Sunday – sun. Vous imaginez combien l'égrégore fonctionnant sur ces structures peut être puissante et l'intérêt que nous pouvons avoir à l'utiliser dans nos pratiques.

Plusieurs systèmes de succession des planètes existent. Le plus répandu et certainement le plus ancien que nous utilisons ici, pourrait sembler arbitraire et ne pas reposer sur des considérations métaphysiques ou mythologiques sérieuses. Or ce tableau est remarquablement cohérent avec le système que nous utilisons pour le Tarot. En effet, il suit l'ordre des séphiroth planétaires de l'arbre de vie dans une séquence descendante. Le début de la séquence marque seulement le commencement de la séquence du jour. Si nous prenons la séquence descendante de l'arbre, nous obtiendrions : Saturne, Jupiter, Mars, Soleil, Vénus, Mercure et Lune. En appliquant la règle du maître du jour, nous remarquons par exemple que mercredi commence par Mercure et que les séquences s'enchaînent à partir de cette planète.

Mercredi - 1°Heure : Mercure - 2°Heure : Lune - 3°Heure : Saturne - Etc.

Il faut également retenir que la première heure débute à l'heure du lever de soleil à l'endroit où vous habitez. Notez que celle-ci peut différer de celle que vous trouvez sur les calendriers ou autre indication de ce genre. Renseignez-vous afin de ne pas faire d'erreur. Si vous avez Internet, vous pouvez également vous rendre sur le site de l'Institut de Mécanique Céleste français et de calcul des longitudes à l'adresse http://www.bdl.fr/ephemeride.html et par sélection de votre lieu de résidence, vous trouverez l'heure du lever de soleil. Il vous restera ensuite à ajouter le nombre d'heures correspondantes pour trouver votre heure de pratique.

Ainsi, prenons un exemple pour ce calcul d'heure.

Imaginons que nous voulons savoir à quelle heure se lèvera le soleil le 1° août 2004 à Beaufort en Savoie. Le lever du soleil aura lieu à 4h18 Temps Universel auquel nous devons rajouter 2h de décalage en été (1h en hiver) et nous obtenons un lever de soleil à 6h18.

Choisissons le même exemple de date pour la ville de Montréal au Québec. Le lever de soleil aura lieu à 9h40 T.U. Il faudra faire la rectification TU en Temps Local pour trouver l'heure de lever. 9h40-5h de décalage horaire = 4h40 heure locale à laquelle nous rajoutons une heure pour la période d'été, soit un lever de soleil à 5h40 AM.

Avec la méthode fixe que nous utilisons ici, il vous suffit ensuite de rajouter des séquences d'une heure pour trouver l'heure qui vous intéresse.

Pour choisir votre heure de pratique dans le cadre d'une action précise et dans la perspective de générer une puissante aide de l'égrégore et des énergies du Tarot, vous devez donc vous reporter au tableau précédent. Ainsi la carte de la lune (18) correspond au jeudi. La meilleure heure de pratique, celle où l'énergie est à son maximum est la première heure, celle qui suit le lever de soleil, l'heure de Jupiter. Toutefois vous pourrez accomplir les pratiques liées à l'arcane correspondante aux autres heures de Jupiter soit la 8° du jour, la 3° et la 10° de la nuit. Les règles équivalentes s'appliquent aux autres jours. A préciser pour terminer que si votre pratique dépasse la durée d'une heure, vous n'avez pas à vous en soucier, le point important étant le début de la période de travail.

7. CHOIX DU NOMBRE DE PRATIQUES

Pour une action ponctuelle, nous vous recommandons de vous limiter à une pratique effectuée au jour et à l'heure correspondante. Toutefois, vous pouvez avoir envie ou ressentir la nécessité de faire un cycle de pratiques afin d'inscrire l'action de l'arcane plus profondément dans votre psychisme ; ou faire en sorte que les répercussions sur l'éthérique et sur le corps physique soient plus significatives. Dans ce sens, il est impératif de pouvoir choisir le nombre de pratiques à effectuer sans que cela soit arbitraire. Vous pouvez vous reporter au tableau ci-dessous et trouver le nombre par simple lecture selon l'arcane utilisée.

Lames majeures	21 Le monde	20 Le jugement	18 La lune	19 Le soleil	17 L'étoile	16 La maison dieu
Nombre	3	10	4	6	3	5
Lames majeures	15 Le diable	14 La tempérance	13 La mort	12 Le pendu	11 La justice	10 La roue de la fortune
Nombre	3	4	5	10	7	4
Lames majeures	9 L'ermite	8 La force	7 Le chariot	6 L'amoureux	5 Le pape	4 L'empereur
Nombre	8	6	9	8	7	5
Lames majeures	3 L'impératrice	2 La papesse	1 Le bateleur	0 Le mat		
Nombre	7	9	8	10		

Se pose toutefois l'application de ce nombre de pratiques au jour et à l'heure choisis plus haut. Pour cela, vous devez considérer que la première pratique doit se dérouler le jour de l'arcane, pendant l'heure de l'arcane. (Voir l'exemple de l'arcane de la lune précédent). Le tableau ci-dessus vous indique une possibilité de quatre pratiques. Vous effectuerez donc la première un jeudi lors de la 1° heure, 8° du jour, 3° ou 10° de la nuit. (Vous avez le choix entre les quatre possibilités horaires).

Le lendemain vendredi, vous effectuerez toujours la pratique aux heures de Jupiter soit un choix entre les heures suivantes : la 5°, 12° du jour et 7° de la nuit.

Le lendemain samedi, vous effectuerez toujours la pratique aux heures de Jupiter soit un choix entre les heures suivantes : la 2°, 9° du jour et 4°, 11° de la nuit.

Le lendemain dimanche, vous effectuerez toujours la pratique aux heures de Jupiter soit un choix entre les heures suivantes : la 6° du jour et 1°, 8° de la nuit.

Votre choix des pratiques pourrait donc être le suivant :

Exemple : action de l'arcane de La lune (18)

4 pratiques :

1° jour : jeudi – 1° heure du jour

2° jour : vendredi – 12° heure du jour

3° jour : samedi – 9° heure du jour

4° jour : dimanche – 1° heure de la nuit

Vous adapterez aisément ce schéma à toutes les possibilités que vous pourrez rencontrer.

2- LES PRATIQUES

1. LES PRATIQUES SUR SOI EN TRAVAIL INDIVIDUEL

2. SUR LE PLAN PSYCHOLOGIQUE

Conditions générales

Lieu : une pièce calme.

Temps : idéalement le jour et heure que vous avez déterminés grâce aux indications précédentes.

Direction : face à l'Est.

Espace de travail : une table (ou quelque surface plane) recouverte d'une nappe de la couleur briatique de l'arcane ou approchante (par défaut une nappe blanche).

Eclairages : Bougies de la couleur briatique de l'arcane ou approchante (par défaut en cire naturelle d'abeille). Vous pouvez les remplacer par des veilleuses placées dans des verres de couleur.

Le nombre sera déterminé d'après le tableau précédent. Pour vous donner un repère simple, il correspond au nombre de pratiques.

Elles sont déposées (représentées par les chiffres) autour du carré magique (représenté par le signe ¤) selon les schémas indiqués ci-dessous. L'allumage de ces bougies se fait selon le sens indiqué par les chiffres. L'extinction se fait en sens inverse.

Une fois les bougies allumées, il est important que seules ces lumières demeurent dans la pièce. Le nombre des flammes en train de brûler est important.

3	4	5	6
1 □ 3 2	1 2 □ 3 4	1 2 3 □ 4 5	1 4 5 □ 3 2 6

7	8	9	10
1 3 6 5 □ 4 7 2	6 1 3 4 □ 8 7 5 2	1 9 4 6 □ 7 3 2 5 8	1 10 2 9 3 □ 8 4 7 5 6

Le Tarot

Une reproduction d'une taille plus importante de la carte sur laquelle vous allez travailler, placée à l'Est de la surface de travail et recouverte d'un voile si possible de la couleur briatique de la carte. Si vous ne pouvez pas trouver la couleur correspondante, utilisez un voile noir.

Les arcanes mineurs, partagés en quatre tas dans l'ordre : les deniers, les épées, les coupes et les bâtons. Le Roi est le premier visible sur le dessus du tas. Ils sont déposés en quatre tas devant vous sur la surface de travail. Chacun correspond à un élément et une direction cardinale. Ainsi de gauche à droite : les deniers, Terre, Nord – Epée, Air, Est – Coupe, Eau, Ouest – Bâtons, Feu, Sud.

Carré magique

La reproduction du carré magique du Tarot correspondant à l'arcane avec laquelle vous allez agir. (Reportez-vous à l'annexe correspondante). Il est posé au centre des bougies.

Signatures et noms

Les signatures et les noms correspondants.

Encens

L'éventuel encens que vous avez choisi.

L'arbre de vie

Une reproduction de l'arbre de vie (que vous trouverez en annexe). Cette représentation est posée sur le carré magique.

Témoin

Un carré de papier blanc (par exemple du papier à dessin) de 4cm x 4cm. Au dos de celui-ci vous apposerez votre signature (soit noire, soit de la couleur briatique) et dans le cas d'une action visant un résultat physique, vous rajouterez sur le dessus un de vos cheveux maintenu par exemple à l'aide d'un morceau de scotch. Il est posé sur l'emplacement du sentier qui y correspond. Vous regarderez pour cela le schéma ** qui vous l'indiquera. (A noter en conséquence que trois choses sont superposées : le carré magique, l'arbre de vie, le témoin.)

Divers

Un stylo noir, votre carnet de note, votre livre, des allumettes, un objet pour éteindre les bougies sans vous brûler. Une chaise ou un fauteuil face à la table.

Habillement

Habits confortables et décontractés.

Séance de travail

Ouverture

Vous êtes debout, devant votre espace de travail. Votre chaise est légèrement en arrière.

Vous restez dans cette position pendant quelques instants, respirant tranquillement, les yeux clos ou mi-clos.

Ouvrez les yeux et allumez les bougies dans le sens indiqué sur le schéma présenté plus haut.

Tapez une fois sur la table avec le bout des phalanges de votre poing droit fermé afin d'émettre un coup sec qui marquera le début du travail. Vous pouvez également le faire à l'aide d'une petite clochette.

Déclarez :

> « Que débute ce travail consacré à .... *Votre intention*.......... sous les auspices du (ou du) ....*nom de l'arcane du Tarot*.......... ! »

Allumez l'encens auprès de la première bougie allumée. Puis élevez le quelques secondes vers le haut en imaginant une intense lumière rougeoyante au-dessus de vous qui descend en fines gouttelettes de feu sur l'ensemble du lieu, lui apportant sa force.

Puis toujours à l'aide de l'encens, tracez un cercle dont vous êtes le centre et qui englobe l'espace de travail, incluant la petite table qui est devant vous. Vous tracerez réellement ce cercle dans l'espace, dans le sens des aiguilles d'une montre à partir de l'Est, jusqu'à revenir au point de départ. Vous imaginerez en même temps un mur de brume légère.

Les protecteurs des quatre directions

Placez dans le creux de votre main gauche les trois séries des lames mineures en commençant par les Deniers, les Coupes et les Bâtons. Posez-les en les croisant à chaque fois de telle façon que vous ne mélangiez pas les quatre séries.

Ceci fait, de votre main droite saisissez le paquet de lames mineures correspondant aux épées et élevez le vers l'Est, face à vous, le Roi face à cette direction. Gardez cette position et dites :

> **« De l'Orient, pays de la Lumière Matutinale, se rue le vent impétueux où résident les Esprits de l'Air.**
> **Enfants des Royaumes de l'Air Elémental, O Grand Roi, soyez présents et attentifs à l'Œuvre du Tarot que j'accomplis à cette heure. »**

Restez quelques instants dans cette position, respirant tranquillement, pleinement conscient de cet appel, puis déposez cette partie du jeu au sol, ou sur un tabouret à l'Est de votre espace de travail.

Tournez-vous sur votre droite pour faire face au Sud, saisissez le paquet des Bâtons et élevez-le devant vous, le Roi face à cette direction. Gardez cette position et dites :

> **« Du Midi, pays de la Flamme Flamboyante, irradie la chaleur de ta splendeur où résident les Esprits du Feu.**

Enfants des Royaumes du Feu Elémental, O Grand Roi, soyez présents et attentifs à l'Œuvre du Tarot que j'accomplis à cette heure. »

Restez quelques instants dans cette position, respirant tranquillement, pleinement conscient de cet appel, puis déposez cette partie du jeu au sol, ou sur un tabouret au Sud de votre espace de travail.

Tournez-vous sur votre droite, face à l'Ouest, saisissez le paquet des Coupes et élevez-le devant vous, le Roi face à cette direction. Gardez cette position et dites :

« De l'Occident, pays du crépuscule, parvient le bruit des eaux mouvantes où résident les Esprits de l'Eau.
Enfants des Royaumes de l'Eau Elémental, O Grand Roi, soyez présents et attentifs à l'Œuvre du Tarot que j'accomplis à cette heure. »

Restez quelques instants dans cette position, respirant tranquillement, pleinement conscient de cet appel, puis déposez cette partie du jeu au sol, ou sur un tabouret à l'Ouest de votre espace de travail.

Tournez-vous sur votre droite pour faire face au Nord, saisissez le paquet des Deniers et élevez-le devant vous, le Roi face à cette direction. Gardez cette position et dites :

« Du Septentrion, pays de la Terre Fertile, apparaît la puissance de la montagne où résident les Esprits de la Terre.
Enfants des Royaumes de la Terre Elémental, O Grand Roi, soyez présents et attentifs à l'Œuvre du Tarot que j'accomplis à cette heure. »

Tournez-vous sur votre droite pour faire de nouveau face à l'Est.

Fermez les yeux quelques instants et prenez conscience de la présence, de l'aide et de la protection des quatre éléments.

Relaxation

Asseyez-vous et entamez la procédure de relaxation habituelle.

Extériorisation de l'arcane

Au terme de la relaxation, ouvrez les yeux et ôtez le voile qui se trouve sur la reproduction de la lame du Tarot sur laquelle vous allez travailler.

Conservez votre décontraction et fixez l'arcane du Tarot de telle sorte que vous vous en imprégniez de nouveau.

De temps à autre, fermez complètement vos yeux et remémorez-vous l'image en la repassant dans votre esprit. Cette pratique doit durer quelques minutes.

Les yeux clos ou mi-clos, imaginez maintenant que la couleur briatique correspondante à la carte sort de celle-ci, comme un flux de lumière et emplit l'espace où vous vous tenez. Votre corps va être entièrement entouré et baigné de pure lumière de la couleur briatique correspondante. Intensifiez cette lumière.

Levez-vous et en gardant cette lumière présente à votre esprit prononcez les phrases de l'hymne des louanges correspondantes.

Puis avec votre index droit, tracez au-dessus du carré magique du Tarot et de l'arbre de vie la signature, en prononçant le mot correspondant.

Asseyez-vous de nouveau, les yeux clos. Imaginez que la carte devant vous, s'agrandit à une taille proportionnelle à la vôtre, de telle sorte que le personnage soit à votre échelle. Il ne s'agit plus simplement de s'imaginer une représentation extérieure et artificielle, mais d'animer en esprit une scène réelle qui se trouve devant vous. Vous êtes sur le pas de la porte de ce monde. Vous l'observez comme si cette scène était devenue vivante. Le personnage de la carte est devant vous, dans le même espace-temps, mais sur un autre niveau de réalité que vous percevez maintenant.

L'intention

Adressez-vous mentalement ou à mi-voix à l'Esprit de l'arcane, en indiquant la raison pour laquelle vous faites appel à sa puissance. Vous aurez eu soin au préalable de rédiger ce court texte qui n'est que la reprise de l'intention psychologique choisie au départ.

Vous pourrez ainsi vous adresser à lui d'une façon identique ou équivalente à celle-ci :

« Puissante créature qui gouverne l'arcane du ………..…
je m'adresse à toi et te demande de m'aider à ……*intention
précise*……. »

L'intégration

Imaginez que le personnage du Tarot s'approche de vous dans cette aura de lumière qui vous environne. Il se met en contact avec vous. Il peut par exemple poser ses mains sur votre front ou tout autre forme de contact que vous réaliserez à ce moment-là.

Au bout de quelques instants, conservez la sensation et la perception de cette lumière qui vous entoure et imaginez que la couleur change pour passer à la couleur yetziratique.

En gardant cette lumière présente à votre esprit, remerciez mentalement la puissante créature pour sa présence et son aide. Vos yeux sont toujours clos. Imaginez qu'il reste paisiblement devant vous durant quelques instant avant de disparaître peu à peu dans la lumière.

Ouvrez les yeux et levez-vous.

Avec votre index droit, tracez au-dessus du carré magique du Tarot la signature en prononçant le mot correspondant.

Gardez la lumière quelques instant encore présente en votre esprit puis procédez de même façon en passant à la couleur en Assiah.

Au bout de quelques instants de maintien de la couleur, tracez au-dessus du carré magique du Tarot la signature à l'aide de votre index droit en prononçant le mot correspondant.

Restez debout, les bras légèrement en avant, les mains ouvertes vers le ciel.

Puis dites :

> **« Que soient manifestés en moi le beau, le vrai et le juste !**
> **Que l'Ordre soit placé au-dessus du chaos !**
> **Que l'Harmonie s'établisse en moi et dans chaque aspect de ma vie ! »**

Croisez alors vos bras sur votre poitrine, le droit sur le gauche. Pour cela, la main gauche est remontée sur l'avant du corps afin que la première phalange des doigts se trouvent à la hauteur de la clavicule droite. En même temps, le bras droit est ramené sur le gauche de telle sorte que la première phalange des doigts de la main droite se trouvent à la hauteur de la clavicule gauche.

Intensifiez encore quelques instants cette couleur, puis essayant de rester mentalement dans cette ambiance lumineuse, levez-vous, reculez la chaise ou le fauteuil et accomplissez les gestes de l'arcane.

Asseyez-vous de nouveau quelques instants pour vous relaxer, respirant tranquillement.

Puis levez-vous et passez à la fermeture de cette période de travail.

Fermeture

Tournez-vous sur votre gauche et faites face au Nord. Saisissez le paquet des lames mineures des Deniers. Elevez-le vers cette direction, devant vous, le Roi face à cette direction. Gardez cette position et dites :

> **« Esprits de la Terre que la paix soit parmi nous.**
> **Habitants de la lumière astrale, retournez en vos demeures et dès que vous serez appelés, revenez dans l'allégresse. »**

Puis posez le paquet de cartes dans votre main gauche, la face du Roi, vers l'intérieur.

Tournez-vous sur votre gauche et faites face à l'Ouest. Saisissez le paquet des lames mineures des Coupes. Elevez-le vers cette direction, devant vous, le Roi face à cette direction. Gardez cette position et dites :

> **« Esprits de l'Eau que la paix soit parmi nous.**
> **Habitants de la lumière astrale, retournez en vos demeures et dès que vous serez appelés, revenez dans l'allégresse. »**

Posez le paquet de cartes dans votre main gauche, la face du Roi, vers l'intérieur, sur le paquet précédent.

Tournez-vous sur votre gauche et faites face au Sud. Saisissez le paquet des lames mineures des Bâtons. Elevez-le vers cette direction, devant vous, le Roi face à cette direction. Gardez cette position et dites :

> **« Esprits du Feu que la paix soit parmi nous.**

Habitants de la lumière astrale, retournez en vos demeures et dès que vous serez appelés, revenez dans l'allégresse. »

Posez le paquet de cartes dans votre main gauche, la face du Roi, vers l'intérieur, sur le paquet précédent.

Tournez-vous sur votre gauche et faites face de nouveau à l'Est. Saisissez le paquet des lames mineures des Epées. Elevez-le vers cette direction, devant vous, le Roi face à cette direction. Gardez cette position et dites :

« Esprits de l'Air que la paix soit parmi nous.
Habitants de la lumière astrale, retournez en vos demeures et dès que vous serez appelés, revenez dans l'allégresse. »

Posez le paquet de cartes dans votre main gauche, la face du Roi, vers l'intérieur, sur le paquet précédent. Vous pouvez alors déposer le paquet, formé maintenant par les quatre séries des lames mineures, sur l'avant de votre espace de travail.

Saisissez-vous du témoin qui était posé sur l'arbre de vie et brûlez-le dans le brûle parfum en l'enflammant à la bougie n°1.

Revoilez l'arcane choisi, puis éteignez les bougies dans le sens inverse de l'allumage.

Frappez un coup pour la fermeture comme vous l'avez fait à l'ouverture.

Notez dans votre cahier vos impressions, remarques, idées qui peuvent s'être manifestées durant la pratique.

3. SUR LE PLAN PHYSIQUE

Conditions générales

Vous rajouterez à ce qui précède de l'huile. Il pourra s'agir soit d'huile d'olive, soit d'huile au parfum le plus neutre possible dans lequel vous rajouterez les huiles essentielles correspondantes en vous reportant au tableau sur les parfums en annexe.

Le témoin sera complété comme précisé dans les conditions générales précédentes.

Séance de travail

Elle est identique à celle qui précède, à l'exception de la partie centrale de l'intégration.

L'intégration

Imaginez que le personnage du Tarot s'approche de vous dans cette aura de lumière qui vous environne. Il est devant vous et se met en contact vibratoire avec vous.

Puis il avance ses mains en direction de l'organe pour lequel vous accomplissez cette opération. Il pose ses mains presque au contact, transmettant toute l'énergie curative nécessaire. Il rééquilibre l'organe ou les organes déficients.

Au bout de quelques instants, conservez cette sensation et perception de lumière qui vous entoure et imaginez que la couleur change pour passer à la couleur yetziratique.

En gardant cette lumière présente à votre esprit, remerciez mentalement la puissante créature pour sa présence et son aide. Vos yeux sont toujours clos. Imaginez qu'il reste paisiblement devant vous durant quelques instant avant de disparaître peu à peu dans la lumière.

Ouvrez les yeux et levez-vous.

Imprégnez votre pouce droit d'huile, puis avec celui-ci tracez dans l'air au-dessus du carré magique du Tarot la signature en prononçant le mot correspondant.

Ceci fait, tracez également avec votre doigt directement sur votre corps à l'emplacement de l'organe en question une petite croix cerclée à quatre branches égales en commençant par la verticale avant de tracer l'horizontale et conclure par un cercle débuté par le haut, dans le sens horaire qui rejoint chaque extrémité de la croix.

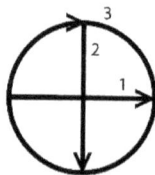

Gardez la lumière quelques instants encore présente en votre esprit, puis procédez de même façon en passant à la couleur en Assiah.

Au bout de quelques instants de maintien de la couleur, mettez de nouveau un peu d'huile si nécessaire sur votre pouce droit, puis avec celui-ci tracez dans l'air au-dessus du carré magique du Tarot la signature en prononçant le mot correspondant.

Ceci fait, tracez également avec votre doigt directement sur votre corps à l'emplacement de l'organe en question une petite croix cerclée à quatre branches égales, en commençant par la verticale avant de tracer l'horizontale et conclure par un cercle débuté par le haut, dans le sens horaire et qui rejoint chaque extrémité de la croix.

Essuyez votre pouce.

Restez debout, les bras légèrement en avant, les mains ouvertes vers le ciel.

Puis dites :

> **« Que soient manifestés en moi le beau, le vrai et le juste !**
> **Que l'Ordre soit placé au-dessus du chaos !**
> **Que l'Harmonie s'établisse en moi, dans mon corps et dans chaque aspect de ma vie ! »**

Croisez alors vos bras sur votre poitrine, le droit sur le gauche. Pour cela, la main gauche est remontée sur l'avant du corps afin que la première phalange des doigts se trouvent à la hauteur de la clavicule droite. En même temps, le bras droit est ramené sur le gauche de telle sorte que la première phalange des doigts de la main droite se trouvent à la hauteur de la clavicule gauche.

Intensifiez encore quelques instants cette couleur, puis essayant de rester mentalement dans cette ambiance lumineuse, levez-vous, reculez la chaise ou le fauteuil et accomplissez les gestes de l'arcane.

Asseyez-vous de nouveau quelques instants pour vous relaxer, respirant tranquillement.

Puis levez-vous et passez à la fermeture de cette période de travail.

4. LES PRATIQUES SUR SOI EN TRAVAIL DE GROUPE : PLAN PSYCHOLOGIQUE

Vous commencez là une action particulière, habituellement enseignée oralement, mais qu'il est important de connaître pour pouvoir pleinement utiliser l'énergie du Tarot.

Vous allez vous rendre compte que la trame de l'opération est approximativement la même que celle du travail individuel et cela ne doit pas vous surprendre. En effet, la technique faisant appel aux mêmes principes, il est logique que nous retrouvions une trame identique.

Le travail de groupe apporte cependant des éléments importants quant aux actions possibles. Il est clair que l'énergie individuelle est également à l'œuvre lors de pratiques comme celles que nous décrivons. Ce point n'était pas très apparent dans les pratiques individuelles car vous visiez essentiellement à obtenir un résultat sur vous-même et donc faire appel à une énergie extérieure, celle du Tarot, manifestée à travers la puissance invoquée. Dans le cas où plusieurs individus participent ensemble à cette œuvre, leur énergie propre est combinée et il devient possible d'accroître la puissance de l'action en combinant ces forces. A noter toutefois que l'action de groupe est prévue pour s'occuper d'une personne en particulier. C'est ce que nous allons voir dans ce qui suit.

Vous pouvez travailler avec des amis qui sont comme vous intéressés par cette action sur les énergies du Tarot. Il n'est pas nécessaire qu'ils aient eux-mêmes déjà effectués les cycles d'harmonisation et d'intégration décrits dans le chapitre précédent. Il est évident que si cela a déjà été effectué, cela renforcera l'action par la maîtrise plus complète des arcanes. Toute personne qui a fait l'ensemble des cycles peut être considérée comme plus à même de maîtriser les énergies, de les mobiliser, de les invoquer et de les canaliser. Toutefois, comme nous venons de le dire ce n'est ni requis, ni obligatoire. Vous devez retenir comme règle que pour un travail commun il est nécessaire qu'un des participants au moins ait fait l'ensemble des harmonisations du chapitre précédent. C'est lui qui servira de guide et de relais. Il sera le point de référence et d'ancrage de l'ensemble des énergies du groupe et du Tarot. Il faut imaginer que l'assemblée possède une aura particulière créée à partir de l'union de l'aura de toutes les personnes présentes. L'égrégore du Tarot évoquée lors du travail, sera contactée par l'efficience de la technique, des signatures et des mots de pouvoir utilisés. Mais il convient de connecter cette aura, l'énergie commune à cet égrégore. Si l'un au moins des participants a déjà établi cette connexion, elle s'activera à ce moment-là et un canal sera créé avec les archétypes du Tarot. Les énergies pourront alors circuler et agir dans le but visé. Bien évidemment, si l'ensemble des participants a fait ce travail, le canal n'en sera que plus important et efficace.

Vous adapterez les pratiques suivantes au nombre de participants présents. Il n'y a pas de règle, à ce niveau de pratique, pour fixer un nombre précis. Vous prendrez seulement soin qu'une harmonie réelle existe entre les personnes présentes. Cette relation est importante pour permettre une action sans tension ou déséquilibre.

L'un des participants va conduire le travail pratique. Nous lui donnerons la dénomination logique de « directeur de travail ». Il va de soi qu'il est mieux que le directeur ait accompli les différentes pratiques d'harmonisation indiquée dans le paragraphe précédent et qu'il s'agisse de celui qui est le plus expérimenté. Il a la charge de guider l'ensemble de la pratique tant sur le plan visible, qu'invisible. Il gère l'harmonie des participants, l'équilibre vibratoire et énergétique du groupe et donc du lieu dans lequel l'opération ait effectué. C'est lui, d'une certaine façon, qui va tisser les forces générées et canaliser l'action du Tarot dans la direction du soin à apporter à celui qui sera l'objet du travail. Il doit donc savoir manipuler l'énergie et lui donner la forme et la direction souhaitées.

Séance de travail

Conditions générales

Ouverture

Les participants sont rassemblés en cercle autour de l'espace de travail. Ils sont habillés d'habits confortables. Tous peuvent s'asseoir sur des chaises placées dans la même position.

Tous respirent tranquillement quelques instants, les yeux clos ou mi-clos.

Un des participants va conduire l'œuvre. Il sera désigné comme le directeur du travail ou de l'œuvre. Il s'assoit à l'Est du lieu, devant le plan de travail où se trouvent les bougies et les Tarots.

Lorsqu'il sent que le moment est venu, il se lève, se retourne face à l'Est et allume les bougies dans le sens indiqué sur le schéma présenté plus haut.

Lui ou un des participants désigné au préalable, fait résonner un son sec (un claquement de bois, un gong, une clochette).

Puis le directeur de séance déclare :

« Que débute ce travail consacré à ....*nom de l'individu présent destinataire du travail*....... Nous œuvrons aujourd'hui pour que.........*Votre intention*.......... sous les auspices du (ou du) ....*nom de l'arcane du Tarot*...........! »

Il allume l'encens auprès de la première bougie allumée. Puis l'élève quelques secondes, maintient cette position en disant :

« Visualisons tous une intense lumière rougeoyante au-dessus de nous qui descend en fines gouttelettes de feu sur nous tous, sur ce lieu, nous apportant sa force. »

Puis toujours à l'aide de l'encens, il délimite l'espace de travail en traçant un cercle avec le parfum de telle sorte qu'il englobe tous les participants, ainsi que le plan de travail. Il débute ce cercle à l'Est et le referme au même endroit. Tous doivent imaginer en même temps un mur de brume légère qui se forme et délimite l'espace autour du groupe.

Celui pour qui l'opération est faite doit se placer au centre du demi-cercle, face à l'Est et s'asseoir. Le directeur de travail est donc à ce moment-là devant lui, lui tournant le dos.

Les protecteurs des quatre directions

Tous se lèvent, sauf le sujet de l'opération. Le directeur place dans le creux de sa main gauche les quatre séries des lames mineures en commençant par les Deniers, les Coupes, les Bâtons et les Epées. Il les pose en les croisant à chaque fois de telle façon qu'il ne mélange pas les quatre séries.

Ceci fait, il saisit de sa main droite le paquet de lames mineures correspondant aux Epées et les élève vers l'Est, face à lui, le Roi face à cette direction.

Il garde cette position et dit :

« Unissez-vous à moi en pensée alors que nous remercions les Esprits des quatre directions pour leur présence et leur aide.

Un instant de silence.

De l'Orient, pays de la Lumière Matutinale, se rue le vent impétueux où résident les Esprits de l'Air.

Enfants des Royaumes de l'Air Elémental, O Grand Roi, soyez présents et attentifs à l'Œuvre du Tarot que j'accomplis à cette heure. »

Il reste quelques instants dans cette position, respirant tranquillement, pleinement conscient de cet appel. Tous les participants partagent avec lui en pensée cet appel, cette visualisation, ces sentiments. Puis le directeur dépose cette partie du jeu au sol, ou sur un tabouret à l'Est de l'espace de travail.

Il se tourne sur sa droite pour faire face au Sud, saisit le paquet des Bâtons et l'élève devant lui, le Roi face à cette direction. Il garde cette position et dit :

« Du Midi, pays de la Flamme Flamboyante, irradie la chaleur de ta splendeur où résident les Esprits du Feu.
Enfants des Royaumes du Feu Elémental, O Grand Roi, soyez présents et attentifs à l'Œuvre du Tarot que j'accomplis à cette heure. »

Il reste quelques instants dans cette position, respirant tranquillement, pleinement conscient de cet appel. Tous les participants partagent avec lui en pensée cet appel, cette visualisation, ces sentiments. Puis le directeur dépose cette partie du jeu au sol, ou sur un tabouret au Sud de l'espace de travail.

Il se tourne sur sa droite pour faire face à l'Ouest, saisit le paquet des Coupes et l'élève devant lui, le Roi face à cette direction. Il garde cette position et dit :

« De l'Occident, pays du crépuscule, parvient le bruit des eaux mouvantes où résident les Esprits de l'Eau.
Enfants des Royaumes de l'Eau Elémentale, O Grand Roi, soyez présents et attentifs à l'Œuvre du Tarot que j'accomplis à cette heure. »

Il reste quelques instants dans cette position, respirant tranquillement, pleinement conscient de cet appel. Tous les participants partagent avec lui en pensée cet appel, cette visualisation, ces sentiments. Puis le directeur dépose cette partie du jeu au sol, ou sur un tabouret à l'Ouest de l'espace de travail.

Il se tourne sur sa droite pour faire face au Nord, saisit le paquet des Deniers et l'élève devant lui, le Roi face à cette direction. Il garde cette position et dit :

« Du Septentrion, pays de la Terre Fertile, apparaît la puissance de la montagne où résident les Esprits de la Terre.

Enfants des Royaumes de la Terre Elémentale, O Grand Roi, soyez présents et attentifs à l'Œuvre du Tarot que j'accomplis à cette heure. »

Il reste quelques instants dans cette position, respirant tranquillement, pleinement conscient de cet appel. Tous les participants partagent avec lui en pensée cet appel, cette visualisation, ces sentiments. Puis le directeur dépose cette partie du jeu au sol, ou sur un tabouret au Nord de l'espace de travail.

Il se tourne sur sa droite pour faire de nouveau face à l'Est.

Tous ferment les yeux quelques instants et prennent conscience de la présence, de l'aide et de la protection des quatre éléments.

Relaxation

Puis tous s'assoient et le Directeur guide la procédure de relaxation habituelle. Tous font cette décontraction. (Se rapporter au paragraphe sur la relaxation. Vous pouvez également utiliser un enregistrement qui vous guidera dans celle-ci. Voir pour cela en bibliographie.)

Extériorisation de l'arcane

Au terme de la relaxation, le directeur se lève et ôte le voile qui se trouve sur la reproduction de la lame du Tarot.

Il décrit à tout le monde l'arcane du Tarot afin que tous puissent la visualiser. Cette pratique doit durer quelques minutes.

Puis, si le nombre de participants est suffisant, tous se donnent la main sans se lever de telle sorte qu'ils constituent ainsi une chaîne qui entoure le participant qui est au centre. Le directeur est à l'intérieur du cercle, mais à l'Est et fait à face à l'Ouest.

Il va maintenant guider les visualisations de l'assemblée et prononcer les mots nécessaires.

« Visualisez l'arcane du Tarot sur laquelle avec laquelle nous œuvrons. Imaginez que la couleur ....*couleur briatique*....... commence à sortir de la carte et emplit l'espace dans lequel nous nous tenons. Nous sommes entièrement entourés et baignés de pure lumière .... *couleur briatique* ..... correspondante. Je vais maintenant invoquer les puissances célestes du Tarot en prononçant l'hymne des louanges. »

Le directeur fait face à l'Est et prononce les phrases de l'hymne des louanges correspondantes.

Tous intensifient cette lumière.

« Alors que je vais tracer, la signature de cette puissance, imaginez maintenant qu'une spirale de cette lumière s'élève de ce cercle vers le ciel créant un canal qui va permettre de nous connecter avec les plus hautes puissances du Tarot. »

Avec son index droit, il trace au-dessus du carré magique du Tarot et de l'arbre de vie la signature, en prononçant le mot correspondant.

En gardant la même place, il se retourne face à l'Ouest et poursuit :

« Imaginez que des particules de lumière commencent à tournoyer entre moi et ....*nom de la personne pour qui le travail est fait*....... Elles s'associent entre elles pour créer une forme vibratoire très lumineuse qui se densifie sans que nous puissions distinguer une forme particulière. Nous ressentons seulement une intense vibration légèrement pulsante et pleinement vivante. Elle nous apparait connectée aux plus hautes sphères.

Unissez-vous mentalement à moi alors que je m'adresse à la puissance présente en ces lieux.

Silence.

Puissante créature qui gouverne l'arcane du ......*arcane du Tarot concerné*........ je m'adresse à toi au nom de tous les participants et te demande de manifester à cet instant ta présence au milieu de nous. »

La manifestation

Quelques instants de silence sont observés, puis le directeur de travail poursuit :

« Visualisons cette aura de lumière toujours très intense. Elle commence à se densifier davantage et à prendre l'aspect du personnage de l'arcane que nous utilisons. »

Quelques instants de silence.

« Unissez-vous à moi en pensée alors que je m'adresse à elle. »

(Vous allez indiquer la raison pour laquelle vous faites appel à sa puissance. Vous aurez eu soin au préalable de rédiger cette raison qui n'est autre que la reprise de l'intention psychologique choisie au départ.)

S'adressant au personnage présent sur le plan spirituel :

« Puissante créature qui gouverne l'arcane du .... je m'adresse à toi en mon nom et aux noms de tous les participants. Par le pouvoir du nom ......*nom yetziratique*....... (le directeur trace la signature de son index droit en direction de l'entité vibratoire) je te demande de te manifester pleinement et de nous aider à ......*intention précise*....... sur notre ami ....*son nom*........... présent ici au milieu de nous. »

Un instant de silence est observé, puis le directeur dit :

« Gardant vos mains unies, levez-vous. »

Ceci fait, il poursuit :

« Alors que la puissante créature ici présente s'approche de notre ami et accomplit ce qui est nécessaire, visualisons le changement de lumière afin que l'ensemble de ce lieu soit baigné de pure lumière ....*couleur yetziratique*.......... »

196

Quelques instants de silence un peu plus long que précédemment.

Il reprend :

« Créons maintenant la chaîne du soleil afin d'intensifier la lumière présente en ce lieu et d'accomplir l'œuvre. »

Le directeur du travail intègre la chaîne à l'Est.

Tous changent leurs mains de position en procédant de la façon qui suit. Chacun place sa main gauche sur l'épaule droite de celui qui se tient à sa gauche et dirige le bras droit en avant la paume de la main ouverte en direction du centre, c'est à dire de celui pour lequel cette œuvre est accomplie.

Il poursuit :

« Que soient manifestés en notre ami ……..*son nom*……….. le beau, le vrai et le juste !
Que l'Ordre soit placé au-dessus du chaos !
Que l'Harmonie s'établisse en lui et dans chaque aspect de sa vie ! »

Cette position est conservée quelques instants. Puis le directeur poursuit :

« Relâchons la chaîne de lumière et croisons nos bras sur notre poitrine, le droit sur le gauche. »

(Pour cela, la main gauche est remontée sur l'avant du corps afin que la première phalange des doigts se trouvent à la hauteur de la clavicule droite. En même temps le bras droit est ramené sur le gauche de telle sorte que la première phalange des doigts de la main droite se trouvent à la hauteur de la clavicule gauche.)

Il prononce alors le nom en Assiah en traçant la signature en direction du centre du cercle et dit :

« Visualisons une lumière …..*couleur en assiah*….. »

Puis quelques instants plus tard :

« C'est fait ! …*silence*… Alors que la puissante créature ici présente commence à disparaître, remercions-la tous mentalement pour sa présence et son œuvre ! »

Silence.

Le silence règne quelques instants, puis le directeur dit :

« Relâchez vos bras le long du corps, asseyez-vous, respirez tranquillement et videz votre esprit. »

Au bout d'un petit moment, le directeur se lève et passe à la fermeture de cette période de travail.

Fermeture

Le directeur dit :

« Levez-vous ! »

Tous se lèvent, y compris le sujet de l'opération qui rejoint le cercle à l'Ouest.

Le Directeur va au centre de l'espace de travail et fait face au Nord. Il saisit le paquet des lames mineures des Deniers. Il l'élève vers cette direction, devant lui, le Roi vers l'extérieur. Il garde cette position et dit :

« Unissez-vous à moi en pensée alors que nous remercions les Esprits des quatre directions pour leur présence et leur aide.

Un instant de silence.

« Esprits de la Terre que la paix soit parmi nous.

Habitants de la lumière astrale, retournez en vos demeures et dès que vous serez appelés, revenez dans l'allégresse. »

Puis il pose le paquet de cartes dans sa main gauche, la face du Roi, vers l'intérieur.

Il se tourne sur sa gauche et fait face à l'Ouest. Il saisit le paquet des lames mineures des Coupes. Il l'élève vers cette direction, devant lui, le Roi vers l'extérieur. Gardez cette position et dit :

« Esprits de l'Eau que la paix soit parmi nous.

Habitants de la lumière astrale, retournez en vos demeures et dès que vous serez appelés, revenez dans l'allégresse. »

Il pose le paquet de cartes dans sa main gauche, la face du Roi, vers l'intérieur, sur le paquet précédent.

Il se tourne sur sa gauche et fait face au Sud. Il saisit le paquet des lames mineures des Bâtons. Il l'élève vers cette direction, devant lui, le Roi vers l'extérieur. Il garde cette position et dit :

« Esprits du Feu que la paix soit parmi nous.
Habitants de la lumière astrale, retournez en vos demeures et dès que vous serez appelés, revenez dans l'allégresse. »

Il pose le paquet de cartes dans sa main gauche, la face du Roi, vers l'intérieur, sur le paquet précédent.

Il se tourne sur sa gauche et fait face à l'Est. Il saisit le paquet des lames mineures des Epées. Il l'élève vers cette direction, devant lui, le Roi vers l'extérieur. Il garde cette position et dit :

« Esprits de l'Air que la paix soit parmi nous.
Habitants de la lumière astrale, retournez en vos demeures et dès que vous serez appelés, revenez dans l'allégresse. »

Il pose le paquet de cartes dans sa main gauche, la face du Roi, vers l'intérieur, sur le paquet précédent. Puis il dépose le paquet formé maintenant par les quatre séries des lames mineures sur l'avant de l'espace de travail.

Il se saisit du témoin qui était posé sur l'arbre de vie et le brûle dans le brûle parfum en l'enflammant à la bougie n°1.

Il revoile l'arcane choisie, puis éteint les bougies dans le sens inverse de l'allumage.

12. LES PRATIQUES SUR SOI EN TRAVAIL DE GROUPE PLAN PHYSIQUE

Conditions générales

Vous rajouterez à ce qui précède de l'huile. Il pourra s'agir soit d'huile d'olive, soit d'huile au parfum le plus neutre possible dans lequel vous rajouterez les huiles essentielles correspondantes en vous reportant au tableau suivant :

Le témoin sera complété comme précisé dans les conditions générales précédentes.

Séance de travail

Elle est identique à celle qui précède à l'exception des détails ci-dessous.

L'intégration

Lors de l'intégration, les signatures sont faites à l'aide du pouce de la main droite qui a été au préalable oint d'huile. Après chaque signature, le directeur du travail trace avec son pouce directement sur le corps à l'emplacement de l'organe en question une petite croix cerclée à quatre branches égales en commençant par la verticale avant de tracer l'horizontale et conclure par un cercle débuté par le haut, dans le sens horaire qui rejoint chaque extrémité de la croix.

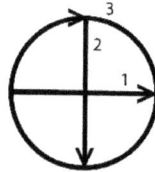

Celle-ci sera faite soit à l'emplacement de l'organe en question, soit sur le front. Elle sert d'ancrage vibratoire de l'œuvre accomplie.

L'ŒUVRE ANNIVERSAIRE

Votre anniversaire est sur le plan occulte un moment tout à fait important de l'année. Ceux d'entre vous qui ont quelques notions de symbolisme astrologique savent que c'est à l'instant anniversaire de votre naissance que les influences célestes vont déterminer votre nouveau cycle annuel. Les influences propres au jour et à l'heure concernés, vont s'associer à celles qui correspondent à votre véritable thème natal pour constituer une sorte de thème astral de l'année. Prenons l'exemple de quelqu'un dont l'anniversaire est le 20 mai 2004 à 6h30 du matin. Ce jour-là, la configuration astrale va déterminer le cycle des douze mois qui vont se dérouler jusqu'au 20 mai 2005. Toutefois, une interprétation des influences de cette date devrait prendre en compte le thème natal fixé au jour d'anniversaire réel en l'occurrence ici le 20 mai 1971. Mais il ne s'agit pas ici pour nous de rentrer dans des considérations astrologiques visant à interpréter le thème en question. Notre seul objet consiste à souligner l'importance occulte de cette date et heure anniversaire. Si des déterminations ou des influences ont lieu à cet instant, il est clair que ce qui sera accompli à cette heure entrera en jeu dans la détermination des douze mois suivants. Des pratiques théurgiques avancées existent pour cela, mais elles sont d'un maniement extrêmement délicat. Nous ne les aborderons donc pas ici. Toutefois, les arcanes du Tarot et les énergies auxquelles elles correspondent, vont nous permettre d'agir afin d'enraciner en nous dans cet instant privilégié les influences les plus favorables possibles. Nous voyons que nous dépassons ici les actions divinatoires généralement usitées, pour débuter un véritable travail de tissage de notre propre destinée. Nous découvrons que le jeu perçu exotériquement comme un simple instrument de divination, devient sur le plan ésotérique un instrument d'action et de construction de soi. Nous devenons en quelque sorte les créateurs de notre propre destin, orientant les influences dans un sens positif et constructif. Ne croyons pas qu'il s'agisse ici d'une faute morale vis-à-vis d'un destin auquel nous serions soumis. Nous ne faisons rien d'autre qu'utiliser les moyens qui nous sont donnés pour préparer les circonstances les plus adaptées à l'expression de ce que nous sommes et au meilleur de ce que nous pouvons et voulons accomplir.

L'œuvre anniversaire s'effectue comme les pratiques précédentes à l'aide du jeu de Tarot complet. Nous vous recommandons cependant de classer les arcanes dans l'ordre indiqué dans les trois tableaux ci-dessous. Vous remarquerez qu'il est spécifique.

A noter qu'il existe deux possibilités dans le classement du cercle du zodiaque :

1- Idéalement vous devez connaître votre ascendant. C'est le signe zodiacal qui était à l'horizon lors de votre naissance. C'est par celui-là que vous devez commencer la série du zodiaque en plaçant cette arcane à l'Est et en suivant ensuite le cycle indiqué plus bas. Ainsi si nous imaginons que vous êtes ascendant Cancer, l'ordre de classement des arcanes sera lui suivant :

7-8-9-11-13-14-15-17-18-4-5-6 | 21-10-16-19-3-1-2 | groupe des Epées (le Roi sur le dessus et en ordre décroissant) - groupe des Bâtons (même classement) - 20 - groupe des Coupes (même classement) - 12 - groupe des Deniers (même classement) - 0

2- Si vous ignorez quel est votre ascendant, vous débuterez par le premier signe du Zodiaque à l'Est en suivant le cycle dans lequel la première carte visible sur le dessus de votre classement sera le quatrième arcane. La dernière sous le paquet sera le Mat. Dans l'ordre de classement nous obtenons donc en partant du dessus du paquet jusqu'à la fin : 4-5-6-7-8-9-11-13-14-15-17-18 | 21-10-16-19-3-1-2 | groupe des Epées (le Roi sur le dessus et en ordre décroissant) - groupe des Bâtons (même classement) -20 - groupe des Coupes (même classement) - 12 - groupe des Deniers (même classement) - 0

Nous résumons les correspondances utilisées dans les tableaux ci-dessous.

Cercle extérieur – cercle du zodiaque

Signes	1° Bélier	2° Taureau	3° Gémeaux	4° Cancer	5° Lion	6° Vierge
Arcanes	4 L'empereur	5 Le pape	6 L'amoureux	7 Le chariot	8 La force	9 L'ermite
Signes	7° Balance	8° Scorpion	9° Sagittaire	10° Capricorne	11° Verseau	12° Poissons
Arcanes	11 La justice	13 La mort	14 La tempérance	15 Le diable	17 L'étoile	18 La lune

Cercle intermédiaire – cercle des planètes

Planètes	Saturne	Jupiter	Mars	Soleil	Vénus	Mercure	Lune
Arcanes	21 Le monde	10 La roue de la fortune	16 La maison dieu	19 Le soleil	3 L'impératrice	1 Le bateleur	2 La papesse

Cercle intérieur – croix des éléments

Eléments	Air	Feu	Eau	Terre
Arcanes Mineurs	Epées	Bâtons	Coupes	Deniers
Arcanes Majeurs		20 Le jugement	12 Le pendu	0 Le mat

Dans la perspective de ce que nous avons dit plus haut, l'œuvre anniversaire consiste à recréer dans notre microcosme l'ordonnancement de la structure du macrocosme. Nous savons que les traditions ésotériques affirment qu'il existe une réelle correspondance entre le macrocosme et le microcosme, entre l'univers, le cosmos et le corps sous tous ses aspects. Les deux sont en interaction et il existe des échanges vibratoires réguliers et constants. C'est de cette façon que les puissances symboliquement représentées par les constellations et les astres influencent notre psychisme et notre corps. Notons qu'il existe une réciprocité. Une opération telle que l'œuvre anniversaire consiste à matérialiser physiquement et spirituellement dans notre sphère le macrocosme de notre naissance et lui donner toutes les possibilités d'être harmonieusement équilibré, engendrant ainsi un cycle de réalisation personnelle.

Pour cela la représentation traditionnelle utilisée se fonde sur une vision gnostique de l'univers. Cela ne devrait plus vous surprendre à cette étape de travail, le Tarot nous donnant un grand nombre de clés opératives nous permettant d'agir à l'aide de ces puissances archétypales.

La structure de base consiste donc à reproduire la roue zodiacale, les sept planètes et les quatre éléments, schéma dont nous sommes le centre, à la fois acteur et support.

Tous les éléments présents dans le décor ont une réelle efficacité.

Conditions générales

Lieu
Une pièce calme.

Temps
Idéalement le jour et heure de votre anniversaire. Toutefois, il est tout à fait possible que vous ne puissiez pas vous libérer ce jour-là, à l'heure précise où cette pratique doit être effectuée. Il est possible d'adapter cette situation aux exigences d'une telle action en appliquant les principes ésotériques de l'enracinement et du lien magique. Si c'est le cas, vous devrez donc créer un témoin naturel qui va fixer les influences en question. Reportez-vous un peu plus bas pour savoir comment le confectionner.

Direction
Face à l'Est.

Espace de travail

Un espace dégagé sur le sol approximativement de deux mètres sur deux mètres. Il sera délimité par une cordelette de couleur blanche de telle sorte que vous obteniez un cercle fermé. Vous serez évidemment au centre durant l'œuvre.

Les trois cercles

Cercle zodiacal

(Le plus extérieur. Les nombres correspondent aux numéros des arcanes. Voir l'ordre de classement précisé plus haut)

7   ♈

8   6   ♉   ♓

9   5   ♊   ♒

11   4   ♋   ♑

13   18   ♌   ♐

14   17   ♍   ♏

15   ♎

Cercle planétaire

(l'intermédiaire, près des sept lampes de couleur)

21   ♄   outremer

16   1   ♂   ♀   rouge   vert

3   19   orange   jaune

2   10   ☿   ☉   violet   bleu

☽   ♃

Cercle des éléments

(Le plus intérieur)

Epées   △

Deniers   Bâtons   ▽   △

Coupes   ▽

Eclairages

Sept bougies de couleur ou sept veilleuses placées dans sept lampes en verre de couleur. Il s'agira des couleurs violette, orange, verte, jaune, rouge, bleu, bleu outremer.

Briatique de l'arcane ou approchante (par défaut en cire naturelle d'abeille).

Elles sont déposées (représentées par les chiffres) autour du lieu selon le schéma représenté plus bas. L'allumage de ces luminaires se fera selon le sens indiqué par les chiffres dans le passage concerné. L'extinction se fait en sens inverse.

Une fois les bougies allumées, il est important que ce soit les seules lumières qui demeurent dans la pièce.

Le Tarot

Vous utiliserez un jeu complet du Tarot, les cartes étant classées de la façon indiquée plus haut. Les ensembles de cartes zodiaque, planètes, quatre éléments pourront être croisés de telle façon que vous puissiez vous repérer aisément au moment où vous disposez les cartes autour de vous. Le jeu sera posé sur un tissus violet au centre du cercle, la face des cartes vers le sol.

Signatures et sons

Les signatures et les noms correspondants seront indiqués dans le texte pratique qui suit.

Encens

L'éventuel encens que vous avez choisi.

Témoin

Vous préparerez au préalable un carré de papier blanc (par exemple du papier à dessin) de 4cm x 4cm et une enveloppe blanche. Au jour et à l'heure de votre anniversaire, vous vous retirerez seul quelques instants avec ce que vous avez préparé et vous apposerez au dos du témoin votre signature (soit noire, soit de la couleur briatique) et de l'autre côté vous mettrez une trace d'un fluide de votre corps (salive par exemple). Vous placerez immédiatement ce témoin naturel dans une enveloppe blanche. Vous pouvez également y associer un de vos cheveux maintenu par exemple à l'aide d'un morceau de scotch. Il sera posé du côté opposé à la signature. Cette enveloppe sera conservée jusqu'au moment où vous accomplirez effectivement le rite anniversaire. A préciser que cet écart de temps ne peut excéder deux jours à compter de l'heure anniversaire.

Divers

Un stylo noir, votre carnet de note, votre livre, des allumettes, un éteignoir ou tout autre objet vous permettant d'éteindre les bougies sans vous brûler, une coupe de vin, une chaise ou un fauteuil face à la table.

Habillement

Habits confortables et décontractés.

Séance de travail

Ouverture

Installez la cordelette en forme le cercle. Disposez les sept lampes dans les positions indiquées ci-dessous et à une distance de la cordelette qui vous permette de déposer les arcanes du Tarot correspondant aux signes astrologiques.

$$\text{♄}$$

$$\text{♂} \qquad\qquad\qquad \text{♀}$$

$$\text{☿} \qquad\qquad\qquad \text{☉}$$

$$\text{☽} \quad \text{♃}$$

Disposez, le tissu violet au centre avec le Tarot classé. L'éventuel encens sera placé sur le tissu à droite du Tarot et une coupe de vin à gauche. Déposez si nécessaire le témoin (papier blanc) sur le tissu violet et sous le jeu de Tarot.

Tout ce dont vous pouvez avoir besoin se trouvera à vos côtés à l'intérieur du cercle, car vous ne devrez pas sortir du cercle du début de l'œuvre jusqu'à la fin.

Vous êtes debout à l'intérieur du cercle, face à l'Est, les bras relâchés.

Vous restez dans cette position pendant quelques instants, respirant tranquillement, les yeux clos ou mi-clos.

Déposez de l'encens sur le charbon ou allumez tout simplement l'encens. Elevez-le quelques instants vers le ciel en pensant à son pouvoir protecteur et purificateur. Puis tracez avec cet encens un cercle au-dessus du cordon en imaginant qu'un mur de brume qui part du sol et dépasse le plafond de la pièce, délimite le lieu où vous vous trouvez. Le cercle clos, déposez l'encens à l'endroit requis.

Le cercle du zodiaque

Saisissez-vous du jeu de Tarot en le posant dans le creux de votre main gauche, les cartes étant apparentes sur le dessus de celui-ci. Vous êtes face à l'Est. Si vous connaissez votre ascendant, vous commencerez par le signe de votre ascendant. (Voir plus haut les explications à ce sujet) Si vous l'ignorez, commencez comme indiqué par le premier signe du zodiaque, c'est à dire le Bélier. Posez les 12 cartes de façon équilibrée tout autour du cercle en partant vers la gauche dans le sens inverse des aiguilles d'une montre. A chaque fois que vous posez une carte sur le sol, relevez-vous et prononcez la partie de l'hymne des louanges qui y correspond. Nous vous indiquons ce cycle ci-dessous en partant du premier signe, ce qui n'est pas, comme nous l'avons expliqué, une règle absolue.

Vous êtes toujours face à l'Est.

Posez l'arcane de l'Empereur sur le sol, le haut de la carte près du cordon. Relevez-vous et déclamez l'hymne correspondant au **Bélier** :

> **« A toi la marque de l'Achèvement, Être accompli, Somme des existences.**
>
> **A toi la Porte ultime, ouverte sur le mystère indicible de la Nuit.**
>
> **A toi le premier pas hésitant dans les ténèbres de ceux, qui à l'instant naissent au Labyrinthe ! »**

Tournez-vous légèrement sur votre gauche posez l'arcane du Pape sur le sol. Relevez-vous et déclamez l'hymne correspondant au **Taureau** :

> **« Adorateur inébranlable comme la pierre, ardent comme la flamme,**
>
> **Soutien de l'unité,**
>
> **Enfant de cet esprit divin fixé dans le soleil, généreux, abondant,**
>
> **Vie des mondes orphelins ! Ainsi te dresses-tu, pontife du sacrifice,**
>
> **Fidélité immuable ! »**

Procédez de même pour les signes suivants.

3° Gémeaux (L'amoureux)

> **« Zéphyr ou Borée déchaîné, quel est ton souffle, quel est ton dessein ?**
>
> **Éclair fulgurant ou aube claire, sous quelle forme saluerons-nous ton apparition ?**
>
> **Deux sont les serpents de la puissance, deux les augustes Thummin de la prophétie.**
>
> **Double soit notre louange ! »**

4° Cancer (Le chariot)

« Le Chaos est à nos portes. Puissant soit le mur, forte la citadelle !
Par le feu de l'adversité, façonné à endurer sois notre champion.
Sois notre bouclier jusqu'à ce qu'enfin le Tumulte englobe l'Harmonie manifestée ! »

5° Lion (La force)

« Douze sont les signes voisins encadrant le brillant dragon céleste,
Theli ou Ouroboros, encerclant le monde, serpentin, léonin.
Toi que le Tonnant s'efforça en vain de déplacer, toi puissant, lumineux,
A toi toute révérence ! »

6° Vierge (L'ermite)

« Tu es jeunesse éternelle, intemporelle telle la lumière s'épanchant dans le silence,
Alchimie du blé doré, pouvoir qui crée, transforme et féconde,
Embrasant les astres de ton effleurement, frôlant les immenses volutes des nébuleuses,
Engendrant les galaxies ! »

7° Balance (La justice)

« Sois nommé Flagellement des vents, éveillant la tempête, excitant l'ouragan,
Cinglant les forêts, les plaines, arrachant les feuillages morts d'antan,
Balayant la mort de l'été ! Danse et exulte, beauté invisible, terrible innocence ! »

8° Scorpion (La mort)

« Près du cœur des mers observe le Poisson ondoyant, nacré,
Se mouvant au rythme des marées, glissant des ales profondeurs sous leurs turbulences
Traversant les abîmes insondables, s'insinuant dans les coques perdues des navires,
Ombre impénétrable ! »

9° Sagittaire (La tempérance)

« Pierre du rêve du Patriarche, austère oreiller sous la tête de l'errant,
Alors qu'entre le ciel et la terre de glorieuses formes vont et viennent sans interruption.
Salut à toi, Porte des Mondes, colonne non équarrie dressée en mémorial,
Montrant la voie de la Flèche ! »

10° Capricorne (Le diable)

« De la source des formes emplissant les vastes sphères de leurs formations,
Des myriades d'images s'élèvent, violentes ou sereines, charnelles, éthérées.
Salut, O toi Œil qui as vu toutes choses qui sont, Connaissance qui les considère,
Bénissant leur bonté ! »

11° Verseau (L'étoile)

« Tzaphquiel, toi qui brilles au-delà des voiles de la nuit !
Visage et messager de la Mère salut !
A toi cette lointaine forteresse de splendeur
Éclairant la sécheresse de notre chemin.
Fontaine d'espérance, eau céleste,
Immortelle, notre soif pour toi ! »

12° Poissons (La lune)

« Dresse-toi en ta splendeur, O Roi ! Front glorieux contemple ton empire,
Réjouis ceux qui voient !
Un chant s'élève, régis et illumine.
La chrysolithe brille sur ta couronne, dresse-toi et inspire,
Lion-or, Vol du Faucon,
Joie, parfum d'ambroisie ! »
Faites de nouveau face à l'Est et respirez quelques instants en vidant votre esprit.

Le cercle des planètes

Puis posez devant les lampes de couleur les sept arcanes majeurs correspondant aux planètes dans l'ordre indiqué ci-dessous.

♄

                                             7

♂   ☿   5   2

♀   ☉   3   4

  ☽   ♃   1   6

Procédez de la même façon que pour les signes du zodiaque. A chaque fois que vous posez un arcane, relevez-vous et prononcez l'hymne des louanges correspondant.

1° Lune (La papesse)

« Grâce de la nuit scintillante, magnifiquement pâle, chameau qui t'a portée,
Bravement avec bride de perles, vêtu du plus beau caparaçon d'argent.

Recherchant les demeures sans chemin, connaissant tous les temps, connaissant les innombrables semences du firmament ! »

2° Mercure (Le bateleur)

« Portant ta vérité dans ton cœur, feu opalin scellé, profond et inviolable,
Sur le pont aux sept couleurs traversant les mondes, participe de leurs différences.
Salut à la voix de ta puissance, parlant dans toutes les langues, diverse en ses desseins,
Une en divinité ! »

3° Vénus (L'impératrice)

« Porte de la vision accomplie, donneuse e rêves vers l'aventure,
Sacrés sont les rouges portails de l'aube sacrées les portes d'émeraude,
Du printemps jubilant, Mère des exploits manifestées multiformes
Mère de la destinée ! »

4° Soleil (Le soleil)

« En silence sous la Lune s'évanouit, du jour le libre cours.
Doucement les voix de la Nuit résonnent à nos portes, sortent de l'oubli appelant au sacrifice !
Nous voilà, enfants tous d'une même parenté.
Nous louons le Seigneur ! »

5° Mars (La maison dieu)

« Jeu du Souffle et de la Parole, de la Vie et de la Loi, échange complexe
Tissant le fondement de nos jours : telle est notre force, tel est notre péril.
Esprit oraculaire, dis : connaissance et amour conserveront-ils l'unité, ou, opposés, nous briseront-ils ? »

6° Jupiter (La roue de la fortune)

« Coupe qui reçoit et octroie, paume généreuse qui rassemble et disperse,
A toi les pluies abondantes, à toi la fontaine pourpre et périlleuse.
A toi appartient l'autorité de jeter dans la fosse, à toi d'accorder asile,
Oui, de donner la liberté ! »

7° Saturne (Le monde)

« A toi la marque de l'Achèvement, Être accompli, Somme des existences.
A toi la Porte ultime, ouverte sur le mystère indicible de la Nuit.
A toi le premier pas hésitant dans les ténèbres de ceux, qui à l'instant naissent au Labyrinthe ! »

Posez quelques instants le jeu sur le tissu violet et saisissez-vous du nécessaire pour allumer les luminaires en partant de la pointe supérieure et en suivant l'ordre indiqué ci-dessous.

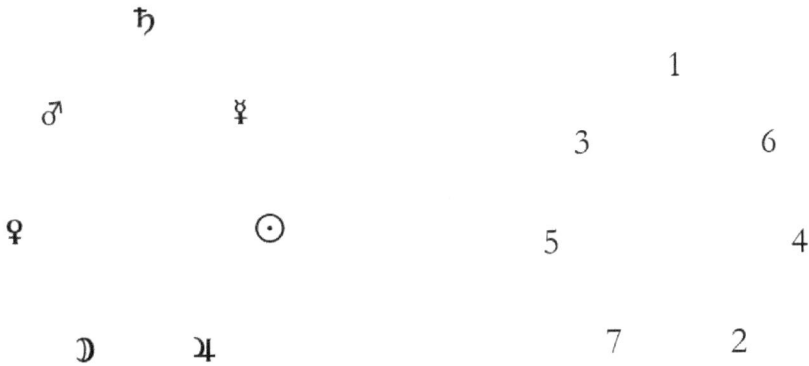

♄
♂   ☿   1
                           3   6
♀   ☉   5   4
☽   ♃   7   2

Les cercle des quatre éléments

Reprenez le reste des arcanes dans votre main gauche, toujours face à l'Est.

Posez le paquet de lames mineures correspondant aux épées et, face à cette direction, dites :

« De l'Orient, pays de la Lumière Matutinale, se rue le vent impétueux où résident les Esprits de l'Air.
Enfants des Royaumes de l'Air Elémental, O Grand Roi, soyez présents et attentifs à l'Œuvre anniversaire que j'accomplis à cette heure. »

Tournez-vous sur votre droite pour faire face au Sud. Déposez le paquet des Bâtons et dites face à cette direction :

« Du Midi, pays de la Flamme Flamboyante, irradie la chaleur de ta splendeur où résident les Esprits du Feu.
Enfants des Royaumes du Feu Elémental, O Grand Roi, soyez présents et attentifs à l'Œuvre du Tarot que j'accomplis à cette heure. »

Tournez-vous sur votre droite pour faire face à l'Ouest. Déposez le paquet des Coupes et dites face à cette direction :

« De l'Occident, pays du crépuscule, parvient le bruit des eaux mouvantes où résident les Esprits de l'Eau.
Enfants des Royaumes de l'Eau Elémentale, O Grand Roi, soyez présents et attentifs à l'Œuvre du Tarot que j'accomplis à cette heure. »

Tournez-vous sur votre droite pour faire face au Nord. Déposez le paquet des Deniers et dites face à cette direction :

« Du Septentrion, pays de la Terre Fertile, apparaît la puissance de la montagne où résident les Esprits de la Terre.
Enfants des Royaumes de la Terre Elémentale, O Grand Roi, soyez présents et attentifs à l'Œuvre du Tarot que j'accomplis à cette heure. »

Tournez-vous sur votre droite pour faire de nouveau face à l'Est.

Fermez les yeux quelques instants et détendez-vous vidant votre esprit.

Puis prenez avec votre corps la position du pentagramme, de l'étoile à cinq branches en écartant vos bras à l'horizontale, de chaque côté du corps et écartant vos jambes. Respirez paisiblement en vidant votre esprit.

Imaginez qu'une sphère d'une intense lumière jaune-dorée apparaît et se densifie au-dessus de votre tête. Une lumière de la même couleur descend sur vous et pénètre votre être comme une chute d'eau dont l'effet serait tout à fait dynamisant.

Peu à peu cette lumière baigne l'ensemble du lieu.

Dites alors :

> **« Vous toutes Puissances présentes en ce lieu en ce jour anniversaire, je vous demande d'harmoniser vos influences de telle sorte que débute un cycle plein de réussite, de joie et de bonheur ! Que vos actions soient l'accomplissement de ce à quoi j'aspire !**
> **Que se manifeste en moi le beau, le vrai et le juste !**
> **Que l'Ordre soit placé au-dessus du chaos !**
> **Que l'Harmonie s'établisse en moi et dans chaque aspect de ma vie ! »**

Conservez quelques instants la même position et croisez vos bras sur la poitrine, le gauche sur le droit, ramenant vos jambes dans un même temps.

Respirez tranquillement.

Relâchez vos bras et attrapez l'éventuel témoin sur papier blanc. Approchez-le de la lampe indigo qui est à l'Est, au sommet de l'étoile. Enflammez le papier en disant :

> **« Que par le pouvoir du Feu l'œuvre de ce jour s'inscrive dans l'invisible ! »** Laissez-le se consumer par exemple dans l'encensoir.

Saisissez alors la coupe.

Dites en l'élevant vers le ciel :

> **« Que les Puissances du Tarot et celles du cosmos soient remerciées pour cette œuvre anniversaire ! »**

Buvez le contenu de la coupe avant de la reposer à la place qu'elle occupait.

Poursuivez en disant :

« Vous toutes Puissances présentes soyez remerciées pour votre présence et votre action ! »

Ramassez toutes les cartes dans le sens inverse de ce que vous avez préalablement fait pour l'ouverture. Dans l'exemple évoqué plus haut, vous ramasseriez : groupe des Deniers (même classement)-0-groupe des Coupes (même classement)-12-groupe des Bâtons (même classement)-20-groupe des Epées (le Roi sur le dessus et en ordre décroissant) | 21-10-16-19-3-1-2 | 18-17-15-14- 13-11-9-8-7-6-5-4

Ne croisez pas les différentes catégories et déposez ensuite le jeu sur le tissu violet face contre le tissu.

Avec le plat de votre main droite, parcourez le cercle dans le sens inverse des aiguilles d'une montre imaginant que vous faites disparaître le cercle de brume, comme si vous tiriez un rideau.

Vous pouvez à ce moment ranger le matériel que vous avez utilisé.

3- LES REEQUILIBRAGES COMPLETS PONCTUELS

Comme nous l'avons dit, l'arbre de vie peut être interprété comme une grille de lecture des états de conscience et des organes physiques. Elle représente et synthétise notre état équilibré, l'ensemble de nos fonctions en harmonie, les unes avec les autres. Nous pouvons donc l'utiliser à la fois pour faire le point sur l'état dans lequel nous nous trouvons, mais également comme un moyen de rééquilibrage visant une action globale à l'aide du pouvoir propre aux arcanes. Nous ne devons pas confondre cette recherche d'équilibre avec l'harmonisation complète du chapitre précédent. Il s'agissait d'un travail en profondeur destiné à agir sur des parties anciennes et profondément enfouies de notre être. Dans ce rééquilibrage ponctuel, nous nous situons dans une perspective plus immédiate, fondée sur des cycles plus courts. Cette œuvre s'appuie donc sur le travail en profondeur qui a déjà été fait au préalable. Bien évidemment, vous pouvez utiliser cet exercice sans avoir encore accompli l'ensemble du processus préalable. Mais cette technique aura peut-être plus d'impact et plus de rapidité si vous agissez avec le préalable dont nous parlions.

Comme nous vous l'indiquerons plus bas, il est intéressant d'accomplir cette œuvre à la nouvelle lune (Le moment où la lune est invisible). En effet au moment où la lune est croissante, les actions impliquant les corps énergétiques qui nous entourent prennent plus d'ampleur et s'inscrivent d'une façon plus importante. Si vous souhaitez accomplir plusieurs fois ce type de pratiques, il est alors bon de le faire à la même période chaque mois.

Vous allez utiliser une reproduction agrandie de l'arbre de vie qui se trouve en annexe vous permettant l'usage des arcanes majeurs. Vous pouvez par exemple l'agrandir au format A3. Les autres schémas de l'arbre de vie que vous trouverez plus bas à l'intérieur du descriptif de la pratique sont destinés à vous aider à visualiser les actions à accomplir.

CONDITIONS GENERALES

Lieu : une pièce calme.

Temps : idéalement le jour de la nouvelle lune (lune noire).

Direction : face à l'Est.

Espace de travail : une table (ou quelque surface plane) recouverte d'une nappe de couleur noire.

Eclairages

Trois bougies, une noire (3), une blanche (1) et une rouge (2), ou trois lampes aux verres des trois couleurs. L'allumage de ces bougies se fait selon le sens indiqué par les chiffres. L'extinction se fait en sens inverse.

Une fois les bougies allumées, il est important que ce soit les seules lumières qui demeurent dans la pièce.

Le Tarot

Les arcanes majeurs habituels. Ils sont posés sur la sphère la plus basse de la colonne centrale de la reproduction de l'arbre de vie, la face cachée.

Signatures et sons

Les signatures et les noms correspondants.

Encens

L'éventuel encens que vous avez choisi. (6)

L'arbre de vie

Un agrandissement de l'arbre de vie (5) (format A3 par exemple). Cette représentation est posée sur le carré magique (4) au centre de l'espace de travail. Les bougies sont dans le prolongement des trois colonnes de l'arbre de vie.

Divers

Un stylo noir, votre carnet de note, votre livre (7), des allumettes, un objet pour éteindre les bougies sans vous brûler. Une chaise ou un fauteuil face à la table.

Habillement

Habits confortables et décontractés.

Séance de travail

Ouverture

Vous êtes debout, devant votre espace de travail. Votre chaise est légèrement en arrière.

Vous restez dans cette position pendant quelques instants, respirant tranquillement, les yeux clos ou mi-clos.

Ouvrez les yeux et allumez les bougies dans le sens indiqué sur le schéma présenté plus haut.

Tapez une fois sur la table avec le bout des phalanges de votre poing droit fermé afin d'émettre un coup sec qui marquera le début du travail. Déclarez :

« Que débute ce travail de rééquilibrage sous les auspices des puissances du Tarot ! »

Allumez l'encens auprès de la bougie centrale blanche. Puis élevez le quelques secondes vers le haut en imaginant une intense lumière rougeoyante au-dessus de vous, qui descend en fines gouttelettes de feu sur l'ensemble du lieu, lui apportant sa force.

Puis toujours à l'aide de l'encens, en tournant sur vous-mêmes, délimitez un cercle dont vous êtes le centre et qui englobe l'espace de travail et donc la petite table qui est devant vous. Tracez réellement ce cercle dans l'espace dans le sens des aiguilles d'une montre à partir de l'Est, jusqu'à revenir au point de départ. Imaginez en même temps un mur de brume légère qui délimite l'espace autour de vous.

Les protecteurs des quatre directions

Face à l'Est dites :

« De l'Orient, pays de la Lumière Matutinale, se rue le vent impétueux où résident les Esprits de l'Air.
Enfants des Royaumes de l'Air Elémental, O Grand Roi, soyez présents et attentifs à l'Œuvre du Tarot que j'accomplis à cette heure. »

Restez quelques instants dans cette position, respirant tranquillement, pleinement conscient de cet appel.

Tournez-vous sur votre droite pour faire face au Sud et dites :

« Du Midi, pays de la Flamme Flamboyante, irradie la chaleur de ta splendeur où résident les Esprits du Feu.
Enfants des Royaumes du Feu Elémental, O Grand Roi, soyez présents et attentifs à l'Œuvre du Tarot que j'accomplis à cette heure. »

Restez quelques instants dans cette position, respirant tranquillement, pleinement conscient de cet appel.

Tournez-vous sur votre droite pour faire face à l'Ouest et dites :

« De l'Occident, pays du crépuscule, parvient le bruit des eaux mouvantes où résident les Esprits de l'Eau.
Enfants des Royaumes de l'Eau Elémentale, O Grand Roi, soyez présents et attentifs à l'Œuvre du Tarot que j'accomplis à cette heure. »

Restez quelques instants dans cette position, respirant tranquillement, pleinement conscient de cet appel.

Tournez-vous sur votre droite pour faire face au Nord et dites :

« Du Septentrion, pays de la Terre Fertile, apparaît la puissance de la montagne où résident les Esprits de la Terre.

Enfants des Royaumes de la Terre Elémentale, O Grand Roi, soyez présents et attentifs à l'Œuvre du Tarot que j'accomplis à cette heure. »

Tournez-vous sur votre droite pour faire de nouveau face à l'Est.

Fermez les yeux quelques instants et prenez conscience de la présence, de l'aide et de la protection des quatre éléments.

Relaxation (facultatif)

Asseyez-vous et entamez la procédure de relaxation habituelle.

Rééquilibrage

Prenez le paquet de Tarots et mélangez les arcanes en centrant votre esprit sur l'objet de votre tirage.

Par exemple **« Je souhaite manifester sur cet arbre mon état psychique ou psychologique actuel. »**

Ou : **« Je souhaite manifester sur cet arbre mon état physique actuel. »**

Mélangez les arcanes jusqu'à ce que vous sentiez intérieurement que le moment est venu d'arrêter. Placez alors les arcanes visibles un à un sur les sentiers de l'arbre de vie dans le sens que nous vous indiquons ci-dessous.

(p.94 du livre *philosophie et pratique de haute magie*)

Ceci fait, vous n'avez plus de cartes en main.

Détendez-vous en regardant l'ensemble du schéma, vous laissant envahir par une impression globale. Il convient de ne pas vous attacher à l'analyse de ce que vous voyez, mais de saisir ce que vous avez devant vous dans sa totalité. Votre regard est donc englobant. Si vous voulez un peu plus tard réfléchir et analyser le résultat du tirage que vous avez fait, nous vous recommandons d'avoir une photocopie de ce schéma en un format plus petit et de noter le tirage sur les sentiers de l'arbre de vie avant de vous détendre dans cette contemplation. Vous pourrez de cette façon y revenir.

Après quelques minutes de contemplation, étendez vos mains en avant, les paumes ouvertes vers l'arbre de vie sur lequel se trouvent les arcanes et dites :

« Par les pouvoirs des arcanes du Tarot, que cet arbre de vie, image de mon être, soit maintenant rééquilibré ! »

Prenez la première arcane du fou et placez là sur le sentier n°11. (Voir le schéma ci-dessous)

Prenez l'arcane qui se trouvait sur le sentier n°11 et placez-là à l'emplacement qu'occupait l'arcane du fou maintenant vide.

Prenez la seconde arcane du bateleur et placez-la sur le sentier n°12.

Prenez l'arcane qui se trouvait sur le sentier n°12 et placez-là à l'emplacement qu'occupait l'arcane du bateleur maintenant vide.

Procédez de même pour l'ensemble des arcanes du Tarot, jusqu'à ce que tous soient dans leurs positions de référence.

De la même façon que précédemment, imprégnez-vous quelques minutes de la vision globale de toutes les cartes du Tarot dans ce nouveau schéma équilibré.

Puis dans le même ordre que précédemment, tracez au-dessus de chacun des arcanes les signatures divines en prononçant à chaque fois les noms divins correspondants.

Sentier	Tarot	Nom divin
11	0- Le mat	1) Iod Héh Vav Héh
		2) Rouariel
		3) Ariel
12	1- Le bateleur	1) Elohim Tsébaoth
		2) Mikael
		3) Tarchichim
13	2-La papesse	1) Chadaï El Raï
		2) Kéroubim
		3) Gabriel
14	3- L'impératrice	1) Iod Héh Vav Hé Tsébaot
		2) Haniel
		3) Elohim
15	4- L'empereur	1) Elohim Guibor
		2) Malridel
		3) Chariel
16	5- Le pape	1) Iod Hé Vav Hé Tsébaoth
		2) Asmodel
		3) Araziel
17	6- L'amoureux	1) Elohim Tsébaoth
		2) Ambriel
		3) Saraiel
18	7- Le chariot	1) Chadaï
		2) Mouriel
		3) Pékiel

19	8- La force	1) Eloha
		2) Verièl
		3) Charatiel
20	9- L'ermite	1) Elohim Tsébaoth
		2) Hamaliel
		3) Chelatiel
21	10- La roue de la fortune	1) El
		2) Tsadkiel
		3) Rachmalim
22	11- La justice	1) Iod Hé Vav Hé Tsébaoth
		2) Zouriel
		3) Radequiel
23	12- Le pendu	1) El
		2) Tiel
		3) Talied
24	13- La mort	1) Elohim Guibor
		2) Barriel
		3) Saïtziel
25	14- La tempérance	1) El
		2) Adoriel
		3) Samquiel
26	15- Le diable	1) Iod Hé Vav Hé Elohim
		2) Hanael
		3) Saritiel

27	16- La maison dieu	1) Elohim Guibor
		2) Kamael
		3) Séraphim
28	17- L'étoile	1) Iahou
		2) briel
		3) Tsaqmekiel
29	18- La lune	1) El
		2) Amniziel
		3) Varabiel
30	19- Le soleil	1) Iod Héh Vav Héh Eloah Vedaat
		2) Raphael
		3) Melerim
31	20- Le jugement	1) Elohim
		2) Achiel
		3) Arael
32	21- Le monde	1) Iod Héh Vav Héh Elohim
		2) Tsafkiel
		3) Aralim

Tracez sur votre front une croix cerclée à branches égales et asseyez-vous le dos droit, les mains posées sur vos cuisses. Restez quelques instants dans cette position, les yeux clos ou mi-clos, vous imprégnant de la figure devant vous et de l'ambiance du lieu.

Levez-vous et prononcez l'hymne d'Hermès :

« Puissances qui êtes en moi, chantez l'Un et le Tout.
Vous toutes Puissances qui êtes en moi, chantez à l'unisson de ma volonté.

Sainte Gnose, illuminé par toi, c'est grâce à toi que je célèbre la lumière intelligible et me réjouis dans la joie de l'intellect.
Vous toutes Puissances, chantez l'hymne avec moi ! »

Détendez-vous encore quelques instants en respirant tranquillement avant de dire :

« L'œuvre de rééquilibrage du Tarot est accomplie ! Qu'elle demeure inscrite en mon être ! »

Croisez les bras sur votre poitrine, la gauche sur la droite, le dos toujours droit et gardez cette position quelques instants.

Puis relâchez vos bras et rangez les cartes en les ramassant dans le sens inverse, commençant du bas de l'arbre par l'arcane 21 du monde, puis la 20, le jugement et ainsi de suite.

Posez ensuite le jeu de Tarot sur la sphère la plus haute de la colonne centrale de l'arbre de vie, face cachée.

Fermeture

Tournez-vous sur votre gauche, faites face au Nord et dites :

« Esprits de la Terre que la paix soit parmi nous.
Habitants de la lumière astrale, retournez en vos demeures et dès que vous serez appelés, revenez dans l'allégresse. »

Tournez-vous sur votre gauche, faites face à l'Ouest et dites :

« Esprits de l'Eau que la paix soit parmi nous.
Habitants de la lumière astrale, retournez en vos demeures et dès que vous serez appelés, revenez dans l'allégresse. »

Tournez-vous sur votre gauche, faites face au Sud et dites :

« Esprits du Feu que la paix soit parmi nous.
Habitants de la lumière astrale, retournez en vos demeures et dès que vous serez appelés, revenez dans l'allégresse. »

Tournez-vous sur votre gauche, faites de nouveau face à l'Est et dites :

« Esprits de l'Air que la paix soit parmi nous.
Habitants de la lumière astrale, retournez en vos demeures et dès que vous serez appelés, revenez dans l'allégresse. »

Imaginez que le cercle de brume qui vous entourait s'efface et éteignez les bougies dans le sens inverse de l'allumage, c'est-à-dire la bougie gauche, la bougie droite et la centrale.

L'œuvre est terminée.

Notez dans votre cahier, vos impressions, remarques, idées qui peuvent s'être manifestées durant la pratique.

PARTIE V - LE TRAVAIL A DISTANCE

1- LES PRINCIPES DU TRAVAIL A DISTANCE

Nous avons vu, depuis le début de cet ouvrage, la place fondamentale de l'action vibratoire et invisible du Tarot. Après avoir pratiqué ce qui vous a été expliqué dans les chapitres précédents, il est maintenant évident que la nature même des cartes, ainsi que les forces auxquelles elles se rapportent, constituent un puissant moyen d'action que vous avez appris à utiliser. Vous vous êtes rendu compte que l'action du Tarot vise les différents corps subtils qui nous constituent. Les pratiques ayant pour objet le corps physique lui-même passent par l'intermédiaire de certains de ces corps psychiques, dont l'aura ou l'éthérique. Le résultat physique obtenu est déclenché par répercussion, l'éthérique étant comme nous le savons la dimension énergétique du plan physique. C'est sur ce fondement que nous allons considérer la question de l'action à distance, en y associant quelques principes de base de l'art occulte.

Jusque-là, l'action des arcanes du Tarot a été pour ainsi dire directe. Vous avez utilisé son énergie, en manipulant directement les cartes pour obtenir l'effet visé. Qu'il s'agisse d'un travail de groupe ou individuel, l'action consistait à invoquer les puissances de l'arcane, leur permettant de transformer une situation particulière. Comme vous l'avez compris, cette action impliquait toutes les parties de votre être, qu'il s'agisse des dimensions cachées ou visibles.

Les différents corps subtils commencent à être relativement bien connus. Comme je l'évoquais dans un chapitre précédent, vous pouvez vous reporter à mon ouvrage sur l'aura pour avoir toutes les précisions que vous pourriez souhaiter. (Voir la bibliographie)

Ces corps sont généralement représentés sous la forme d'ovoïdes, bien que leur aspect puisse être bien différents du corps physique.

L'action à distance repose sur deux théories qui se complètent :

1- Les limites de nos corps subtils ne sont pas toujours aussi précises que l'on peut le montrer. Nous pourrions dire de la même manière que notre esprit n'a pas de limite et ne s'arrête pas aux parois de notre crane. Ainsi d'une certaine façon, nos corps psychiques s'étendent à l'infini s'interpénétrant comme le feraient des ondes hertziennes. Prenons pour comprendre ce que cela signifie, l'analogie de la radio.

Des ondes émises par les différentes stations se trouvent tout autour de nous. A tout instant des émissions de radio, de télévision, des conversations de portables traversent notre corps, frappent nos oreilles sans que nous les remarquions. Elles sont invisibles et indétectables à nos sens classiques. D'une certaine manière, elles n'existent pas pour nous. Mais si vous possédez un poste de radio et que vous le mettiez en marche, vous allez immédiatement capter une station et vous pourrez évidemment vous amuser à parcourir les fréquences pour découvrir la quantité parfois invraisemblable des diffusions.

Il ne faut évidemment pas confondre l'onde que nous captons, avec la réalité à la base de la transmission. Ainsi les intervenants présents sur le plateau, ne sont pas physiquement auprès de nous lorsque nous les écoutons. Il s'agit simplement d'un envoi d'informations que nous sommes capables de décoder. Pour parler véritablement d'action à distance, il conviendrait d'émettre nous-mêmes une onde capable de déclencher une réaction. Chaque fois que vous utilisez une télécommande pour ouvrir votre voiture ou allumer votre téléviseur, vous accomplissez une action à distance. De la même manière, l'idée consiste à utiliser l'énergie propre à un arcane pour déclencher un résultat chez un individu qui ne se trouve pas présent physiquement. L'émetteur (la télécommande) est l'arcane, le récepteur est l'individu pour lequel on agit et la transmission radio le lien invisible qui est constitué entre les deux. L'énergie libérée, canalisée et transmise, n'est pas l'action délibérée et consciente de l'opérateur, capable d'agir sur ces plans invisibles. Ce sont les différents corps subtils de l'individu visé qui seront concernés et qui recevront l'influx, sans qu'il en soit véritablement conscient. Cet influx est donc envoyé comme une information destinée à réagir sur le récepteur.

2- Une deuxième approche consiste à affirmer que les ondes qui traversent l'espace autour de nous ne sont pas des effets, mais la manifestation de la présence réelle d'une partie de la réalité d'origine. Pour dire cela d'une autre manière, nos corps subtils n'auraient pas de véritables limites dans l'espace et seraient présents sur toute la terre. Ainsi se trouveraient devant moi, mêlée comme les ondes de la radio, une partie de l'aura de tous les lecteurs de cet ouvrage. Il ne s'agirait pas vraiment d'une action à distance, mais d'une manipulation de votre corps psychique présent près de moi. L'effet se répercuterait ensuite sur vos corps plus denses. Comme vous pouvez vous en douter, la difficulté sera de sélectionner votre vibration dans un espace déterminé, en filtrant toutes celles qui ne vous appartiennent pas.

Les deux principes que nous venons d'énoncer ont donné naissance dans la tradition à diverses techniques d'action à distance. Sans décider si l'une, l'autre ou les deux doivent être privilégiées, nous allons vous donner des techniques qui vous permettront d'agir, quel que soit le mode de fonctionnement envisagé. Vous pourrez plus tard, dans des pratiques plus avancées et plus délicates à manipuler, tester tel ou tel mode d'action complémentaire. Toutefois, vous serez sans doute étonné des possibilités des résultats obtenus dans ces actions à distance.

Compte tenu de tout ce que nous venons de dire, vous pouvez avoir une certaine idée du champ d'application pratique. Les applications à distance sont les mêmes que celle que vous avez effectuées dans les parties précédentes.

Seule la procédure sera un peu différente, car elle implique les principes que nous avons expliqués plus haut.

Nous devons toutefois faire une remarque sur les responsabilités qu'implique ce type de travail. Dans le cas d'une action directe, il est clair que la présence de l'intéressé entraîne son acceptation et sa participation. La dimension morale est donc intacte, puisque vous agissez avec son aval, soit seul, soit en groupe.

Dans l'action à distance, vous allez mettre en mouvement les forces concernées pour agir sur quelqu'un et nous vous recommandons de le faire avec son plein accord. Cet assentiment n'est pas une simple exigence morale envers lui. Il a un réel impact sur votre action. En effet lorsque l'individu pour lequel vous allez agir est informé, il prépare inconsciemment ses corps psychiques à cette intervention invisible. Même si le processus de préparation n'est pas délibéré et conscient, on peut observer une marque dans ses corps psychiques, une sorte d'empreinte préparant l'action. Ainsi, lorsque vous agissez, ses corps invisibles perçoivent cette vibration et réagissent spontanément, vous facilitant l'action. Votre travail n'est pas perçu comme une intrusion et l'impact du travail n'en sera que plus aisé et puissant. Dépassant même cette dimension opérative dans l'invisible, le sujet ne sera pas passif, inconsciemment affaibli, soumis à une volonté qui lui est extérieure. Nous devons absolument éviter dans toute action et encore plus dans celle-ci, de fragiliser le psychisme de qui que ce soit. Même si cela était fait avec bonne volonté et dans l'intention d'agir pour son bien, ses résistances psychiques seraient remises en cause et affaiblies. L'action que nous voulions positive entraînerait des conséquences indirectes négatives. Il suffirait qu'il rencontre ensuite quelqu'un susceptible de l'influencer, pour que ses barrières naturelles fragilisées augmentent ses chances d'être soumis à cet individu.

Pour éviter cela et impliquer davantage l'intéressé, vous pouvez lui préciser le jour et l'heure pendant lesquels vous allez agir. Sa préparation physique et l'ouverture de ses corps subtils n'en seront que plus importants. Vous pouvez lui proposer de se détendre, de se relaxer pendant cette période. Si vos heures d'opération correspondent, vous pouvez également décider d'agir durant la nuit, pendant que le sujet dort. Comme vous le savez, sa conscience est relâchée et ses corps subtils sont alors plus accessibles que durant la veille. L'action n'en sera que plus aisée et efficace.

Comme toute technique de ce genre, vous pouvez remarquer qu'il n'y a pas de différence entre une action positive et négative. De la même façon qu'un outil ou une arme, ce n'est pas le moyen qui est en soi dangereux, mais l'usage que l'on en fait. Ces techniques doivent évidemment être utilisées dans un sens positif. Dans les actions destinées à nuire, il est bon de rappeler ce que la tradition occidentale appelle le choc en retour. Dans sa formulation la plus simple, il s'agit d'une réaction des corps subtils de l'individu qui, comme un écho ou un miroir, vont renvoyer une partie de l'action vers l'opérateur, en intensifiant les intentions de départ. Tout se passe comme si la réaction passait à travers une lentille grossissante. Même dans une démarche destinée à aider un individu non informé, cette réaction spontanée et inconsciente existe. Nous pouvons dire d'une certaine manière qu'il existe aussi un choc en retour. Nous pourrions dans ce cas imaginer que le retour serait amplifié et positif. Or la réalité est que nous n'en savons rien. Tout dépendra de la nature et de l'activité des corps subtils de l'individu. Ce que nous pouvons affirmer, c'est qu'il y aura une réaction. Pour éviter cela, il suffit qu'il soit consentant. Nous pouvons sans doute imaginer un certain nombre de cas dans lesquels nous préférerions que l'intéressé ignore notre action et que notre aide reste discrète. Si nous ne pouvons pas faire autrement et donc en dernier recours, il suffira de faire appel à l'Esprit du Tarot qui servira de relais dans l'action et acceptera notre action seulement si elle est compatible avec ce que doit recevoir le sujet. C'est une sorte d'action sous condition. Nous insistons sur le fait que l'idéal est que l'intéressé soit conscient de votre action, ou mieux, qu'il vous ait lui-même demandé d'agir.

2- PRATIQUE DE L'ACTION A DISTANCE

PRATIQUE INDIVIDUELLE

Conditions générales

Lieu : une pièce calme.

Temps : la détermination des jours, des heures et du nombre d'opérations est identique à celle que vous avez utilisée dans les parties précédentes. Vous procèderez donc de la même manière.

Direction : face à l'Est.

Espace de travail : une table (ou quelque surface plane) recouverte d'une nappe de la couleur briatique de l'arcane ou approchante (par défaut une nappe blanche). Placez au centre de la table le carré magique du Tarot correspondant à votre action. Placez sur celui-ci l'arcane que vous avez sélectionné pour votre opération et le témoin de l'individu concerné.

Placez autour de ce carré les bougies ou lampes de couleur prévues. Ces règles de positionnement et d'allumage se trouvent dans la quatrième partie de cet ouvrage.

Entourez enfin tout ce que vous venez de déposer par un cordon blanc, constituant un cercle dont l'arcane et le carré magique forme le centre. Ce cercle fait à l'aide du cordon sera fermé grâce à un nœud.

Vous pouvez éventuellement rajouter sur un chacun des côtés du carré magique et à l'intérieure du cercle des rectangles de papier blanc sur lesquels vous aurez recopié en hébreu les noms sacrés correspondants.

Eclairages : reportez-vous à la partie IV.

Le Tarot : seule la carte sélectionnée est utilisée. Les autres peuvent rester dans leur tissu de rangement.

Signatures et noms

Les signatures et les noms correspondants.

Encens

L'éventuel encens que vous avez choisi.

Témoin

Plusieurs cas sont possibles et nous allons les mentionner en partant de l'idéal.

1- Vous prendrez une photo de la personne (photo d'identité par exemple) dont la taille ne dépasse pas celle du carré magique du Tarot. Sur cette photo, l'intéressé aura mis une trace d'un fluide de son corps (salive par exemple). Le nom, le prénom, la date de naissance et la signature seront écrits en noir par l'intéressé sur le dos de la photo. Enfin un cheveu pourra être scotché.

En dehors du rite effectué, la photo sera conservée dans une enveloppe blanche sur laquelle on inscrira le nom de l'individu concerné.

2- un carré de papier blanc (par exemple du papier à dessin) de 4cm x 4cm au dos duquel l'individu aura procédé de la façon précédente, (fluide, cheveu et références personnelles).

3- En l'absence de tout élément naturel sur le témoin, vous utiliserez une photo ou par défaut un carré de papier blanc identique au précédent sur lequel vous aurez noté en noir les références évoquées plus haut.

Divers

Un stylo noir, votre carnet de note, votre livre, des allumettes, un éteignoir ou objet pour éteindre les bougies sans vous brûler. Une chaise ou un fauteuil face à la table.

Habillement

Habits confortables et décontractés.

Séance de travail

Ouverture

Vous êtes debout devant votre espace de travail. Votre chaise est légèrement en arrière.

Restez dans cette position pendant quelques instants, respirant tranquillement, les yeux clos ou mi-clos.

Ouvrez les yeux et tapez une fois sur la table avec le bout des phalanges de votre poing droit fermé afin d'émettre un coup sec qui marquera le début du travail. Vous pouvez également le faire à l'aide d'une petite clochette.

Déclarez :

> **« Que débute ce travail accompli à l'intention de** ....*nom de la personne pour qui vous oeuvrez*.............. **consacré à** ....*l'intention de l'action*.......... **sous les auspices de l'Esprit du Tarot et du** ....*nom de l'arcane du Tarot*.......... **! »**

Allumez les bougies dans le sens indiqué dans la partie IV.

Parcourez à l'aide de votre index droit le cercle en cordelette en imaginant que vous délimitez dans l'invisible cette zone de travail visualisant un mur de brume bleuté.

Tendez vos bras en avant de telle sorte que les paumes de vos mains soient dirigées vers le témoin qui se trouve au centre du cercle sur l'espace de travail.

Détendez-vous et déclarez :

> **« Que soit créé à cet instant un lien psychique entre ce témoin de** ....*nom de la personne pour qui vous oeuvrez*.............. **et lui-même. »**

Imaginez que tout ce qui est accompli dans ce cercle agit immédiatement et directement sur la personne concernée. Un véritable lien s'établit lors de votre appel. Le témoin relie dans l'invisible cet espace de travail à la personne visée.

Allumez l'encens. Elevez le quelques secondes vers le haut au-dessus du cercle en imaginant qu'une intense lumière rougeoyante descend en fines gouttelettes de feu, apportant sa force.

L'intention

Adressez-vous à lui mentalement ou à mi-voix à l'Esprit de l'arcane en indiquant la raison pour laquelle vous faites appel à sa puissance. Vous aurez eu soin au préalable de rédiger ce court texte qui n'est que la reprise de l'intention choisie au départ.

Vous pourrez ainsi vous adresser à lui d'un façon identique ou équivalente à celle-ci :

« Puissante créature qui gouverne l'arcane du ....
je m'adresse à toi et te demande de ...... *intention précise* **.......**
Qu'il en soit ainsi par tes puissants noms ....
.... »

(Prononcez les noms sacrés pendant que vous tracez simultanément la signature correspondante au-dessus du témoin.)

Tendez une fois encore vos bras en avant de telle sorte que les paumes de vos mains soient dirigées vers le témoin qui se trouve au centre du cercle sur l'espace de travail et imaginez que la puissance du Tarot se met à agir.

Asseyez-vous de nouveau quelques instants pour vous relaxer, respirant tranquillement pendant un temps que vous estimerez intuitivement.

Vous pouvez laisser le processus agir un certain temps pendant que vous allez faire autre chose. (Vous ferez seulement attention à ce que les bougies ne présentent pas de danger. C'est une des raisons pour lesquelles le système de lampes de couleur est utile.)

Au bout d'un temps qui n'excèdera pas une heure, vous reviendrez pour mettre fin au processus.

Utilisez le plat de votre main droite pour passer au-dessus du cordon qui délimite le cercle et dans le sens inverse des aiguilles d'une montre en partant de l'Est en visualisant que le mur de brume disparaît.

Eteignez les bougies dans le sens inverse de l'allumage.

Saisissez-vous du témoin qui était posé sur l'arcane du Tarot et si vous ne devez pas faire d'autres séances, brûlez-le dans le brûle parfum.

Revoilez l'arcane choisi.

Frappez un coup pour la fermeture comme vous l'avez fait à l'ouverture.

Notez dans votre cahier, vos impressions, remarques, idées qui peuvent s'être manifestées durant la pratique et rangez le matériel.

PRATIQUE DE GROUPE

La pratique de groupe suit les points que nous venons de décrire. La différence réside évidemment dans l'assemblée qui agit.

Si vous le pouvez, vous placerez la table de travail au milieu de la pièce de telle façon que les différents participants puissent faire cercle autour de l'endroit où nous devons agir.

Les invocations seront faites par celui qui assume la fonction de directeur de travail.

Lorsque les mains sont dirigées vers l'espace de travail, il est possible d'utiliser la chaîne solaire.

PRATIQUE SUR SOI

Lorsque vous ne pouvez pas pratiquer des exercices complets par manque de temps ou d'énergie, vous pouvez appliquer ce système en utilisant un témoin personnel. L'énergie sera mise en mouvement de la même manière et vous aidera dans l'intention choisie.

CONCLUSION

Au seuil de ce parcours commun, il peut être intéressant de se retourner pour observer le chemin parcouru.

Un pan du voile des mystères vient de se relever. Jusque-là, le Tarot était peut-être pour vous un simple processus divinatoire. Comme l'expliquent la majorité des livres qui lui sont consacrés, il permet de découvrir des informations et des conseils sur notre devenir. Il constitue un véritable guide capable de nous éclairer sur nous-mêmes et sur le monde qui nous entoure. Ce puissant oracle correspond parfaitement à notre culture, notre inconscient, notre imaginaire et nos mythes. Il est une source incessante d'enrichissements et d'étude.

Jusque-là, nous étions habitués à utiliser ces arcanes d'une façon classique en « tirant les cartes » ou en allant plus loin dans la compréhension de ce qu'il représente.

Mais comme nous venons de le voir dans cet ouvrage, procéder de cette façon limiterait l'utilisation de ces profonds arcanes. Car le Tarot va bien au-delà de tout ceci. Sa conception révèle de véritables talismans en relation avec des énergies ou des intelligences supérieures. Le propre de l'hermétisme n'est-il pas de placer ce qu'il y a de plus secret et de plus actif dans le plus extérieur et le plus visible ?

Nous aurions pu nous limiter à quelques considérations d'ordre général, sans rien ajouter de nouveau, répétant ce qui a été écrit ici ou là. Mais notre intention a été de lever une partie du voile, afin de vous permettre d'aller plus loin dans la compréhension et l'expérimentation de cet art.

C'est pour cette raison que nous avons préféré vous donner les moyens pratiques d'utiliser la puissance du Tarot : pour travailler activement sur vous-mêmes et devenir capable de maîtriser les différentes facettes de ce jeu, l'utilisant ensuite dans votre vie. Qu'il s'agisse d'agir sur le plan physique ou psychologique, l'énergie du Tarot se manifeste dès que vous avez appris à l'évoquer ou l'invoquer.

L'utilisation divinatoire du Tarot nous a ouvert les portes de la compréhension de notre destin, de ce qui constitue notre existence et des forces qui s'y manifestent. Mais il est possible de cesser d'être un simple observateur pour devenir un véritable acteur. Travailler sur les énergies du Tarot grâce aux pratiques développées dans cet ouvrage, c'est décider de prendre sa vie en main et d'agir. Les premiers pas ont été ceux d'un travail sur soi, d'une introspection et d'une harmonisation progressive des énergies. Certaines pratiques, telle que le rite anniversaire, nous permettent de ne plus être soumis à des circonstances extérieures, mais à agir par nous-mêmes dans le but que nous décidons.

Utiliser l'ensemble des clés de cet ouvrage pourra vous prendre quelque temps et vous sembler parfois aride dans une pratique solitaire. C'est pour cette raison que vous pourrez, si vous posséder Internet, vous rendre sur le site mentionné dans l'ouvrage et en bibliographie afin de vous aider avec des fichiers audios. Vous pourrez également avoir des renseignements sur les stages proposés.

Les énergies du Tarot sont à portée de main pour qui veut et sait les utiliser. Qu'il s'agisse d'une pratique directe sur soi ou à distance sur autrui, les nombreux tableaux de correspondances vous permettent de définir d'une façon précise et efficace votre action.

La tradition nous a fourni les clés qui nous ouvrent les portes de ces mondes et nous vous souhaitons d'y pénétrer en toute confiance.

ANNEXES

1- L'HISTOIRE ET LE MYTHE

Il est difficile de retracer objectivement l'histoire du Tarot. Dès le début, le mythe se mêle à la réalité pour faire de cet étrange jeu quelque chose de parfaitement original. Il n'est d'ailleurs pas sûr que les faits soient ici les plus importants. Il convient de s'habituer au fait que parfois le mythe dit plus que l'histoire et que nous n'apercevons que l'apparence visible d'un processus caché. Il est toutefois intéressant de connaître les éléments fondamentaux de l'histoire du Tarot, bien que ce ne soit ni indispensable, ni fondamental pour utiliser l'ensemble de ses possibilités. Vous trouverez d'ailleurs les éléments historiques incontournables dans la majeure partie des ouvrages qui lui sont consacrés et nous nous limiterons donc ici à l'essentiel.

La première mention de jeux de cartes en Europe remonte à 1367, dans un texte qui en interdit l'usage dans le canton de Berne en Suisse. Mais la représentation des arcanes du Tarot se rapprochant de celles que l'on connaît aujourd'hui, ne se retrouve qu'au milieu du quinzième siècle. Beaucoup d'auteurs postérieurs ont transmis l'idée que le Tarot fut introduit en Europe par les gitans. Etant donné que certaines traditions affirment que ce peuple est originaire d'Egypte, on a crû que les cartes avaient été tracées à cette lointaine époque pharaonique. Toutefois les gitans ne sont pas arrivés en Europe avant le quatorzième siècle.

D'aucuns affirment que le Tarot serait venu de l'Inde ou d'autres encore qu'il aurait été inventé à Fez au Maroc au douzième siècle lors d'une rencontre entre sages de différentes religions. On a également affirmé qu'il avait été inventé par une école soufi. Ces différentes affirmations, toutes évidemment invérifiables, situent la plupart du temps la naissance du Tarot autour du bassin méditerranéen, qu'il s'agisse de l'Afrique du Nord ou d'autres rivages. Cela pourrait expliquer son apparition en Sicile puis en Italie. Dans tous les cas, il est assez peu vraisemblable que ces arcanes aient été élaborées en Egypte, comme aimerait le laisser croire le mythe. Le premier qui rapporta cette origine mythique égyptienne fut Cour de Gébelin à Paris en 1781. Puis cette idée fut popularisée par Etteilla (Alliette) quelques années plus tard. Quant à la première équivalence explicite entre les 22 cartes du Tarot et les 22 lettres hébraïques, elle fut le fait en 1856 d'Eliphas Lévi (Alphonse Louis

Constant) qui en donna les détails dans son livre *Dogme et Rituel de la Haute Magie*. Avant cette époque le Tarot n'apparaissait pas comme le porteur d'un message ésotérique. Lorsque Agrippa écrivit sa *Philosophie Occulte* au seizième siècle, dans laquelle il abordait l'ensemble des doctrines occultes et les différentes techniques divinatoires, il ne mentionna pas le Tarot. Eliphas Lévi fut popularisé par Papus (Gérard Encausse) qui le fit connaître dans son livre paru en 1889, *Le Tarot des Bohémiens*. Il en fut de même pour Oswald Wirth qui publia un Tarot inspiré par les écrits d'Eliphas Lévi.

A peu près à la même période en 1887 fut créée à Londres une société initiatique qui connut un extraordinaire succès, *The Hermetic Oder of the Golden Dawn*. Fondé sur des manuscrits découverts par W. Wynn Westcott, elle proposait entre autres éléments, un nouveau système d'attribution des lettres hébraïques aux arcanes du Tarot. C'est l'attribution que nous avons utilisée dans cet ouvrage. Sa cohérence et son rattachement aux traditions ésotériques occidentales dépassant très largement l'école que nous venons de citer, elle est une source digne des plus grandes considérations. Il en est de même pour l'inversion des lames 8 et 11. Différentes interprétations furent ensuite développées pour justifier telle ou telle interprétation, représentation ou correspondance.

En 1910, A.E. Waite publia le première version moderne du Tarot, exprimant une synthèse symbolique de la plus haute importance. Ce Tarot fut pendant longtemps le seul distribué dans les pays anglo-saxons qui abordait aussi clairement la dimension ésotérique et initiatique. Quelques années plus tard, en 1930, P.F. Case publia une version noir et blanc dessinée par Jessie Burns Parke. Ce jeu destiné à ses étudiants reprenait pour une très grande part celui de Waite, en l'adaptant sur certains points. On aboutit ainsi à un jeu de très grande qualité, tout à fait propice à l'étude et à l'approfondissement de cette voie. C'est celui que nous décrivons dans les correspondances de la partie II afin que vous puissiez construire vos voyages dans ce monde. Pendant les années 1970 les jeux commencèrent à se multiplier à travers diverses versions et adaptations, tant à l'étranger qu'en France.

2- TABLE DES CORRESPONDANCES

ELEMENTS PSYCHOLOGIQUES : CLASSEMENT PAR SYMPTOMES

Eléments psychologiques : Noms des lames

Abattement (le combattre) : 19- Le soleil

Action (agir rapidement) : 16- La maison dieu

Acuité intérieure (l'accroitre) : 1- Le bateleur

Ancienne vie (nous aider à l'abandonner) : 16- La maison dieu

Apaisement de l'esprit (l'atteindre) : 17- L'étoile

Blocages intérieurs (les résoudre) : 13- La mort

Certitudes (les remettre en cause) : 16- La maison dieu

Concentration (aider à la développer) : 4- L'empereur

Concentration (la développer) : 1- Le bateleur

Concentration (la développer) : 17- L'étoile

Connaissances (les intégrer) : 21- Le monde

Connaissances (les assimiler) : 2-La papesse

Conscience supérieure (l'atteindre) : 21- Le monde

Construction (nous y aide) : 3- L'impératrice

Contrôle (contrôler ses pensées, paroles, etc.) : 7- Le chariot

Contrôle (le développer) : 15- Le diable

Conviction (l'augmenter) : 9- L'ermite

Couple (trouver l'équilibre) : 19- Le soleil

Démarche (l'accomplir) : 21- Le monde

Dépression (nous en sortir) : 15- Le diable

Dépression légère (la combattre) : 19- Le soleil

Désirs (les réaliser) : 20- Le jugement

Désirs (les reconnaître et les maîtriser) : 15- Le diable

Désirs incontrôlés (les contrôler) : 8- La force

Destin (le maitriser) : 1- Le bateleur

Détachement (le développer) : 0- Le mat

Ecoute de l'autre (la développer) : 5- Le pape

Egoïsme (le diminuer) : 12- Le pendu

Emancipation (nous aide) : 3- L'impératrice

Energie (l'augmenter, la contrôler) : 8- La force

Energie créatrice (la développer) : 0- Le mat

Equilibre (l'atteindre) : 14- La tempérance

Equilibre (l'atteindre) : 18- La lune

Equilibre (l'établir en soi) : 6- L'amoureux

Equilibre (le développer) : 11- La justice

Etapes de l'existence (les passer) : 13- La mort

Etat de fébrilité (le combattre) : 8- La force

Extrêmes (aider à les réunir) : 6- L'amoureux

Fantasmes (les contrôler) : 18- La lune

Fantasmes (nous en dégager) : 15- Le diable

Force et puissance (l'augmenter) : 8- La force

Habitudes (les changer) : 2-La papesse

Haine (l'effacer) : 15- Le diable

Harmonie (l'établir en soi) : 6- L'amoureux

Hésitation (la diminuer) : 9- L'ermite

Idées (les sélectionner) : 6- L'amoureux

Idées (les trouver) : 3- L'impératrice

Illusions (les contrôler) : 18- La lune

Imagination créatrice (la développer) : 3- L'impératrice

Impatience (la diminuer) : 10- La roue de la fortune

Inconscient (faire éclore des formes importantes) : 18- La lune

Initiation (la trouver et nous y préparer) : 17- L'étoile

Inspiration (agir de façon juste) : 11- La justice

Inspiration (la développer) : 12- Le pendu

Intuition (y faire appel) : 5- Le pape

Isolement (le réduire) : 9- L'ermite

Lâcher prise (l'atteindre) : 12- Le pendu

Logique (la développer) : 2-La papesse

Manifestation divine (y faire appel) : 14- La tempérance

Méditation (la développer) : 17- L'étoile

Médiumnité (la développer) : 12- Le pendu

Mémoire (l'accroître) : 2-La papesse

Paix (la trouver) : 12- Le pendu

Paranoïa (la combattre) : 15- Le diable

Passions (les reconnaître et les maîtriser) : 15- Le diable

Pensées confuses (les clarifier) : 8- La force

Personnalité (exprimer des parties enfouies) : 19- Le soleil

Perspicacité (la développer) : 1- Le bateleur

Principe vital (l'accroître) : 0- Le mat

Problème (trouver la solution) : 21- Le monde

Projets (les faire aboutir) : 3- L'impératrice

Projets (les faire aboutir) : 13- La mort

Psychométrie (la développer) : 12- Le pendu

Puissance (les développer en nous) : 0- Le mat

Pulsions incontrôlées (les contrôler) : 8- La force

Qualités (les faire rayonner) : 19- Le soleil

Raisonnement (la développer) : 2-La papesse

Réalité du monde (la retrouver) : 15- Le diable

Réalité supérieure (y faire appel) : 5- Le pape

Réceptivité ouverte (l'accroitre) : 5- Le pape

Réflexion (aider à faire le point rationnellement) : 4- L'empereur

Regard (voir la face cachée des choses) : 12- Le pendu

Sagesse (l'accroître) : 2-La papesse

Sérénité (l'atteindre) : 12- Le pendu

Soi (faire surgir et exprimer ce que l'on est) : 20- Le jugement

Solitude (y pallier) : 9- L'ermite

Spiritualité (trouver son expression personnelle) : 18- La lune

Stabiliser (dans une situation) : 4- L'empereur

Stabilité (l'atteindre) : 10- La roue de la fortune

Structures anciennes (les abandonner) : 13- La mort

Temps (Eviter de le gaspiller) : 10- La roue de la fortune

Tonus émotionnel (l'augmenter) : 10- La roue de la fortune

Tri (aider à le faire en soi) : 6- L'amoureux

Trouble (faire disparaître) : 21- Le monde

Vérité (trouver la nôtre) : 17- L'étoile

Volonté (la stabiliser) : 15- Le diable

ELEMENTS PSYCHOLOGIQUES : CLASSEMENT PAR ARCANES

Noms des lames - Elements psychologiques

0- Le mat

- Puissance (les développer en nous)
- Détachement (le développer)
- Principe vital (l'accroître)
- Energie créatrice (la développer)

1- Le bateleur

- Concentration (la développer)
- Destin (le maitriser)
- Acuité intérieure (l'accroitre)
- Perspicacité (la développer)

2-La papesse

- Raisonnement (la développer)
- Habitudes (les changer)
- Connaissances (les assimiler)
- Mémoire (l'accroître)
- Sagesse (l'accroître)
- Logique (la développer)

3- L'impératrice

- Projets (les faire aboutir)
- Construction (nous aide)
- Idées (les trouver)
- Imagination créatrice (la développer)
- Émancipation (nous aide)

4- L'empereur

- Concentration (aider à la développer)
- Réflexion (aider à faire le point rationnellement)
- Stabiliser (dans une situation)

5- Le pape

- Réalité supérieure (y faire appel)
- Intuition (y faire appel)
- Écoute de l'autre (la développer)
- Réceptivité ouverte (l'accroitre)

6- L'amoureux

- Tri (aider à le faire en soi)
- Idées (les sélectionner)
- Extrêmes (aider à les réunir)
- Équilibre (l'établir en soi)
- Harmonie (l'établir en soi)

7- Le chariot

- Contrôle (contrôler ses pensées, paroles, etc.)

8- La force

- Pulsions incontrôlées (les contrôler)
- Désirs incontrôlés (les contrôler)
- Etat de fébrilité (le combattre)
- Pensées confuses (les clarifier)
- Force et puissance (l'augmenter)
- Energie (l'augmenter, la contrôler)

9- L'ermite

- Isolement (le réduire)
- Solitude (y pallier)
- Conviction (l'augmenter)
- Hésitation (la diminuer)

10- La roue de la fortune

- Impatience (la diminuer)
- Temps (Éviter de le gaspiller)
- Tonus émotionnel (l'augmenter)
- Stabilité (l'atteindre)

11- La justice

- Équilibre (le développer)
- Inspiration (agir de façon juste)

12- Le pendu

- Lâcher prise (l'atteindre)
- Médiumnité (la développer)
- Psychométrie (la développer)
- Inspiration (la développer)
- Paix (la trouver)
- Sérénité (l'atteindre)
- Égoïsme (le diminuer)
- Regard (voir la face cachée des choses)

13- La mort

- Blocages intérieurs (les résoudre)
- Projets (les faire aboutir)
- Étapes de l'existence (les passer)
- Structures anciennes (les abandonner)

14- La tempérance

- Manifestation divine (y faire appel)
- Équilibre (l'atteindre)

15- Le diable

- Passions (les reconnaître et les maîtriser)
- Haine (l'effacer)
- Paranoïa (la combattre)
- Dépression (nous en sortir)
- Fantasmes (nous en dégager)
- Volonté (la stabiliser)

- Réalité du monde (la retrouver)
- Contrôle (le développer)
- Désirs (les reconnaître et les maîtriser)

16- *La maison dieu*

- Certitudes (les remettre en cause)
- Ancienne vie (nous aider à l'abandonner)
- Action (agir rapidement)

17- *L'étoile*

- Méditation (la développer)
- Initiation (la trouver et nous y préparer)
- Vérité (trouver la nôtre)
- Concentration (la développer)
- Apaisement de l'esprit (l'atteindre)

18- *La lune*

- Fantasmes (les contrôler)
- Inconscient (faire éclore des formes importantes)
- Spiritualité (trouver son expression personnelle)
- Équilibre (l'atteindre)
- Illusions (les contrôler)

19- *Le soleil*

- Abattement (le combattre)
- Couple (trouver l'équilibre)
- Personnalité (exprimer des parties enfouies)
- Qualités (les faire rayonner)
- Dépression légère (la combattre)

20- *Le jugement*

- Désirs (les réaliser)
- Soi (faire surgir et exprimer ce que l'on est)

21- *Le monde*

- Connaissance (l'intégrer)
- Trouble (faire disparaître)

- Problème (trouver la solution)
- Démarche (l'accomplir)
- Conscience supérieure (l'atteindre)

ÉLÉMENTS ANATOMIQUES : CLASSEMENT PAR ORGANES

Anatomie : Lames majeures

Abdomen : 9- L'ermite - (Signe)

Aorte : 8- La force - (Signe)

Appareil cardio circulatoire : 20- Le jugement - (Elément)

Appareil génital : 12- Le pendu - (Elément)

Appareils respiratoires : 0- Le mat - (Elément)

Artère : 14- La tempérance - (Signe)

Artères (circulation artérielle) : 10- La roue de la fortune - (Planète)

Artères carotides : 5- Le pape - (Signe)

Bras : 6- L'amoureux - (Signe)

Bronches : 6- L'amoureux - (Signe)

Bulbe rachidien : 5- Le pape - (Signe)

Canal thoracique : 7- Le chariot - (Signe)

Cartilages : 21- Le monde - (Planète)

Centre sympathique : 20- Le jugement - (Elément)

Centres réflexes : 0- Le mat - (Elément)

Cerveau : 9- L'ermite - (Signe)

Cerveau (fonctions supérieures, congestion) : 4- L'empereur - (Signe)

Cervelet : 2-La papesse - (Planète)

Cervelet : 5- Le pape - (Signe)

Chevilles : 17- L'étoile - (Signe)

Chyle : 9- L'ermite - (Signe)

Circulation (organes de la circulation) : 20- Le jugement - (Elément)

Coccyx : 14- La tempérance - (Signe)

Cœur : 8- La force - (Signe)

Cœur : 19- Le soleil - (Planète)

Côlon descendant : 13- La mort - (Signe)

Cordes vocales : 1- Le bateleur - (Planète)

Cou : 5- Le pape - (Signe)

Cuisses : 10- La roue de la fortune - (Planète)

Cuisses : 14- La tempérance - (Signe)

Dents : 21- Le monde - (Planète)

Diaphragme : 7- Le chariot - (Signe)

Digestion : 2-La papesse - (Planète)

Dos : 8- La force - (Signe)

Eléments circulatoires de l'organisme : 0- Le mat - (Elément)

Epaules : 6- L'amoureux - (Signe)

Epigastre : 12- Le pendu - (Elément)

Estomac : 2-La papesse - (Planète)

Estomac : 12- Le pendu - (Elément)

Fémur : 14- La tempérance - (Signe)

Foie : 10- La roue de la fortune - (Planète)

Foie (lobes inférieurs) : 9- L'ermite - (Signe)

Genoux : 15- Le diable - (Signe)

Glandes (dans leur ensemble) : 12- Le pendu - (Elément)

Gorge : 3- L'impératrice - (Planète)

Gorge (larynx et amygdales) : 5- Le pape - (Signe)

Hanches : 14- La tempérance - (Signe)

Hémisphère cérébral droit : 1- Le bateleur - (Planète)

Humeurs et liquides de l'organisme : 12- Le pendu - (Elément)

Intestins : 1- Le bateleur - (Planète)

Intestins : 18- La lune - (Signe)

Intestins : 9- L'ermite - (Signe)

Jambes : 0- Le mat - (Elément)

Jambes : 17- L'étoile - (Signe)

Lobe frontal : 9- L'ermite - (Signe)

Lobes supérieurs du foie : 7- Le chariot - (Signe)

Lombaires : 0- Le mat - (Elément)

Lombaires : 11- La justice - (Signe)

Lymphe : 2-La papesse - (Planète)

Machoire inférieure : 5- Le pape - (Signe)

Mains : 6- L'amoureux - (Signe)

Moelle épinière : 8- La force - (Signe)

Moëlle épinière (segment moteur) : 1- Le bateleur - (Planète)

Muscles : 10- La roue de la fortune - (Planète)

Muscles : 16- La maison dieu - (Planète)

Muscles (tonicité du système musculaire) : 4- L'empereur - (Signe)

Nerf sciatique : 14- La tempérance - (Signe)

Nuque : 5- Le pape - (Signe)

Odorat : 6- L'amoureux - (Signe)

Odorat : 10- La roue de la fortune - (Planète)

Œsophage : 2-La papesse - (Planète)

Œsophage : 7- Le chariot - (Signe)

Oreille droite : 21- Le monde - (Planète)

Oreille gauche : 16- La maison dieu - (Planète)

Oreilles : 5- Le pape - (Signe)

Organes génitaux externes : 13- La mort - (Signe)

Organes génitaux externes : 16- La maison dieu - (Planète)

Organes génitaux internes : 3- L'impératrice - (Planète)

Organes génitaux internes : 11- La justice - (Signe)

Orteils : 18- La lune - (Signe)

Os : 21- Le monde - (Planète)

Os (partie osseuse protégeant les organes vitaux) : 7- Le chariot - (Signe)

Os du nez : 13- La mort - (Signe)

Os iliaque : 14- La tempérance - (Signe)

Ovaires : 2-La papesse - (Planète)

Pancréas : 7- Le chariot - (Signe)

Pieds : 12- Le pendu - (Elément)

Pieds : 18- La lune - (Signe)

Poitrine : 0- Le mat - (Elément)

Poitrine : 7- Le chariot - (Signe)

Poumons : 0- Le mat - (Elément)

Poumons : 1- Le bateleur - (Planète)

Poumons : 6- L'amoureux - (Signe)

Poumons : 7- Le chariot - (Signe)

Poumons : 10- La roue de la fortune - (Planète)

Prostate : 13- La mort - (Signe)

Rate : 21- Le monde - (Planète)

Rate (lobes inférieurs) : 9- L'ermite - (Signe)

Rectum : 13- La mort - (Signe)

Région occipitale : 5- Le pape - (Signe)

Reins : 0- Le mat - (Elément)

Reins : 3- L'impératrice - (Planète)

Reins : 11- La justice - (Signe)

Sacrum : 14- La tempérance - (Signe)

Sang (circulation - artères) : 8- La force - (Signe)

Sécrétions externes et internes : 12- Le pendu - (Elément)

Seins : 7- Le chariot - (Signe)

Sérosités : 12- Le pendu - (Elément)

Surrénales : 10- La roue de la fortune - (Planète)

Surrénales : 11- La justice - (Signe)

Système digestif : 12- Le pendu - (Elément)

Système lymphatique : 12- Le pendu - (Elément)

Système lymphatique : 18- La lune - (Signe)

Système musculo-neuro-moteur : 20- Le jugement - (Elément)

Système sympathique : 2-La papesse - (Planète)

Système vaso-moteur : 11- La justice - (Signe)

Tête : 4- L'empereur - (Signe)

Tête : 16- La maison dieu - (Planète)

Thymus : 6- L'amoureux - (Signe)

Tissus : 0- Le mat - (Elément)

Tissus conjonctif et adipeux : 12- Le pendu - (Elément)

Toucher : 9- L'ermite - (Signe)

Urètre : 13- La mort - (Signe)

Utérus : 2-La papesse - (Planète)

Utérus : 13- La mort - (Signe)

Vaisseaux lactifères : 7- Le chariot - (Signe)

Veines : 0- Le mat - (Élément)

Veines (circulation) : 3- L'impératrice - (Planète)

Veines iliaques : 14- La tempérance - (Signe)

Veines jugulaires : 5- Le pape - (Signe)

Ventre : 9- L'ermite - (Signe)

Vésicule biliaire : 16- La maison dieu - (Planète)

Vessie : 11- La justice - (Signe)

Vessie : 13- La mort - (Signe)

Vessie : 21- Le monde - (Planète)

Visage : 4- L'empereur - (Signe)

Voies respiratoires : 18- La lune - (Signe)

Vue (l'œil gauche surtout) : 2-La papesse - (Planète)

Vue (œil droit : l'homme - œil gauche : femme) : 19- Le soleil - (Planète)

ÉLÉMENTS ANATOMIQUES : CLASSEMENT PAR ARCANES

0- Le mat - (Élément)

- Appareils respiratoires
- Centres réflexes
- Éléments circulatoires de l'organisme
- Jambes
- Lombaires
- Poitrine
- Poumons
- Reins
- Tissus
- Veines

1- Le bateleur - (Planète)

- Cordes vocales
- Hémisphère cérébral droit
- **Intestin**

- Moëlle épinière (segment moteur)
- **Poumons**

2- La papesse - (Planète)
- Cervelet
- **Digestion**
- **Estomac**
- Lymphe
- Œsophage
- Ovaires
- Système sympathique
- Utérus
- Vue (l'œil gauche surtout)

3- L'impératrice - (Planète)
- Gorge
- **Organes génitaux internes**
- **Reins**
- Veines (circulation)

4- L'empereur - (Signe)
- Cerveau (fonctions supérieures, congestion)
- Muscles (tonicité du système musculaire)
- **Tête**
- Visage

5- Le pape - (Signe)
- Artères carotides
- Bulbe rachidien
- **Cervelet**
- **Cou**
- Gorge (larynx et amygdales)
- Mâchoire inférieure
- Nuque
- Oreilles
- Région occipitale
- Veines jugulaires

6- L'amoureux - (Signe)
- **Bras**
- Bronches
- **Épaules**
- Mains
- Odorat
- Poumons
- Thymus

7- Le chariot - (Signe)
- Canal thoracique
- Diaphragme
- Lobes supérieurs du foie
- Œsophage
- Os (partie osseuse protégeant les organes vitaux)
- Pancréas
- **Poitrine**
- **Poumons**
- Seins
- Vaisseaux lactifères

8- La force - (Signe)
- Aorte
- **Cœur**
- Dos
- **Moelle épinière**
- Sang (circulation - artères)

9- L'ermite - (Signe)
- Abdomen
- Cerveau
- Chyle
- Foie (lobes inférieurs)
- **Intestins**
- Lobe frontal
- Rate (lobes inférieurs)
- Toucher

- Ventre

10- La roue de la fortune - (Planète)
- Artères (circulation artérielle)
- Cuisses
- Foie
- Muscles
- Odorat
- Poumons
- Surrénales

11- La justice - (Signe)
- Lombaires
- Organes génitaux internes
- Reins
- Surrénales
- Système vaso-moteur
- Vessie

12- Le pendu - (Élément)
- Appareil génital
- Épigastre
- Estomac
- Glandes (dans leur ensemble)
- Humeurs et liquides de l'organisme
- Pieds
- Sécrétions externes et internes
- Sérosités
- Système digestif
- Système lymphatique
- Tissus conjonctif et adipeux

13- La mort - (Signe)
- Côlon descendant
- Organes génitaux externes
- Os du nez
- Prostate

- Rectum
- Urètre
- Utérus
- Vessie

14- La tempérance - (Signe)

- Artère
- Coccyx
- **Cuisses**
- Fémur
- **Hanches**
- Nerf sciatique
- Os iliaque
- Sacrum
- Veines iliaques

15- Le diable - (Signe)

- **Genoux**

16- La maison dieu - (Planète)

- Muscles
- Oreille gauche
- **Organes génitaux externes**
- **Tête**
- Vésicule biliaire

17- L'étoile - (Signe)

- **Chevilles**
- Jambes

18- La lune - (Signe)

- Intestin
- Orteils
- **Pieds**
- Système lymphatique
- Voies respiratoires

19- Le soleil - (Planète)

- **Cœur**
- **Vue** (œil droit : l'homme - œil gauche : femme)

20- Le jugement - (Élément)

- Appareil cardio circulatoire
- Centre sympathique
- Circulation (organes de la circulation)
- Système musculo-neuro-moteur

21- Le monde - (Planète)

- Cartilages
- **Dents**
- Oreille droite
- **Os**
- Rate
- Vessie

3- LES PARFUMS

N° des Sentiers : Lames majeures, Huiles, parfums

11 : Le mat (0) : Huile d'amande, lilas, anémone blanche

12 : Le bateleur (1) : Anis étoilé, fenouil

13 : La papesse (2) : Laurier, verveine

14 : L'impératrice (3) : Rose, myrte

15 : L'empereur (4) : Huile de moutarde, capucine

16 : Le pape (5) : Buis

17 : L'amoureux (6) : Huile de noix, fleur de freesia

18 : Le chariot (7) : Huile de noix de coco, algues

19 : La force (8) : Huile de tournesol, souci, œillet d'Inde, rose d'Inde

20 : L'ermite (9) : Narcisse, fougère, anémone rouge

21 : La roue de la fortune (10) : Huile de cèdre, huile d'olive, muscade

22 : La justice (11) : Géranium

23 : Le pendu (12) : Romarin

24 : **La mort (13)** : Huile de cassier, cèdre

25 : **La tempérance (14)** : Cèdre, bois d'aloès

26 : **Le diable (15)** : Cumin, ginseng, armoise

27 : **La maison dieu (16)** : Huile de girofle, poivre

28 : **L'étoile (17)** : Teinture d'ambre gris

29 : **La lune (18)** : Muguet, myrrhe

30 : **Le soleil (19)** : Huile d'héliotrope, laurier

31 : **Le jugement (20)** : Huile de moutarde

32 : **Le monde (21)** : Rue, cyprès, résine de tragacanthe

4- L'ARBRE DE VIE

Vous pouvez utiliser la reproduction de l'arbre de vie ci-dessous de plusieurs façons.

- Reporter les couleurs des mondes sur quatre reproductions de l'arbre
- Noter les correspondances de la partie II
- L'agrandir pour les pratiques d'harmonisation
- Etc.

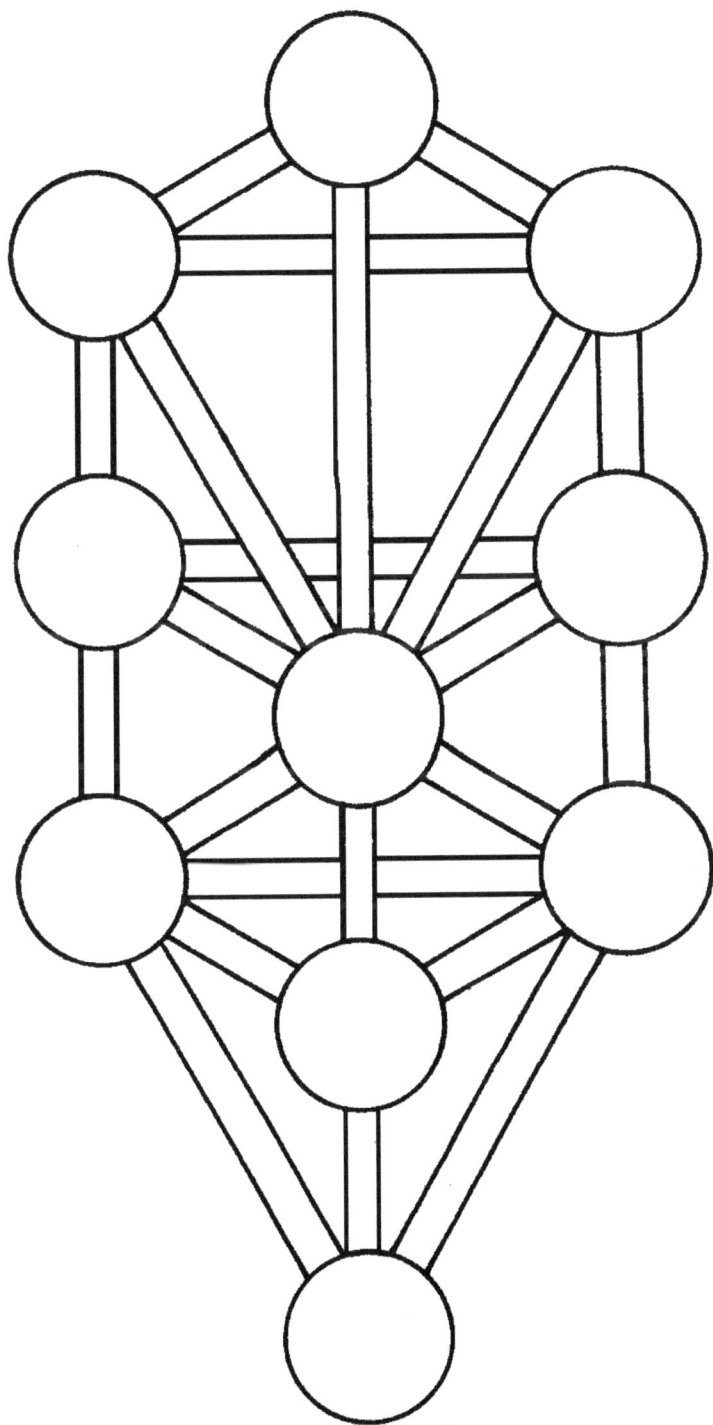

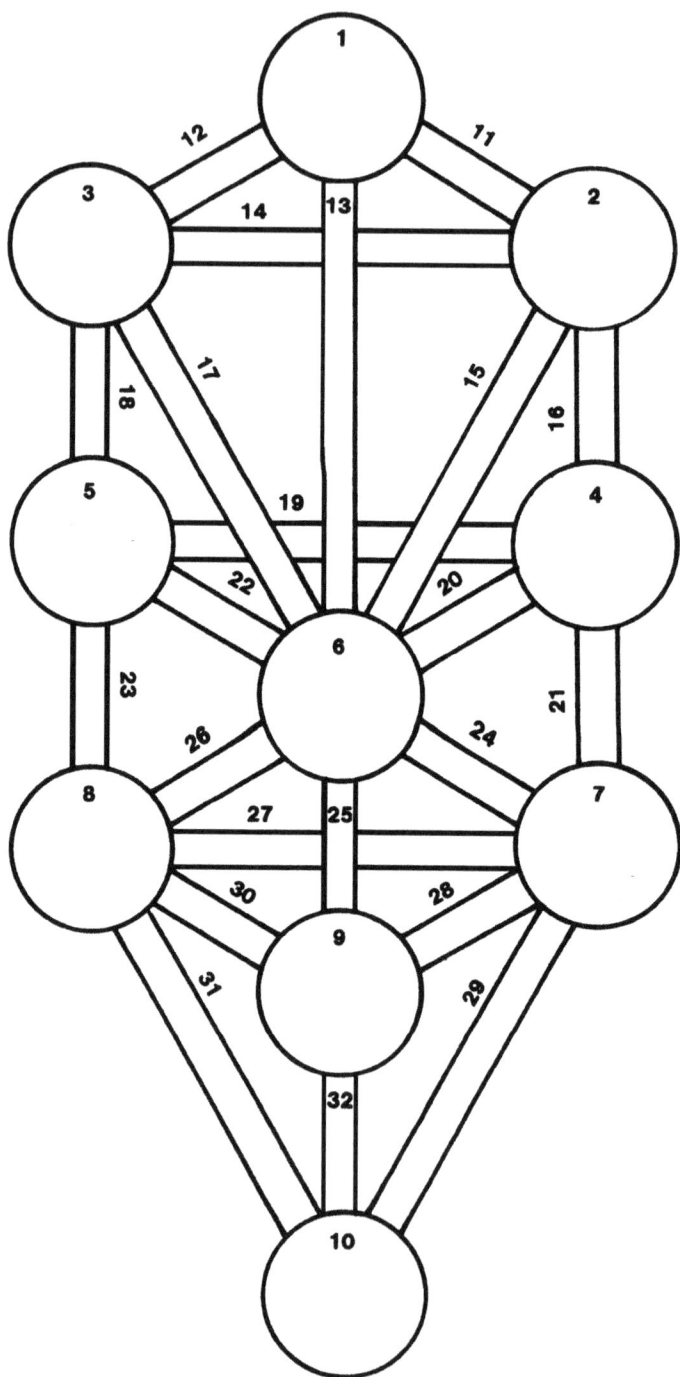

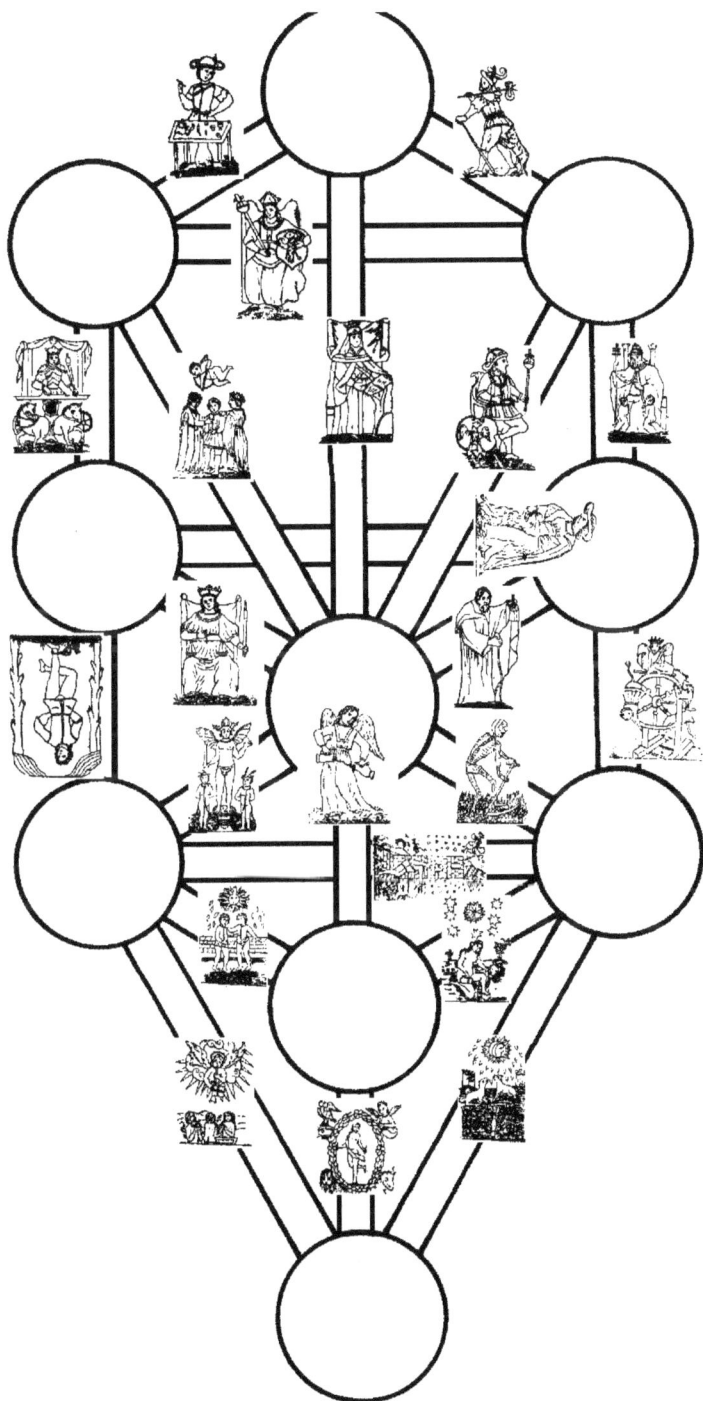

5- LES CARRÉS MAGIQUES DU TAROT

L'existence des carrés magiques est attestée depuis 4000 ans dans toutes les grandes civilisations. Ils furent très souvent utilisés comme talismans et très intimement liés à la vie quotidienne. Certains furent gravés sur des monuments, des médailles, des tasses ou des assiettes en porcelaine. Ils semblent apparaître en Asie vers 2000 ans avant notre ère. C'est sans doute pour cette raison que la plupart furent découverts en Chine. Il en existe également beaucoup au Maghreb dans les mathématiques arabes.

Les plus grands mathématiciens comme Fermat et Euler ont étudié les carrés magiques. Le célèbre peintre et graveur Albrecht Dürer s'y intéressa également. On retrouve un carré magique dans une de ses gravures.

Les carrés magiques existent en quantité innombrable et de ce fait, les mathématiciens ont cherché à étudier les propriétés de certains d'entre eux et à établir des procédés de construction. Ces recherches apparaissent dans des manuscrits arabes du 19° siècle, et se sont poursuivies jusqu'à nos jours.

De point de vue mathématique, la définition du carré magique est simple :

Un carré magique est une grille carrée de n lignes et n colonnes (n supérieur ou égal à 3) dont la somme de tous les nombres d'une ligne ou d'une colonne ou d'une diagonale donne le même résultat. Le numéro placé dans un case ne doit pas être répété. Pour illustrer cela, prenons par exemple carré magique d'ordre trois.

4	9	2
3	5	7
8	1	6

Première ligne : 4+9+2 = 15. Deuxième ligne 3+5+7=15. Troisième ligne 8+1+6= 15

Première colonne : 4+3+8=15. Deuxième colonne : 9+5+1=15. Troisième colonne : 2+7+6=15.

Première diagonale : 2+5+8=15. Deuxième diagonale : 4+5+6 =15.

Ainsi, les carrés magiques sont des curiosités mathématiques qui n'ont cessé d'être étudiés.

Comme nous le mentionnions plus haut, l'usage des carrés magiques du point de vue ésotérique semble aussi ancien que l'approche mathématique. Notre objet est d'expliquer ici la façon dont nous en faisons usage.

Parmi le grand nombre de carrés magiques, sept ont été distingués des autres par les mages et hermétistes au cours de l'histoire. Chacun a été attribué à une des sept planètes de l'antiquité. L'ensemble de ces traditions occidentales fut fixé dans l'ouvrage d'Henricus Cornelius Agrippa, *La magie céleste*, qui vivait au 16 siècle. On se rappelle que l'arbre de vie ou arbre séphirotique, possède 10 sphères, dont 7 correspondent aux 7 planètes (voir les chapitres qui précèdent). Les carrés magiques furent associés aux planètes dans l'ordre descendant des séphiroths de l'arbre de vie. Ainsi en comptant les sphères à partir du haut de l'arbre, la sphère correspondante à saturne est la troisième. Le carré magique de côté trois y fut donc associé. Reprenons l'ensemble de l'arbre dans l'ordre que nous venons d'indiquer.

Première sphère : Kéther ; ni carré, ni planète ;

Deuxième sphère Hokmah ; ni carré, ni planète ;

Troisième sphère Binah, carré de côté trois, Saturne ;

Quatrième sphère Résed, carré de côté quatre, Jupiter ;

Cinquième sphère Gébourah, carré de côté cinq, Mars ;

Sixième sphère, Tiphéreth carré de côté six, Soleil ;

Septième sphère, Netzah, carré de côté sept, Vénus ;

Huitième sphère, Hod, carré de côté huit, Mercure ;

Neuvième sphère, Yésod, carré de côté neuf, Lune ;

Dixième sphère, Malkouth carré de côté dix, sphère élémentale.

Comme l'explique Agrippa, les carrés magiques ou tables sacrées sont considérées comme des capteurs de l'harmonie céleste. Ils sélectionnent grâce aux nombres et donc aux lettres hébraïques des énergies spécifiques de l'univers invisible dont les planètes et les sphères sont les désignations symboliques. De cette façon, tracer ou utiliser un carré magique dans une intention spécifique nous mettra immédiatement en relation avec l'énergie correspondante.

Les carrés magiques du Tarot sont donc évidemment de puissants centres d'énergie, que vous pouvez utiliser dans vos pratiques. Ils sont constitués à partir de ce que la tradition ésotérique d'occident a appelé les carrés magiques et que nous venons de décrire. Ils associent les puissances célestes des carrés aux archétypes du tarot, les rendant encore plus efficients.

Les carrés magiques transmis par la tradition comportent des nombres. Ils peuvent être ensuite transcrits selon l'alphabet hébraïque. Celui-ci n'étant composé que de 22 lettres, les nombres supérieurs à 22 sont réduits en additionnant les nombre qui les composent jusqu'à obtenir un nombre inférieur ou égal à 22. Par exemple le nombre 25 donnera 2+5=7. Le 7 est donc remplacé si nécessaire par la lettre hébraïque zaïn et dans le système de tarot que nous utilisons dans cet ouvrage, par l'arcane correspondante à la lettre zaïn soit l'amoureux.

Les premiers carrés vous précisent les noms des arcanes obtenus après ces réductions numériques et application des correspondances. Ils sont uniquement destinés à votre documentation.

Seuls ceux qui possèdent la représentation des arcanes du Tarot, doivent être utilisés dans les pratiques actives et rites, que nous avons décrites dans les chapitres précédents. C'est la présence physique de la table sacrée qui rendra active dans votre rite les puissances célestes qui y correspondent.

Vous pouvez également composer vous-mêmes un carré magique, en photocopiant en couleur un jeu de Tarot pour avoir un nombre d'arcanes suffisant et ensuite les disposer de la même façon.

Mais comme nous venons de le dire, vous pouvez tout simplement reproduire les carrés déjà composés et les utiliser directement.

Saturne

L'impératrice	La force	Le bateleur
La papesse	L'empereur	L'amoureux
Le chariot	Le mat	Le pape

Jupiter

L'impératrice	La mort	La tempérance	Le mat
La force	L'amoureux	Le pape	La justice
L'empereur	La roue de la fortune	L'ermite	Le chariot
Le diable	Le bateleur	La papesse	Le pendu

Mars

La roue de la fortune	Le pape	L'amoureux	Le soleil	La papesse
L'impératrice	La justice	L'amoureux	Le chariot	Le diable
La maison dieu	L'empereur	Le pendu	Le jugement	La force
L'ermite	L'étoile	Le mat	La mort	Le monde
L'empereur	Le pape	La lune	Le bateleur	La tempérance

Vénus

Le monde	La roue de la fortune	Le diable	L'empereur	L'ermite	Le chariot	L'impératrice
L'empereur	L'empereur	La justice	La maison dieu	Le pape	La roue de la fortune	La roue de la fortune
La papesse	Le pape	Le pape	Le pendu	L'étoile	La force	La justice
Le pendu	L'impératrice	L'amoureux	L'amoureux	L'amoureux	La lune	L'ermite
La roue de la fortune	La mort	L'empereur	Le mat	Le chariot	Le chariot	Le soleil
Le jugement	La justice	Le chariot	Le pape	Le bateleur	La force	La force
L'ermite	La tempérance	L'impératrice	La force	L'amoureux	La papesse	L'ermite

Soleil

Le pape	L'empereur	La papesse	L'amoureux	Le chariot	Le mat
L'amoureux	La roue de la fortune	La force	L'ermite	Le chariot	La papesse
La lune	La mort	Le diable	La tempérance	L'empereur	Le pape
L'étoile	Le soleil	Le monde	Le jugement	La maison dieu	Le pendu
L'amoureux	La roue de la fortune	L'ermite	La force	Le chariot	La justice
La force	L'empereur	Le pape	L'impératrice	Le bateleur	L'impératrice

268

Mercure

Le chariot	Le pendu	La mort	**L'empereur**	**L'impératrice**	Le chariot	La force	**Le mat**
Le pendu	**La tempérance**	**La mort**	L'amoureux	Le chariot	**La roue de la fortune**	**L'ermite**	La roue de la fortune
L'empereur	L'empereur	**Le monde**	Le chariot	La justice	**La lune**	**L'étoile**	La force
L'empereur	L'amoureux	Le chariot	La roue de la fortune	L'amoureux	La roue de la fortune	La justice	L'ermite
L'impératrice	Le chariot	La force	L'ermite	La force	La papesse	L'impératrice	Le pape
La maison dieu	La roue de la fortune	L'ermite	**Le soleil**	**Le jugement**	L'amoureux	Le pape	Le pape
La force	L'ermite	La force	**La justice**	**Le pendu**	Le pape	L'empereur	**Le diable**
L'ermite	**Le bateleur**	**La papesse**	L'amoureux	Le pape	**Le pape**	L'amoureux	La justice

269

Lune

L'ermite	La tempérance	La roue de la fortune	L'amoureux	Le jugement	Le chariot	Le pendu	La force	L'empereur
Le pape	La roue de la fortune	Le diable	La papesse	Le chariot	Le monde	La force	La mort	L'ermite
La roue de la fortune	L'amoureux	La justice	Le chariot	L'impératrice	La force	L'empereur	L'ermite	La tempérance
Le diable	La justice	Le chariot	L'impératrice	La force	L'empereur	L'ermite	La force	La roue de la fortune
La justice	La maison dieu	Le pendu	La force	L'empereur	L'ermite	Le pape	La roue de la fortune	L'amoureux
Le chariot	Le pendu	L'étoile	L'empereur	Le mat	Le pape	La roue de la fortune	L'amoureux	La justice
Le pendu	La force	La mort	L'ermite	Le pape	Le bateleur	L'amoureux	La justice	Le chariot
La force	La mort	La lune	Le pape	La roue de La fortune	L'amoureux	La papesse	Le chariot	Le pendu
La mort	L'ermite	La tempérance	Le soleil	L'amoureux	La justice	Le chariot	L'impératrice	La force

Élémental

La mort	Le chariot	La roue de la fortune	L'empereur	Le chariot	L'amoureux	La lune	L'impératrice	L'amoureux	L'ermite	La roue de la fortune
La force	La justice	L'amoureux	La force	Le chariot	Le soleil	L'empereur	Le chariot	La force	La justice	La tempérance
Le pendu	L'amoureux	L'ermite	La force	Le jugement	L'amoureux	L'amoureux	L'ermite	Le pendu	L'amoureux	L'ermite
Le chariot	La roue de la fortune	L'ermite	Le monde	L'empereur	Le chariot	La roue de la fortune	La mort	Le chariot	La roue de la fortune	La mort
La papesse	La roue de la fortune	La justice	L'amoureux	La force	La justice	L'amoureux	La force	La justice	La tempérance	La force
Le mat	Le pendu	L'amoureux	L'ermite	Le pendu	L'amoureux	L'ermite	Le pendu	Le diable	L'ermite	L'impératrice
La mort	Le chariot	La roue de la fortune	L'empereur	Le chariot	La roue de la fortune	La mort	La maison dieu	Le bateleur	La papesse	Le bateleur
La force	La justice	L'amoureux	La force	La justice	La tempérance	L'étoile	Le mat	L'impératrice	La papesse	La tempérance
L'impératrice	L'amoureux	L'ermite	Le pendu	Le diable	La maison dieu	Le bateleur	L'empereur	L'impératrice	Le diable	L'ermite
Le chariot	La roue de la fortune	La mort	La tempérance	La force	La papesse	L'amoureux	L'empereur	La maison dieu	La roue de la fortune	L'empereur
La justice	Le pendu	Le diable	L'ermite	L'impératrice	L'amoureux	Le pape	L'étoile	La papesse	L'amoureux	La force

Carré magique de saturne

Carré magique de Jupiter

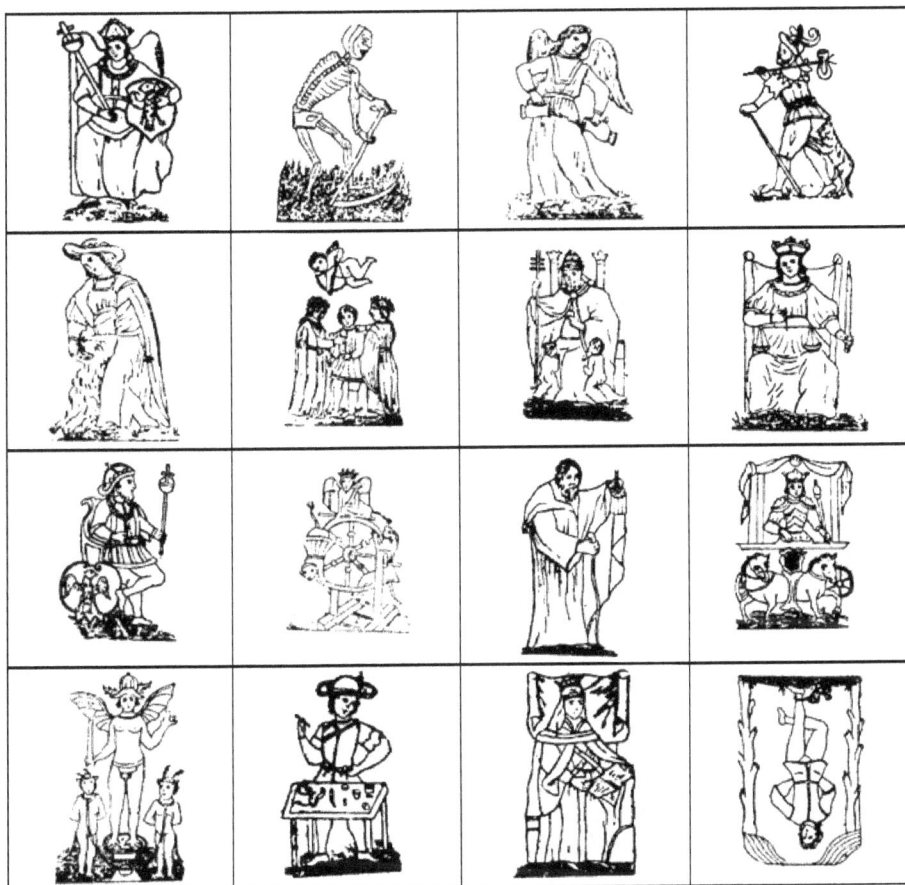

Carré Magique de mars

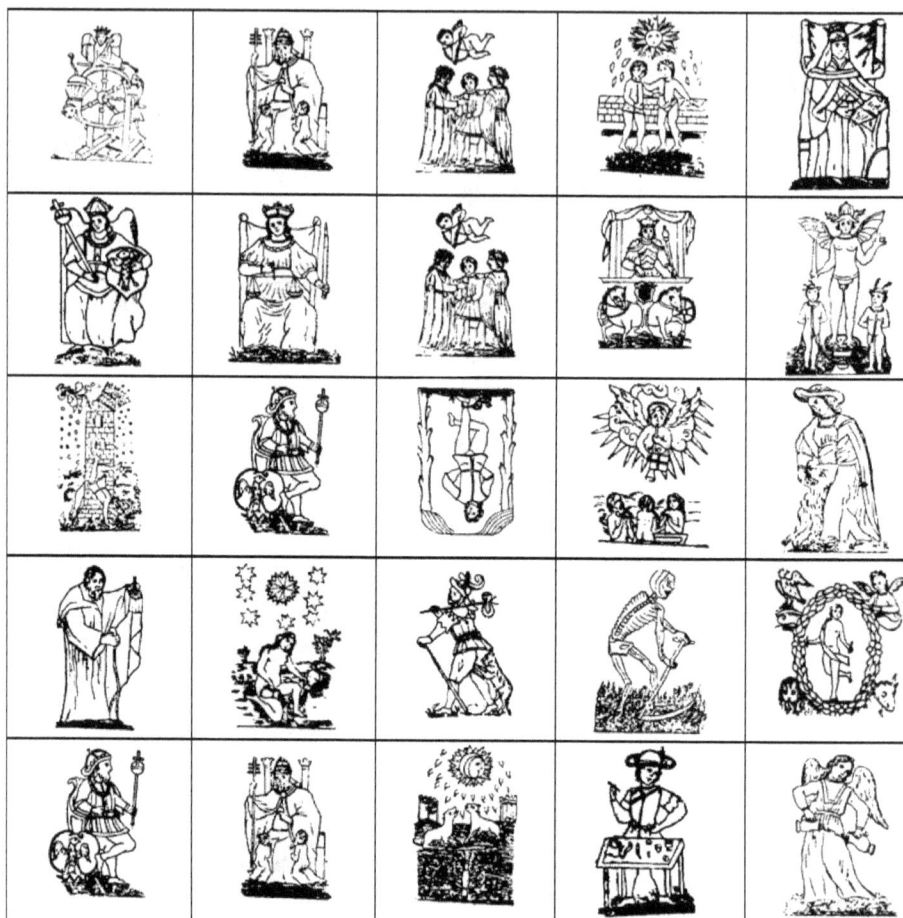

Pour des raisons de visibilité, vous pouvez télécharger l'ensemble des carrés magiques sur mon site Internet : www.debiasi.org (blog).

6- LES SIGNATURES SACRÉES

Les signatures sacrées sont des signes spécifiques qui représentent le nom d'une entité spirituelle. Elles correspondent aux noms sacrés que vous avez trouvés dans les correspondances de chaque arcane dans la partie 2. C'est un signe dessiné selon des règles extrêmement précises à partir d'un carré magique correspondant et les chiffres ou lettres qui s'y trouvent.

Ces signatures ne sont pas obligatoires dans les pratiques de cet ouvrage. Toutefois, nous avons mentionné les moments où les utiliser, si vous le désirez. Sachez que l'usage de ces signatures a pour objectif de renforcer le lien qui nous unit à la puissance correspondante. Le nom est bien évidemment premier, mais la signature qui y correspond est une possibilité donnant forme à la matière astrale et la rendant plus attractive.

Nous allons vous indiquer la façon de déterminer les signatures que vous pouvez utiliser dans ces pratiques du Tarot.

Prenons l'exemple de l'arcane 14, La tempérance, correspondant au 25° sentier de l'arbre de vie.

Dans le monde de Briah le nom sacré est Adoriel (alef-dalet-vav-kaf-iod-alef-lamed). Après chaque nom divin dans la partie II de cet ouvrage nous vous mentionnons les nombres du Tarot correspondants. Vous pourrez donc vous y reporter. Il s'agit ici des nombres : 1-4-6-19-10-1-12. (A préciser que si un des nombres est supérieur à ceux qui se trouvent dans le carré, vous devez le réduire en additionnant les chiffres qui le composent. Ici le 19 ne s'y trouve pas, donc vous réduisez 19 en additionnant 1+9= 10. Si vous n'aviez pas trouvé de 10 vous auriez réduit à 1.

Les nombres du carré sont déduits des lettres hébraïques qui composent le nom en relation avec les arcanes du Tarot. C'est pour cette raison que la valeur numérique des lettres qui suivent le iod, ne correspondent pas à leur valeur classique dans l'alphabet hébreu. Il s'agit ici d'une numération fondée sur la base du système que nous utilisons.

Une fois muni du nom et des nombres, vous pouvez vous reporter au tableau présenté à la fin de la partie II. Vous saurez ainsi quel carré magique du Tarot correspond cet arcane et donc ce nom. Il s'agit dans cet exemple du carré de Jupiter.

4	14	15	1
9	7	6	12
5	11	10	8
16	2	3	13

Vous vous reporterez ensuite aux carrés magiques réduits du Tarot qui se trouvent plus bas et à celui que vous avez trouvé.

Vous remarquerez que tous les nombres à l'intérieur des carrés ne sont pas reportés. En effet les signatures doivent utiliser avant tout les lettres d'origine, c'est à dire qui n'ont pas fait l'objet de réduction numérique. Pour vous simplifier la tâche et vous éviter des erreurs dans le tracé des signatures, nous avons volontaire suprimer les lettres non concernées lors de ce tracé des signatures. Bien évidemment ces carrés incomplets ne seront pas utilisés à un autre usage que celui-ci. Comme nous le disions plus haut la reproduction des carrés magiques du Tarot sera celle que vous utiliserez dans vos pratiques.

A l'aide d'un papier calque par exemple que vous placerez sur le carré, vous allez tracer une suite de droites qui rejoindront chacun des nombres déterminés. Dans notre exemple, vous partirez du 1 et procèderez suivant la séquence jusqu'au 12. Vous terminerez la signature par une petite croix qui marquera la fin du tracé. Vous pouvez marquer le début par un astérisque. Le choix du point situé à l'intérieur des cases reste à votre libre choix. Vous vous laisserez guider par votre appréciation visuelle. A noter que si vous avez deux nombre identiques consécutifs, vous devrez rajouter un petit cercle sur le tracé. Il en est de même si la position de deux lettres successives ne forme entre elles aucun angle, mais une ligne droite continue.

Vous n'aurez plus ensuite qu'à retracer cette signature dans vos pratiques, en la réduisant éventuellement.

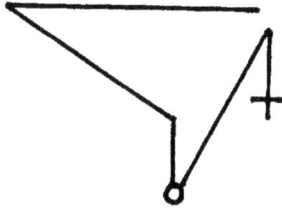

CARRÉS MAGIQUES RÉDUITS DU *TAROT* ET EXCLUSIVEMENT DESTINÉS AU TRACÉ DES SIGNATURES

Saturne

4	9	2
3	5	7
8	1	6

Jupiter

4	14	15	1
9	7	6	12
5	11	10	8
16	2	3	13

Mars

11			20	3
4	12		8	16
17	5	13	21	9
10	18	1	14	22
	6	19	2	15

Vénus

22		16		10		4
5			17		11	
	6			18		12
13		7			19	
	14		1			20
21		8		2		
	15		9		3	

Soleil

6		3			1
7	11			8	
19	14	16	15		
18	20	22	21	17	13
		10	9		12
	5		4	2	

Mercure

8			5	4			1
	15	14			11	10	
		22			19	18	
17			20	21			
9			12	13			16
	2	3			6	7	

Lune

			21		13		5
6				22		14	
	7						15
16		8					
	17		9				
		18	1				
			10	2			
		19	11		3		
			20	12		4	

Elémental

					7	19			
				8	20				
			9	21					
		10	22						
	11	12							
1	13								
14									2
								3	15
							4	16	
						5	17		
					6	18			

7- FABRICATION DES ARCANES MAJEURS

Toutes les pratiques indiquées dans cet ouvrage peuvent-être effectuées à l'aide des jeux de Tarot achetés dans le commerce. Il est bon que vous soyez le seul à l'utiliser, mais le travail sur les énergies sera tout à fait efficace avec ces arcanes classiques.

Toutefois, vous pouvez souhaiter dessiner ou peindre et donc personnaliser ainsi un jeu de Tarot. Qu'il s'agisse du Tarot de Marseille, du Rider/Waite, de celui de P.F. Case, ou de tout autre, il vous suffit de le calquer, de le dessiner sur des feuilles bristol ou sur du papier à dessin d'épaisseur suffisante et de le peindre. Sachez que vous pouvez trouver des versions noir et blanc du Tarot de Case. Vous vous reporterez aux couleurs correspondantes ou mentionnés dans les descriptions du chapitre deux pour la peinture de vos arcanes.

8- EXEMPLE D'UN VOYAGE DU TAROT

Vous avez pu découvrir dans les pratiques précédentes les voyages que vous pouviez faire dans le monde des arcanes du Tarot. L'utilisation des descriptions complémentaires des cartes vous permettent de composer des scènes suffisantes à l'activation des arcanes.

Ce travail fondé sur l'imaginaire et les mythes est d'une grande importance. En effet, c'est en partie lui qui agit sur votre inconscient de telle sorte que l'énergie du Tarot se mette vraiment en mouvement et que vous soyez à même de l'utiliser consciemment dans les actions que vous avez découvertes.

Il existe des voyages plus complets et très détaillés qui sont utilisés dans les stages. Il serait fastidieux et peu utile de les reproduire ici. En effet, il est important que la première évocation soit reçue oralement de telle sorte que l'intellect fonctionne au minimum et que les symboles soient directement assimilés par votre psychisme.

Un certain nombre de voyages ont été enregistrés et sont disponibles sur CD ou sur internet. Vous pouvez vous reporter au site internet de l'auteur pour cela (www.debiasi.org) et au site internet de Theurgia (www.theurgia.us). Cela vous permettra ainsi de débuter de façon traditionnelle.

Nous vous donnons toutefois un exemple légèrement adapté à cet ouvrage et correspondant à une partie d'un voyage du Tarot. Il s'agit de l'arcane 17, l'étoile, 28° sentier de l'arbre de vie.

« La nuit règne tout autour de nous et nous sommes étendus sur le sable d'une plage. Respirons profondément et calmement. Laissons-nous bercer par le bruit des vagues, tout entier à nos perceptions. Respirons lentement, de façon paisible. Associons notre respiration au bruit de chacune des vagues en nous laissant porter par cette douce pulsation. Restons ainsi quelques minutes, attentif au souffle qui entre et qui sort de notre poitrine.

Puis, imperceptiblement, comme une douce onde qui nous pénètre, imaginons que notre corps devient léger, très léger et que la partie subtile de celui-ci s'en dégage et se soulève doucement. Nous nous mettons debout devant notre corps. Ressentons ce mouvement le plus clairement possible. Transformons cette image en une réelle perception, jusqu'à ce que, par le pouvoir de notre imagination, nous nous sentions effectivement debout devant notre corps. Regardons les corps de nos compagnons reposant calmement sur le sable et observons-les eux-aussi debout à côté de nous dans leur corps de lumière. Nous percevons la lumière de la lune qui joue dans les vagues et nous nous laissons entraîner quelques instants après cette extraordinaire ambiance.

Avançons-nous lentement vers la grève, près des vagues, là où nous nous tenions tout à l'heure dans notre corps physique. La brise est douce et paisible et les vagues meurent avec délicatesse à nos pieds. Laissons-nous baigner dans cette atmosphère...

Une légère brume miroitante commence à apparaître devant nous, au-dessus de la mer. Elle semble glisser sur les flots, formant un véritable rideau de brumes plus dense face à nous. Cette brume se rapproche de nous et nous entoure. Elle commence à s'épaissir sans être d'aucune manière oppressante alors que le banc de brouillard nous rejoint noyant le paysage dans un étonnant clair-obscur. Le brouillard est chaud et humide alors qu'il s'enroule lentement en écharpe autour de nous. Il se glisse le long de nos membres nus et assourdit le bruit de la mer. L'ensemble de la scène est comme voilé et nous nous ne pouvons plus voir ce qui nous entoure à l'exception de notre corps et du sable sur lequel nous nous tenons.

C'est à ce moment que nous entendons, venant de la mer, une voie légère et suave. A peine audible, elle nous appelle et ce son est comme un charme qui nous enserre et nous attire. Il est une chaude étreinte que l'on reconnaît comme la voie d'un être jadis connu et aimé.

Notre inquiétude première disparaît. Nous n'entendons plus que ce chant fascinant et nous oublions tout ce qui nous entoure. Nous nous avançons légèrement vers la mer.

Nous commençons à apercevoir une lueur brillante, sans pouvoir dire si elle est blanche ou légèrement or. Cette lumière devient plus intense et les brumes qui se trouvaient devant nous s'ouvrent lentement, tel un voile, pour nous laisser apercevoir le sable et une partie de la mer. Le brouillard tourbillonne autour et au-dessus de nous comme s'il se déplaçait. Le chant ne cesse de résonner doucement à nos oreilles, comme un murmure.

Puis, sortant des brumes au-dessus des flots, s'avance nimbée de lumière, une merveilleuse créature féminine nue. Ses pieds sont posés sur un large coquillage et un délicat sourire illumine son visage. Ses yeux sont fixés sur nous. Un diadème de roses est posé sur ses cheveux blonds coiffés dans le style grec. Elle porte un collier de perles à sept rangs. Une perle d'ambre de grande dimension pend au bas du dernier rang et repose entre ses seins. A la taille elle porte une ceinture richement sertie d'émeraudes, de perles et de fleurs à six pétales. Elle tient dans sa main gauche élevée une torche allumée.

Du lieu où nous nous tenons, nous percevons très nettement les fragrances de roses qu'elle porte. Le coquillage sur lequel elle se trouve continue à glisser jusqu'au bord du rivage, à quelques mètres devant nous. Arrivée à cet endroit, celle que nous reconnaissons comme la Déesse Aphrodite, fait quelques pas sur le sable et sa torche toujours élevée, nous fixe de ses yeux profonds et bleus comme la mer. La brume nous isole du monde extérieur. Son bras droit, qui était jusque-là relâché le long de son corps, se courbe en un geste gracieux et semble vouloir masquer son sexe. En réalité, elle indique sa vulve de son majeur. Puis d'un geste toujours harmonieux elle dirige son doigt vers la mer et nous invite à avancer vers elle.

L'odeur de roses se fait plus forte. De sa main droite, elle saisit notre main gauche et nous conduit face aux flots. S'arrêtant quelques instants, elle prononce une phrase en une langue inconnue et commence à nous entraîner vers la mer.

Les flots s'écartent autour de nous à mesure que nous nous enfonçons dans l'eau, jusqu'à former un couloir ondoyant dans lequel nous nous glissons. La lueur de sa torche fait miroiter à l'infini l'élément liquide. Le chant que nous entendions tout à l'heure n'a pas disparu et nous apparaît comme dispersé dans la mer qui nous entoure. Il nous semble être chuchoté par les innombrables gouttes d'eau constituant ce monde. L'impression de mystère est si grande que nous n'apercevons qu'à peine les algues et différentes plantes sous-marines qui ondulent de part et d'autre au gré des courants. L'eau ne nous gêne pas et nous respirons facilement. Quelques poissons ou méduses, magnifiquement colorés, s'approchent de temps en temps du bord de notre canal et disparaissent aussitôt.

L'atmosphère est humide et emplie d'une douce chaleur. Nous sommes bien et pleinement confiants. Notre corps semble enfin respirer par toutes ses pores et le contact de nos mains nous procure un plaisir infini. Nous nous laissons guider par notre Déesse vers un lieu que nous ignorons. Mais le but de notre voyage n'est pas essentiel. Ce qui nous importe et nous fascine, c'est ce cheminement à ses côtés et toutes les sensations qui y sont liées.

Le chant continue à nous entourer comme un doux murmure.

Nous ressentons des mouvements à côté de nous, de l'autre côté de la barrière liquide. Tournant notre regard, nous sursautons car il nous a semblé apercevoir de petits visages presque humains qui nous observaient. L'éclat vif de leurs yeux nous a surpris, le temps d'un clignement de paupières. Pourtant seuls quelques petits poissons brillants et vifs disparaissent au loin. Nous avançons toujours.

La lumière devient maintenant plus intense, comme si l'intensité lumineuse du sable augmentait. Mais peut-être est-ce la torche de notre Déesse qui resplendit sur les ruines imposantes que nous découvrons. C'est un assemblage de blocs, de linteaux de porte et de fûts de colonnes brisées. Nous remarquons çà et là, les traces d'anciennes civilisations retournées au chaos, en ces profondeurs où la végétation et les animaux marins s'agglomèrent en panaches et en concrétions anarchiques. Nous poursuivons notre route. Le pouvoir de la Déesse a refoulé la mer de ces lieux pour nous permettre de les découvrir. Nous avons l'impression de nous trouver dans un monde tropical. Tout est chaud et humide. Les herbes aquatiques qui s'agitaient tout à l'heure au fond de la mer sont maintenant posées sur les pierres. Des gouttelettes d'eau y brillent telles des perles. Des huîtres et coquillages sont ouverts et nous remarquons au passage des perles de grande valeur. Nous sentons que de nombreux regards bienveillants et curieux sont tournés vers nous. Nul doute qu'il s'agisse de ceux que nous avions aperçus tout à l'heure. Mais nous ne parvenons pas à les saisir.

Nous nous approchons d'une construction imposante. Les voûtes de l'édifice semblent avoir disparues et sont recouvertes d'algues. Nous nous approchons et y pénétrons par une large porte. Nous découvrons sur le sol des objets en or, des joyaux, des perles de toutes les époques. Des statues de divinités connues et inconnues, des diadèmes, des bagues et des pierres précieuses sont éparpillés tout autour de nous. C'est un trésor d'une incroyable richesse qui se trouve ici. Relevant les yeux lentement, nous découvrons un large trône de jade au centre de la pièce, posé sur une pyramide de sept degrés taillés dans le corail.

La Déesse lâche alors notre main et se place face à nous. Elle entoure de ses mains le haut de notre tête et plonge son regard dans le nôtre. Elle est d'une beauté dépassant tout ce qu'un être humain peut imaginer. Nous avons peu à peu l'impression que ses émotions et ses pensées pénètrent en nous et descendent au plus profond de notre être. C'est une sorte de contact, d'intimité dans laquelle une communication extraordinaire s'établit. Cet échange, cet amour est au-delà de tout mot et nous communions au désir, à l'éternel féminin, à la mère et à la femme, au mystère et à la magie. Puis elle avance son visage et pose ses lèvres sur les nôtres. Le temps a cessé d'exister et ce baiser dépose en notre âme l'union intime de la connaissance et de l'amour.

Retirant ses mains, la Déesse se saisit de sa couronne de roses et la pose sur nos cheveux. Puis, s'éloignant de nous, elle gravit les sept degrés et s'assoit sur le trône de jade.

Nous nous approchons et la saluons avec amour et respect. A cet instant, elle nous sourit et s'adresse à nous avec des mots que nous sommes les seuls à comprendre, qui nous concernent directement.

Nous écoutons son message, avec recueillement...

(Silence de quelques minutes)

Son message achevé, nous la saluons encore une fois de la manière qui nous paraît la plus appropriée. Puis nous fermons les yeux quelques instants. Lorsque nous les ouvrons de nouveau nous réalisons qu'elle a disparu et que le trône est maintenant vide. Notre regard parcourt encore une fois la pièce, nous attardant sur la richesse et la magnificence du lieu.

Nous remarquons soudain que la brume qui nous avait quitté est entrain de tisser une sphère autour de nous. Nous sommes entourés d'une sphère d'un vert émeraude. L'éclat s'intensifie et en un instant nous sommes projetés dans une autre dimension. La sphère dans laquelle nous nous trouvons plane au-dessus de la mer, sous la douce clarté de la lune. Nous sommes à quelques mètres à peine des vagues que nous voyons déferler paisiblement derrière nous sur la grève. Nous restons quelques instants dans cette contemplation, puis nous apercevons avec émerveillement, jaillissant dans la lumière lunaire une famille de dauphins qui s'approche de nous dans des gerbes d'eau. Ils sont maintenant près de nous et sautent en notre direction en poussant des cris de joie, manifestant le plaisir qu'ils éprouvent à rencontrer des êtres qui viennent de s'unir à leur élément. La sphère qui nous porte descend jusqu'à toucher la surface de la mer afin que nous les voyions de plus près.

Au bout de quelques instants, notre sphère s'élève de nouveau et se dirige vers la plage sur laquelle nous voyons nos corps paisiblement étendus sur le sable. Puis nos pieds foulent le sol, nos yeux se ferment et nous sentons un léger mouvement qui nous conduit à planer délicatement au-dessus de notre corps. Nous nous imaginons revenir à l'intérieur de celui-ci. Nous reprenons conscience de notre respiration qui n'a pas cessé d'être calme et paisible. Nous bougeons alors doucement nos doigts, puis nos mains.

Lorsque nous sentons que nous avons entièrement pris conscience de notre corps, nous pouvons ouvrir nos yeux, nous asseoir et attendre tranquillement que chacun ait fait de même. »

BIBLIOGRAPHIE

Il convient de préciser que les ouvrages sur le Tarot sont extrêmement nombreux, mais que beaucoup se ressemblent…

Nous avons donc fait une très petite sélection d'ouvrages utiles, sachant que vous pourrez en trouver un nombre très important dans n'importe quelle librairie.

Nous avons également rajouté, quelques adresses Internet qui pouvaient vous être utiles.

PISTES BIBLIOGRAPHIQUES EN LANGUE FRANÇAISE

Berno Simone, *Tarot et psychologie des profondeurs*, Dangles, St-Jean-De-Braye, 1995.

De Biasi Francesco, *ABC de l'Aura*, Grancher, Paris, 2000.

Papus, *Le Tarot des Bohémiens*, Dangles, St-Jean-De-Braye, 1984, 11° éd.

Picard Marcel, *Tarot, Pratiques et interprétations*, Albin Michel, Paris, 1986.

Silvestre-Haéberlé Colette, *Tarot et chakras*, Grancher, Paris, 1997.

Wang Robert, *Le Tarot kabbalistique*, Ediru, Mennecy, 2000.

Contel Anne-Marie, *Le Tarot divinatoire*, Dervy, Paris, 1993.

Pécau, Campoy, Pignault, Rabarot, *Arcanes*, Delcourt, 1998, *Bandes dessinées*.

PISTES BIBLIOGRAPHIQUES EN LANGUE ANGLAISE

Sterling Stephen Walter, *Tarot Awareness*, Llewellyn Publications, USA, 2000.

Arrien Angeles, *The Tarot handbook*, Arcus, Sonoma, 1987.

Abraham Sylvia, *How to read the Tarot*, Llewellyn Publications, USA, 1994.

Godwin David, *How to choose your own Tarot*, Llewellyn Publications, USA, 1995.

Denning & Phillips, *The Magick of the Tarot*, Llewellyn Publications, USA, 1986.